深圳市市场监督管理局知识产权保护类
专项资金资助

深圳经济特区40年
知识产权经典案例汇览

深圳市知识产权经典案例汇览项目组 / 编著

中国法制出版社
CHINA LEGAL PUBLISHING HOUSE

目　录

Contents

一、专利类案件

（一）专利民事审判案件

（二）专利行政审判案件

（三）专利行政查处案件

二、商标类案件

（一）商标类民事审判案件

（二）商标类刑事审判案件

（三）商标类行政审判案件

（二）著作权刑事审判案件

（三）著作权行政查处案件

四、不正当竞争类案件

（一）不正当竞争民事审判案件

（二）不正当竞争刑事审判案件

五、其他类案件

（一）特许经营合同民事审判案件

（二）反垄断民事审判案件

（三）集成电路布图设计类案件

一、专利类案件

（一）专利民事审判案件

001

华为公司诉 IDC 公司标准必要专利许可费纠纷

【裁判要旨】

被告美国交互数字通信有限公司是中国电信领域（移动终端和基础设施）技术标准的必要专利权人。根据我国法律及国际通行的 FRAND 原则，美国交互数字通信有限公司应将其标准必要专利以公平、合理、无歧视的原则授权给原告华为技术有限公司使用。

【典型意义】

本案属于新技术条件下的重大疑难复杂案件，是我国首例因标准必要专利许可引发的纠纷，引起了世界各国尤其是通信业的高度关注。该案涉及必要标准专利权、技术和许可使用费之间的关系，以及如何确定合理的专利许可使用费等当今世界知识产权司法保护最前沿、最新颖的问题。通过本案确认了标准必要专利使用费的标准，创立了标准必要专利使用费的先河。也证明随着经济的发展以及深圳经济特区高新科技企业的增加，深圳经济特区法院在涉及高新科技环境中的知识产权审判逐渐走在了全国的前列。

本案为人民法院报推出的 2013 年度十大热点案件之一。同时被评为深圳市 2013 年度知识产权十大事件及深圳法院 2013 年度知识产权十大典型案例之一。

【关键词】

标准必要专利　专利许可使用费　FRAND 原则[①]

【基本案情】

原告华为技术有限公司是全球主要的电信设备提供商，其研发人员及标准必要专利的数量居全球领先位置。被告美国交互数字通信有限公司（InterDigital Communications，INC）有研发人员 200 多名，其不进行任何实质性生产，仅以专利许可作为其经营模式。

原告华为技术有限公司与被告美国交互数字通信有限公司均为欧洲电信标准化协会（European Telecommunications Standards Institute，ETSI）的成员。被告美国交互数字通信有限公司声明，其拥有无线通信技术领域中 2G、3G、4G 标准下的大量必要专利和专利申请，包括在美国的专利权和专利申请权，以及在中国的相应同族专利权和专利申请权。被告美国交互数字通信有限公司承诺给予标准必要专利实施人以公平、合理、无歧视条件的授权许可。被告美国交互数字通信有限公司声称的必要专利，对应中国电信领域的移动终端和基础设施之技术标准，亦是中国的必要专利。

2008 年 11 月始，原告华为技术有限公司与被告美国交互数字通信有限公司就涉案专利许可使用费进行多次谈判。被告美国交互数字通信有限公司向原告华为技术有限公司多次发出要约，从要约内容来看，被告美国交互数字通信有限公司的拟授权许可为包括 2G、3G 和 4G 标准必要专利在内的其所有专利之全球性的、非排他性的、应支付许可费的许可，且要求原告华为技术有限公司将其所有专利给予被告免费许可。无论是按照一次性支付专利许可使用费为标准，还是按照专利许可使用费率为标准，被告美国交互数字通信有限公司拟

---

① FRAND 原则，指（fair，reasonable，and non discriminatory）公平、合理和不歧视原则。它是由 SSOs（standard - setting organizations，国际标准组织）制定的条款，该条款要求参加制定标准的成员，如果其专利被标准采纳作为必要标准，则专利权人应当根据 FRAND 条件将标准中的专利进行许可并收取标准实施者的使用费。该条款为 ETSI 的知识产权相关条款。

授权给原告华为技术有限公司的专利许可费均远远高于苹果、三星等公司支付的许可使用费。

2011年7月，被告美国交互数字通信有限公司将原告华为技术有限公司起诉至美国特拉华州法院，并向美国国际贸易委员会（ITC）起诉华为技术有限公司，称其涉嫌侵犯美国交互数字通信有限公司在美国享有的七项标准必要专利，请求对华为公司启动337调查，并禁止华为公司制造、销售、进口3G产品。

原告华为技术有限公司认为，被告美国交互数字通信有限公司违背了其承诺的FRAND义务，请求法院判令：被告美国交互数字通信有限公司按照公平、合理、无歧视（FRAND）条件确定就其中国标准必要专利许可华为技术有限公司的许可费率或费率范围。

【裁判意见】

深圳市中级人民法院经审理认为，被告是中国电信领域（移动终端和基础设施）技术标准的必要专利权人。根据我国法律，被告应将其标准必要专利以公平、合理、无歧视的原则授权给原告使用。

通常情况下，就标准必要专利许可使用费问题，如双方达成专利许可协议，就无须司法机关介入。而本案并非如此，双方从2008年年底开始谈判，与被告给予苹果公司、三星公司等公司的标准必要专利许可使用费相比，被告在要约中对原告存在过高定价的歧视性差别待遇，且在双方谈判过程中，被告突然在美国法院和美国国际贸易委员会同时起诉原告，以逼迫原告接受该歧视性条件。被告还在要约中坚称，被告每项要约构成整体条件，拒绝任何一项要约均构成对要约整体的拒绝。可见，被告违背了其承诺的FRAND义务，原告如果不寻求司法救济，除被迫接受被告单方面所提出的条件外，原告没有任何谈判余地，因此，原告请求通过民事诉讼寻求救济，符合法律规定。

根据我国法律，依据双方在本案中提交的证据，综合考虑被告标准必要专利数量、质量、价值，业内相关许可情况以及被告中国标准必要专利在被告全部标准必要专利中所占份额等因素，根据《中华人民共和国民法通则》第四条，《中华人民共和国合同法》第五条、第六条的规定，判决确定IDC公司中国标准必要专利对华为技术有限公司许可费率以相关产品实际销售价格计算，以不超过0.019%为宜。

一审宣判后，原告不服提起上诉。广东高院二审终审判决：驳回上诉，维持原判。

002

华为公司诉IDC公司滥用市场支配地位纠纷

【裁判要旨】

该判决论证了标准必要专利标准中每一个必要专利许可市场均构成一个独立的相关市场。如标准必要专利权人在必要专利使用费谈判中，违反公平、合理、无歧视的原则，如进行过高定价、歧视性定价、搭售等行为，将被认定为属于滥用市场支配地位的行为，构成垄断。

【典型意义】

本案与华为技术有限公司诉美国交互数字通信有限公司标准必要专利许可纠纷案件发生于同时，属于新技术条件下的重大疑难复杂案件，是我国首例因标准必要专利许可引发的专利反垄断纠纷。该案涉及如何判定相关市场以及判定滥用垄断地位行为等当今世界知识产权司法保护最前沿、最新颖的问题。该判决确立的裁判标准对于我国乃至国际知识产权司法保护领域均有重要影响。

本案为人民法院报推出的2013年度十大热点案件之一。同时被评为深圳市2013年度知识产权十大事件及深圳法院2013年度知识产权十大典型案例之一。

【关键词】

标准必要专利　垄断　相关市场　市场支配地位

【基本案情】

原告华为技术有限公司是全球主要的电信设备提供商，其研发人员及标准必要专利的数量居全球领先位置。被告方美国交互数字通信有限公司（InterDigital Communications，INC）有研发人员200多名，其不进行任何实质性生产，仅以专利许可作为其经营模式。

原告华为技术有限公司与被告美国交互数字通信有限公司均为欧洲电信标准化协会（European Telecommunications Standards Institute，ETSI）的成员。被告美国交互数字通信有限公司声明，其拥有无线通信技术领域中2G、3G、4G标准下的大量必要专利和专利申请，包括在美国的专利权和专利申请权，以及在中国的相应同族专利权和专利申请权。被告美国交互数字通信有限公司承诺给予标准必要专利实施人以公平、合理、无歧视条件的授权许可。被告美国交互数字通信有限公司声称的必要专利，对应中国电信领域的移动终端和基础设施之技术标准，亦是中国的必要专利。

2008年11月始，原告华为技术有限公司与被告美国交互数字通信有限公司就涉案专利许可使用费进行多次谈判。被告美国交互数字通信有限公司向原告华为技术有限公司多次发出要约，从要约内容来看，被告美国交互数字通信有限公司的拟授权许可为包括2G、3G和4G标准必要专利在内的其所有专利之全球性的、非排他性的、应支付许可费的许可，且要求原告华为技术有限公司将其所有专利给予被告美国交互数字通信有限公司免费许可。无论是按照一次性支付专利许可使用费为标准，还是按照专利许可使用费率为标准，被告美国交互数字通信有限公司拟授权给原告华为技术有限公司的专利许可费均远远高于苹果公司、三星公司等公司的授权许可使用费。

2011年7月，被告美国交互数字通信有限公司将原告华为技术有限公司起诉至美国特拉华州法院，并向美国国际贸易委员会（ITC）起诉华为公司，称华为公司涉嫌侵犯其在美国享有的七项标准必要专利，请求对华为公司启动337调查，并禁止华为公司制造、销售、进口3G产品。

原告华为技术有限公司认为，多年以来，被告美国交互数字通信有限公司参与各类无线通信国际标准的制定，将其直接或间接拥有的专利权通过种种方式纳入无线通信的国际标准，并以此形成了相关市场的支配地位。华为公司主张，本案相关商品市场为交互数字为专利权人的必要专利的许可市场，相关地域市场为全球必要专利许可市场中的中国市场和美国市场。美国交互数字通信有限公司在相关市场处于垄断地位。美国交互数字通信有限公司无视其在加入标准组织时对公平、合理、无歧视原则的承诺，对其专利许可设定不公平的过高价格，对条件相似的交易相对人设定歧视性的交易条件，在许可条件中附加不合理的条件，在许可过程中涉嫌搭售，通过在美国国际贸易委员会和美国联邦法院同时起诉华为公司及华为公司的美国子公司来拒绝与华为公司进行交易，滥用其市场支配地位，不仅损害了竞争秩序，也对华为公司造成实质损害，已威胁到华为公司在相关市场的正常运营，给华为公司造成严重损失。原告华为技术有限公司诉请法院判定美国交互数字通信有限公司滥用市场支配地位构成垄断，请求被告美国交互数字通信有限公司立即停止垄断侵权行为，并赔偿原告华为技术有限公司经济损失人民币2000万元。

【裁判意见】

深圳中级人民法院经审理认为，原告华为技术有限公司主张相关市场的范围是：相关地域市场是中国市场和美国市场；相关商品市场是被告美国交互数字通信有限公司在中国和美国的3G无线通信技术标准中的每一个必要专利许可市场均构成一个独立的相关市场，本案的相关商品市场是该一个个独立相关市场的集合束。原告华为技术有限公司确定的该相关市场的范围，符合反垄断法的规定，予以确认。

在上述相关市场范围内，被告美国交互数字通信有限公司3G标准中的每一个必要专利均具有唯一性和不可替代性，即对每一个必要专利许可市场均拥有完全的份额，被告美国交互数字通信有限公司具有阻碍或影响其他经营者进入相关市场的能力。因此，被告美国交互数字通信有限公司在相关市场中具有市场支配地位。

将被告美国交互数字通信有限公司授权给苹果公司、三星公司的专利许可条件，与被告美国交互数字通信有限公司向原告华为技术有限公司发出的要约条件进行比较，无论是按照一次性支付专利许可使用费为标准，还是按照专利许可使用费率为标准，被告拟授权给原告的专利许可费均远远高于苹果公司、三星公司。本案被告美国交互数字通信有限公司不仅要求原告华为技术有限公司支付高昂的许可费，还强迫原告华为技术有限公司及其联属公司给予其所有专利的免费许可，这表明被告美国交互数字通信有限公司存在过高定价和歧视性定价的行为。原告华为技术有限公司在与被告美国交互数字通信有限公司谈判时一直处于善意状态，被告美国交互数字通信有限公司在美国提起诉讼的目的，在于逼迫原告华为技术有限公司接受过高专利许可交易条件。美国交互数字通信有限公司利用其必要专利授权许可市场条件下的支配地位，将必要专利与非必要专利搭售，属于滥用市场支配地位的行为。原告华为技术有限公司指控被告将2G、3G和4G标准必要专利、全球专利打包许可属于搭售行为，缺乏依据，不予采纳。被告美国交互数字通信有限公司立即停止过高定价和搭售的垄断民事侵权行为，赔偿原告华为技术有限公司经济损失人民币2000万元。

一审宣判后，双方均不服提起上诉。广东高院二审终审判决驳回上诉，维持原判。

003

皇家菲利浦公司诉深圳市金星宇公司等专利权侵权纠纷

【裁判要旨】

法院在客观认定被告侵权行为系制造侵权，且生产销售规模巨大、涉及产品种类多、已查明的通过电商销售的侵权产品金额高、被告拒绝向法院提交侵权产品的账册资料等基础上，充分运用裁量权，根据侵权产品的生产销售情况酌定被告赔偿原告经济损失人民币200万元，并全额支持了原告为制止侵权所支出的合理费用。

【典型意义】

本案的典型意义在于突破了法律规定的法院酌定判赔金额。按照专利法以及司法解释的规定，赔偿金额应根据权利人损失、侵权人获利来确定，权利人损失、侵权人获利均无法查清的情况下，应在1万元以上100万元以下酌定赔偿金额，权利人为制止侵权支出的合理费用亦应计入赔偿数额。

本案作为涉外案件，原告皇家菲利浦有限公司是有影响的跨国公司，法院判决体现了对国内外企业的平等保护；同时本案判赔金额超过100万元的酌定标准，且对维权成本全额支持，体现了打击侵权、保护专利权人合法利益的决心及力度，是深圳法院加大知识产权司法保护力度、努力解决赔偿难的一个实例。

【关键词】

专利侵权　酌定赔偿　合理费用

【基本案情】

皇家菲利浦有限公司是一家注册于荷兰的企业，以生产剃须器而闻名于世。1995年7月12日，皇家菲利浦有限公司向中华人民共和国国家知识产权局提出了名为“剃须器”的发明专利申请，于1999年12月22日获得授权，专利号为95190642.9，保护期至2015年7月12日。95190642.9号发明专利保护的是一种剃须器。在95190642.9号发明出现前的剃须器的皮肤支持框容易造成皮肤损伤和疼痛，95190642.9号发明采用的技术方案克服了上述技术问题，带来了显著的技术进步，具有较大的商业价值。皇家菲利浦有限公司在深圳及全国其他地区的市场上发现，上海奔腾企业（集团）有限公司和上海奔腾电工有限公司生产和销售的剃须刀产品技术特征与其95190642.9号专利技术特征完全相同，涉嫌侵犯了其专利权。皇家菲利浦有限公司因此起诉至深圳市中级人民法院，请求判令：一、上海奔腾企业（集团）有限公司和上海奔腾电工有限公司立即停止侵犯95190642.9号发明专利，包括停止制造、销售（包括出口）、许诺销售侵犯95190642.9号发明专利权的剃须刀产品，并销毁专门用于生产侵权产品的设备和模具，以及销毁所有库存侵权产品；二、上海奔腾企业（集团）有限公司和上海奔腾电工有限公司就其侵权行为，共同连带向皇家菲利浦有限公司支付侵权赔偿金及皇家菲利浦有限公司为制止侵权行为所支付的合理费用支出，共计人民币500万元；三、深圳市金星宇电器有限公司立即停止销售侵犯95190642.9号发明专利的剃须刀产品；四、上海奔腾企业（集团）有限公司、上海奔腾电工有限公司、深圳市金星宇电器有限公司承担本案全部诉讼费用。深圳市中级人民法院经审理查明，上海奔腾企业

(集团)有限公司是上海奔腾电工有限公司的投资方，并且是其管理公司。上海奔腾电工有限公司制造、销售了被控侵权产品，上海奔腾企业(集团)有限公司在其官方网站上展示并宣传了被控侵权产品，深圳市金星宇电器有限公司销售了被控侵权产品。三公司所生产、销售、许诺销售的15个型号的剃须器产品均具备95190642.9号发明专利权利要求4、5、7所有技术特征，落入专利权利要求4、5、7的保护范围，三公司行为均构成对皇家菲利浦有限公司95190642.9号专利权侵权。仅天猫商城中的10家天猫旗舰店所销售的9款被控侵权产品的总销售额就达到19145123.9元。皇家菲利浦有限公司为案件诉讼支出公证费20070元、购买侵权产品费7355.4元、律师费297148元，共计324573.4元。

【裁判意见】

深圳市中级人民法院一审认为：上海奔腾电工有限公司制造、销售了被控侵权产品，上海奔腾企业(集团)有限公司是上海奔腾电工有限公司的投资方，并且是其管理公司，上海奔腾企业(集团)有限公司在其官方网站上展示并宣传了被控侵权产品，同时在其网站首页的“授权专营”板块，展示了天猫网站上专门销售奔腾剃须刀产品的31家旗舰店。上海奔腾企业(集团)有限公司直接参与对被控侵权产品的销售和许诺销售。上海奔腾企业(集团)有限公司、上海奔腾电工有限公司应当就其生产、销售、许诺销售被控的15款侵权产品行为共同承担法律责任。深圳市金星宇电器有限公司销售了被控侵权产品，其行为亦构成对皇家菲利浦有限公司95190642.9号专利权侵权。

004

深圳银星公司诉深圳华欣公司等专利权侵权纠纷

【裁判要旨】

任何将自己的商标或者可资识别的其他标识体现在产品上，表示其为产品制造者的企业或者个人，均属于《中华人民共和国民法通则》第一百二十二条规定的“产品制造者”和《中华人民共和国产品质量法》规定的“生产者”。两被告未经专利权人许可，为生产经营目的制造、销售专利产品，构成共同制造、销售侵权。

【典型意义】

《中国制造2025年》明确提出将机器人产业作为我国制造业重点突破发展产业，深圳在机器人技术领域走到全国甚至世界前列。本案在认定共同制造侵权上坚持标准，对合作制造侵权加大惩罚力度，通过个案判决以司法保护手段推动产品升级，保护科技创新。另本案的审判也为深圳企业在面对专利诉讼时提供了参考，为本案原告深圳市银星智能科技股份有限公司面对美国iRorbot公司提出的美国377调查中的知识产权侵权诉讼打下了基础。本案被评为深圳法院2015年度知识产权典型案例。

【关键词】

专利　制造侵权　合作侵权

【基本案情】

在深圳市银星智能科技股份有限公司诉深圳市华欣智能电器有限公司、北京爱琪嘉业科技有限公司侵害实用新型专利权纠纷案中，原告是“一种全自动清洁机器人的垃圾收集装置”的实用新型专利权人。原告通过公证取证方式购得本案被诉侵权产品。两被告对被诉侵权技术方案包含与原告请求保护的权利要求记载的全部技术特征相同的技术特征，落入本案专利权的保护范围不持异议，但被告二爱琪公司辩称“未共同制造”侵权。经查，涉案侵权产品上均有“iQi爱琪”的标识，涉案侵权产品外包装盒、产品保修卡、使用说明书上，均有“北京爱琪嘉业科技有限公司”的署名及其“iQi爱琪”的标识。被诉侵权产品外包装盒上，均记载“iQi爱琪”“智能吸尘器520i（320i）”“北京爱琪嘉业科技有限公司”，“电话010－626×××7，传真01××××，网址http：//www.iqi77.com，地址是北京海淀上地信息路七号数字传媒大厦”等内容。《保修卡》《智能吸尘器使用说明书》记载，“iQi爱琪”“智能吸尘器520i（320i）”“北京爱琪嘉业科技有限公司”，“电话010－626×××7，传真010××××××××，网址www.iqi77.com，地址是北京海淀上地十街辉煌国际

5栋1117号”等内容。

银星公司请求保护权利要求1。权利要求1记载：一种全自动清洁机器人的垃圾收集装置，包括：垃圾盒主体和风机装置，垃圾盒主体设有供风机装置安装的嵌入腔，垃圾盒主体的嵌入腔下方设有垃圾储腔，垃圾盒主体上还设有供其与全自动清洁机器人组合的装配结构，其特征在于：所述垃圾盒主体外侧设有一供风机装置插入其嵌入腔的腔口；所述垃圾盒主体与风机装置之间设有可将插入嵌入腔后的风机装置锁定在垃圾盒主体内的锁定机构。本两专利相同，技术特征分解如下：A. 垃圾盒主体；B. 风机装置；C. 垃圾盒主体设有供风机装置安装的嵌入腔；D. 垃圾盒主体的嵌入腔下方设有垃圾储腔；E. 垃圾盒主体上还设有供其与全自动清洁机器人组合的装配结构；F. 垃圾盒主体外侧设有一供风机装置插入其嵌入腔的腔口；G. 垃圾盒主体与风机装置之间设有可将插入嵌入腔后的风机装置锁定在垃圾盒主体内的锁定机构。本案被诉侵权产品的技术特征相同，均分解为：a. 垃圾盒主体；b. 风机装置；c. 垃圾盒主体设有供风机装置安装的嵌入腔；d. 垃圾盒主体的嵌入腔下方设有垃圾储腔；e. 垃圾盒主体上还设有供其与全自动清洁机器人组合的装配结构；f. 垃圾盒主体外侧设有一供风机装置插入其嵌入腔的腔口；g. 垃圾盒主体与风机装置之间设有可将插入嵌入腔后的风机装置锁定在垃圾盒主体内的锁定机构。将银星公司请求保护的权利要求内容与本案被控侵权技术特征比对，A与a、B与b、C与c、D与d、E与e、F与f、G与g技术特征一一对应，两者相同。被告一华欣公司具有3C认证的生产资质，《3C证书查询》记载，产品名称“智能吸尘器”，华欣公司是“生产厂”，爱琪公司是“制造商”。被告一华欣公司庭审亦确认制造、销售了涉案侵权产品，被告二爱琪公司提交的《智能吸尘器产品合作协议》及其《补充协议》，能证明华欣公司、爱琪公司合作期限自2012年11月19日至2013年11月19日；2014年1月17日《补充协议》能证明华欣公司、爱琪公司继续合作关系；上述两份协议内容均能证明华欣公司系本两案被诉侵权产品的制造商。被告一华欣公司提交的“现有技术”对比文献的抗辩证据，至少未覆盖涉案被控侵权产品所具有的“垃圾盒主体设有供风机装置安装的嵌入腔，垃圾盒主体的嵌入腔下方设有垃圾储腔”等技术特征。银星公司向原审法院提交了《专利复审委员会审查决定书》（第24687号）（案件编号分别是5W106485、5W106476，发文序号分别是2014122400395160、2014122400383030），决定“维持（涉两案）专利权有效”。

【裁判意见】

深圳市中级人民法院一审认为，《最高人民法院关于产品侵权案件的受害人能否以产品的商标所有人为被告提起民事诉讼的批复》规定，任何将自己的商标或者可资识别的其他标识体现在产品上，表示其为产品制造者的企业或者个人，均属于《中华人民共和国民法通则》第一百二十二条规定的“产品制造者”和《中华人民共和国产品质量法》规定的“生产者”。本案侵权产品上均有“iQi爱琪”的标识，且侵权产品外包装盒、产品保修卡、使用说明书上，均有“北京爱琪嘉业科技有限公司”的署名及其“iQi爱琪”的标识，故被告二爱琪公司构成制造、销售侵权。被告一华欣公司具有3C认证的生产资质，被告一华欣公司庭审亦确认制造、销售了涉案侵权产品，被告二爱琪公司提交的《智能吸尘器产品合作协议》及其《补充协议》，亦能印证被告一华欣公司上述的庭审确认，被告一华欣公司庭审确认原告取证购买侵权产品的时间是两被告合作侵权的期间，故本院认定两被告构成共同制造、销售侵权。被告一华欣公司提交的“现有技术”对比文献的抗辩证据，至少未覆盖涉案被诉侵权产品所具有的“垃圾盒主体设有供风机装置安装的嵌入腔，垃圾盒主体的嵌入腔下方设有垃圾储腔”等技术特征，故该抗辩证据不采纳。《中华人民共和国专利法》第十一条规定，实用新型专利权被授予后，任何单位或者个人未经专利权人许可，为生产经营目的制造、销售专利产品的，属于侵犯专利权的行为。两被告未经原告许可，制造、销售侵权产品，依法应当承担停止侵权、赔偿损失的民事责任。为此，深圳中级人民法院判决：两被告停止侵权、销毁库存侵权产品、专用侵权设备、模具，两被告连带赔偿原告经济损失及合理支出费用共计人民币50万元。

一审宣判后，被告二爱琪公司提起上诉，广东高院以二被告的合作协议证明了在被诉侵权产品的生产过程中，爱琪公司不仅仅是简单的贴牌销售，而是与华欣公司存在深度技术合作关系为由判决驳回上诉，维持原判。

005

鼎识公司诉同升和公司、矽感公司专利权侵权纠纷

【裁判要旨】

原告未能提供因侵权所受损失及被告获利证据，且并无许可费标准、约定赔偿的情况下，法院最终根据法定赔偿的裁判标准，结合涉案专利的类型、侵权产品的销售价格、侵权行为的性质，确定侵权赔偿金额。

【典型意义】

本案是根据权利人主张的权利要求准确确定保护范围的专利侵权诉讼案件。专利权人要求全部予以保护，法院应当予以准许。在侵权比对时，应当遵循一一对应、全面覆盖的比对原则，将被控侵权产品与每个技术方案中的全部技术特征进行一一比对，不应当省略权利人主张的权利要求所记载的任何一项技术特征。

本案体现了法院在适用专利侵权赔偿计算方式的先后顺序。原告先后选择了侵权人获利、权利人损失两种计算依据，以确定本案的侵权赔偿数额，但由于原告未能提供因侵权所受损失及被告获利证据，且并无许可费标准、约定赔偿的情况下，法院最终根据法定赔偿的裁判标准，结合涉案专利的类型、侵权产品的销售价格、矽感公司侵权行为的性质，确定侵权赔偿金额。

本案被评为深圳法院2016年度知识产权十大典型案例。

【关键词】

专利侵权比对原则　法定赔偿

【基本案情】

2008年7月21日，鼎识公司向国家知识产权申请了名称为“证件识读仪”的实用新型专利，并于2009年5月13日获得授权，专利号为ZL200820095584.5。最近一次年费缴纳日期为2014年6月10日。

2013年11月27日，采购方（甲方）深圳市必凯科技有限公司与供货方（乙方）同升和公司签订一份《销售合同》，合同编号为XSBKTSH20131127B，

合同基本内容为：甲方向乙方采购一台名称为“IDC证件阅读器（扫描仪）”的产品，其型号为“ID/PassportScanner”，规格为“5VDC1.5A”，制造商为矽感公司，总价金额为人民币3916元。2013年11月28日，送货人同升和公司将上述产品交付给收货人深圳市必凯科技有限公司。同日，同升和公司向深圳市必凯科技有限公司出具了发票。

2013年11月29日，甲方（买方）鼎识公司与乙方（卖方）深圳市必凯科技有限公司签订了一份《采购合同》，合同编号为CGDSBK20131129B。合同基本内容为：卖方向买方提供一台名称为“IDC证件阅读器（扫描仪）”的产品，其型号为“ID/PassportScanner”，规格为“5VDC1.5A”，制造商为矽感公司，总价金额为人民币4033元。交货时间为2013年12月2日。2014年1月6日，深圳市必凯科技有限公司向鼎识公司出具了发票。

鼎识公司当庭提交被控侵权产品实物，实物外一白色外包装已拆封，外包装上没有生产厂家信息。内有一被控侵权产品，产品正面标注有“IDCapture”，背面标注有：“SYSCAN矽感，产品型号：IDC证件阅读器（扫描仪），型号：ID/PassportScanner，规格：5V1.5A，制造商：深圳矽感科技有限公司”。包装内还有一份产品保修卡、一份用户说明，两者均标有“SYSCAN矽感”、矽感公司名称、网址www.syscantech.com。当庭使用经鼎识公司、矽感公司均确认清洁的电脑，接入互联网，进入矽感公司的官方网站www.syscantech.com，下载“证卡全信息采集仪IDCV”的驱动程序并进行安装。随后，将上述被控侵权产品与电脑连接，电脑的设备管理器自动识别被控侵权产品的硬件名称为“IDCV”。经过1520分钟的安装后，电脑提示已经安装完毕，从电脑的管理设备器中看到“IDCV”这一硬件未被驱动起来，无法正常使用。

矽感公司当庭确认生产过“IDCV”这一产品，销售这款产品时会向客户附送驱动软件，客户亦可在其公司官方网站上下载驱动程序。

随后，鼎识公司向法庭提交了深圳市南山公证处作出的（2014）深南证字第15539号公证书。进入www.syscantech.com/cn网站，点击“服务支持”，进入“矽感产品驱动程序下载”页面。点击该页面中的“证卡全信息采集仪ID-

CV”右方的“下载”，下载文件“IDCV. rar”文件，并保存至“DS”文件中。随后，公证处将在上网过程中取得的“DS”文件夹刻录成光盘一式四份，其中一张存于该公证处，另外三张光盘经分别袋装附入公证书中。将该光盘放入经鼎识公司、矽感公司确认清洁的电脑光驱中，双击该光盘，内有“DS”文件夹。点击该“DS”文件夹的属性，显示创建日期是2013年11月28日，修改日期为2014年8月29日12：25。打开DS文件夹，内有一“IDCV”的压缩文件。打开该“IDCV”的压缩文件，出现一个“IDCV”的文件夹。打开“IDCV”文件夹，出现“ManualDriver”和“TwainDriver”的两个文件夹。打开“TwainDriver”文件夹，出现“IDCV. exe”的文件。双击该文件，将其安装到电脑中，出现一个窗口，显示设备软件名称为“通用串行总线控制器”，发布者是“ShenzhenSyscanTechnologyCo. Ltd”。安装完成后，将鼎识公司自行购买的被控侵权产品与电脑进行连接，电脑提示“SyscanIDCVUSBDriver已安装，可以使用”。点击“计算机的管理”，出现一个下拉菜单，点击下拉菜单中的“设备管理器”，出现一个子菜单，其中显示“通用串行总线控制器”，识别到第五个硬件为“SyscanIDCVUSBDriver”。观察被控侵权产品，除其正面的指示灯亮起之外，没有其他显示信息。鼎识公司确认，在未另行安装应用程序之前，涉案被控侵权产品无法进行扫描证件的操作。

本案中，鼎识公司请求保护的权利范围是涉案实用新型专利的权利要求1、4、5、9，并分解成以下四个技术方案。

1. 权利要求1，内容为：一种证件识读仪，包括壳体（10）、固定在壳体（10）上的证件载体（30）以及位于壳体（10）内的光源模组（40）和成像模组（50），证件载体（30）具有证件承载区域，其特征是：所述光源模组（40）的数量为两个，该两光源模组（40）位于证件载体（30）的证件承载区域的两侧，且每一光源模组（40）具有由多个LED组成的LED矩阵阵列，且LED矩阵阵列与证件载体（30）呈45°—85°的夹角。将公证购买的被控侵权产品与权利要求1的全部技术特征进行比对：A. 被控侵权产品是一种证件识读仪；B. 包括壳体、固定在壳体上的用于放置证件的平面，壳体两侧各有一排5个LED灯，组成光源模组，壳体内有一面斜置的平面反光镜和对着该平面反光镜的摄像头，两者共同组成成像模组；C. 放置证件平面的中心位置有一个透明玻璃，系放置证件的区域；D. 所述光源模组的数量为两个，两光源模组位于放置证件的透明玻璃的两侧；E. 每一光源模组具有由5个LED组成的一行矩阵，即行矩阵。经当庭测量，LED行距阵阵列与证件载体呈70°的夹角。

综上，被控侵权产品与权利要求1的全部技术特征完全相同，落入了权利要求1的保护范围。

2. 权利要求1和权利要求4。

除具备权利要求1全部内容外，权利要求4的内容如下：根据权利要求1所述的证件识读仪，其特征是：该证件识读仪还包括一支架（20），该支架（20）可分离地装设在壳体（10）内，光源模组（40）和成像模组（50）均固定在支架（20）上。将公证购买的被控侵权产品与权利要求1、权利要求4的全部技术特征进行比对，被控侵权产品除具备权利要求1的A—E五个技术特征外，还具备权利要求4分解的以下特征：F. 该证件识读仪内部有一支架；G. 该支架用螺丝固定在壳体内，松开螺丝即可与壳体相分离；H. 两侧LED行距阵阵列通过螺丝固定在支架上，成像模组中的镜子固定在支架上，摄像头的底部有一块集成电路板，摄像头的镜头端穿过支架，底部的集成电路板通过螺丝与支架固定连接。

综上，被控侵权产品与权利要求1、权利要求4的全部技术特征完全相同，落入了权利要求1和权利要求4的保护范围。

3. 权利要求1、权利要求4和权利要求5。

除具备权利要求1、4的全部内容外，权利要求5的内容如下：根据权利要求4所述的证件识读仪，其特征是：所述成像模组（50）具有一成像镜头（51）和一平面反光镜，该成像镜头（51）固定在支架上（20），该平面反光镜和支架（20）之间粘贴有一吸震双面胶（53）。将公证购买的被控侵权产品与权利要求1、权利要求4、权利要求5的全部技术特征进行比对，被控侵权产品除具备权利要求1、权利要求4的A—H八个技术特征外，还具备以下特征：I. 成像模组具有一摄像镜头和一平面反光镜；J. 摄像镜头固定在支架上；K. 该平面反光镜与支架粘贴在一起，粘胶中可见一层海绵。涉案实用新型专利具有“吸震双面胶”这一功能性技术特征，但该专利的说明书、实施例中均未对“吸震双面胶”作出明确解释，鼎识公司、矽感公司也均确认行业内对“吸震双面胶”没有通用认识。本案中，海绵安装在平面反光镜与支架之间，与鼎识公司涉案专利实施例中“吸震双面胶”的位置相同。根据一般常识，海绵具有减震功能。因此，本案中，该处海绵也是为了减少震动，防止平面反光镜因震动破损，更好地维护平面反光镜的完整性，起到了“吸震”功能。

综上，被控侵权产品与权利要求1、权利要求4、权利要求5的全部技术特征完全相同，落入了权利要求1、权利要求4和权利要求5的保护范围。

4. 权利要求1、权利要求4和权利要求9。

除包含权利要求1、权利要求4的全部内容外，权利要求9的内容如下：根据权利要求4所述的证件识读仪，其特征是：所述壳体（10）具有一容纳箱（110）、一固定在容纳箱（110）上的箱盖（120）和一可分离地枢接在箱盖（120）上的翻盖（130），支架（20）可分离地装设在容纳箱（110）内。将公证购买的被控侵权产品与权利要求1、权利要求4、权利要求9的全部技术特征进行比对，被控侵权产品除具备权利要求1、权利要求4的A—H八个技术特征外，还具备以下特征：I. 壳体具有一容纳箱、一固定在容纳箱上的箱盖，和一可分离地枢接在箱盖上的翻盖；J. 支架可分离地装设在容纳箱内。

综上，被控侵权产品与权利要求1、权利要求4和权利要求9的全部技术特征完全相同，落入了权利要求1、权利要求4和权利要求9的保护范围。

鼎识公司主张，由深圳矽感科技有限公司制造、销售、由深圳市同升和科技有限公司销售的型号为“ID/Passport Scanner”的“IDC证件阅读器（扫描仪）”侵害了涉案实用新型专利，请求判令矽感公司、同升和公司立即停止侵权行为，并由矽感公司承担相应的赔偿责任。赔偿金额以矽感公司因侵权行为的获利审计结果为准，或者根据矽感公司的经销商深圳市易普森科技有限公司销售给中国移动公司的2174台型号为“IDC”的“证件识读仪”，并结合鼎识公司的利润标准计算赔偿金额。

矽感公司提出现有技术抗辩，主张前述产品系其根据名称为“数码证件录入仪”、授权公告号为CN2590071Y的在先实用新型专利制造、销售的，没有侵犯鼎识公司的涉案实用新型专利权。将被控侵权产品与现有技术进行比对，现有技术也是一种涉及读入、识别、储存字符或图形的装置，其公开了被控侵权产品的以下特征：1. 壳体；2. 放置证件的平面及其中心位置的透明钢化玻璃板；3. 斜置的反光平面镜以及与该反光平面镜连接的支架；4. 位于证件承载区域两侧的，由多个LED灯组成的发光源，该发光源与证件载体呈70°夹角；5. 摄像镜头。

现有技术没有公开被控侵权产品的下列技术特征：1. 没有公开被控侵权产品中可分离支架结构；2. 没有公开被控侵权产品中光源模组和成像模组均固定在同一支架上；3. 没有公开被控侵权产品的壳体有翻盖功能；4. 没有公开被控侵权产品中平面反光镜与支架中间设有的吸震海绵；5. 没有公开LED矩阵阵列。

【裁判意见】

深圳市中级人民法院一审认为，判定被诉侵权技术方案是否落入专利权的保护范围，应当审查权利人主张的权利要求所记载的全部技术特征。被诉侵权技术方案包含与权利要求记载的全部技术特征相同或等同的技术特征的，人民法院应当认定其落入专利权的保护范围；被诉侵权技术方案的技术特征与权利要求记载的全部技术特征相比，缺少权利要求记载的一个以上的技术特征，或者有一个以上技术特征不相同也不等同的，人民法院应当认定其没有落入专利权的保护范围。

由矽感公司制造、销售，由同升和公司销售的型号为“ID/Passport Scanner”的“IDC证件阅读器（扫描仪）”，与鼎识公司ZL200820095584.5的实用新型专利权中权利要求1、4、5、9记载的全部技术特征相同，落入了涉案专利的保护范围，构成侵权。矽感公司提出的现有技术并未公开侵权产品的全部技术特征，矽感公司提出的现有技术抗辩不能成立。

法院因此认定矽感公司、同升和公司存在侵权行为。一审宣判后，矽感公司不服提出上诉，广东省高级人民法院二审以深圳市中级人民法院判决认定事实清楚，适用法律正确为由驳回上诉，维持原判。

006

九阳公司诉耀晴公司等专利权侵权纠纷

【裁判要旨】

被告一具有生产被控侵权产品的资质和能力，其委托被告二代为办理出口却未能提供被控侵权产品具有合法来源的证据，结合被控侵权产品实物上粘贴的标签处标注的信息，被告一的行为构成制造侵权，被告二的行为构成销售侵权，两被告提出的现有技术抗辩不能成立。为查明案件事实且保障权利人的利益，在原告提供财产担保的情况下，法院依原告的申请采取证据保全和财产保全措施。

【典型意义】

本案是一起涉及行政、司法等多部门相互衔接、相互协作的典型案例。原告在立案之前通过海关查扣了一批出口韩国的涉嫌侵权的豆浆机产品，然后向法院起诉请求对这批货品采取保全措施。法院在受理原告申请后迅速采取证据保全、财产保全措施，在海关的大力配合和支持下，依法妥善地采取了保全措施，既完成了案件的取证工作，又保障了判决的顺利执行。

本案各方当事人均非深圳本地企业，原告系跨地域维权，本案不存在地方保护主义。本案被评为深圳法院2015年度知识产权典型案例。

【关键词】

侵权　财产保全　证据保全

【基本案情】

专利权人九阳公司于2011年3月17日就其设计的“一种抗染色豆浆机”向国家知识产权局申请实用新型专利，国家知识产权局于2011年11月16日授予其ZL201120070534.3号实用新型专利权，并予以授权公告。原告九阳公司向法院提交缴纳本案专利年费的收费收据，证明本案专利按期缴纳了专利年费，该专利处于有效状态。

原告九阳公司在本案中要求保护的专利权的范围为权利要求1、5、6。

“一种抗染色豆浆机”实用新型专利的权利要求1记载的技术特征为：一种抗染色豆浆机，包括机头以及杯体，所述机头扣置在杯体上方，所述机头包括机头上盖以及机头下盖，所述豆浆机还包括包覆所述机头下盖的金属外包层，所述金属外包层的底部与所述机头下盖之间设有密封垫，所述金属外包层的开口端与机头下盖之间也设有密封垫，其特征在于，所述金属外包层与所述机头下盖固定连接。

权利要求5记载的技术特征为：根据权利要求1所述的抗染色豆浆机，其特征在于，所述金属外包层的底部设有通孔，螺钉穿过所述通孔将所述金属外包层固定于所述机头下盖。

权利要求6记载的技术特征为：根据权利要求1所述的抗染色豆浆机，其特征在于，所述机头下盖设有环形槽，所述金属外包层的开口端插入所述环形槽，所述环形槽与所述金属外包层之间设有密封垫。

2014年12月9日，深圳海关根据原告申请，对被告耀晴公司申报出口的货物进行布控并中止放行。从海关提取的《中华人民共和国海关出口货物报关单》显示，编号为DFSU6753221集装箱所运输货物的商品名称为“豆浆机家用”，品牌为“RONIC”，商品编号为“85094090.00”，数量为2744台，单价为26美元，总价为71344美元，出口国为韩国。2014年12月12日，深圳海关法规处出具《深圳海关关于缴纳担保金的通知》，通知九阳公司向海关提交人民币44万元的担保，逾期将予以放行。2014年12月16日，原告九阳公司以银行转账方式向深圳海关缴纳以上财产担保金。

2014年12月22日，九阳公司向深圳市中级人民法院立案起诉两被告，同时申请法院对海关查扣的该批货物采取证据保全和财产保全措施，并向法院提供财产保全担保金人民币44万元。法院于2015年1月21日裁定查封、扣押被告耀晴公司位于蛇口海关的集装箱内的货物，并且提取该集装箱内的被控侵权产品样品四台。2015年1月27日，法院工作人员依法对海关查扣的集装箱内的货物进行财产保全和证据保全，经现场清点，被告耀晴公司申报出口的豆浆机数量为686箱，共计2744台，包装箱上标注的品牌为“RONIC”，并从中提取四台被控侵权产品作为样品。在查封期间，被告耀晴公司向法院提出解除财产保全申请，并自愿提供人民币44万元作为查封财产置换金。根据原告的申请，法院于2015年3月4日裁定解除对被告耀晴公司申报出口的“RONIC”豆浆机的查封、扣押，并冻结其提供的反担保金人民币44万元。2015年3月5日，法院工作人员依法解除对以上财产的保全措施。

当庭打开法院证据保全的被控侵权产品包装箱，内有四件被控侵权产品实物，原被告双方均确认四件实物为同一产品，从中随机抽取一件被控侵权产品，产品包装上为韩文信息，无中文字样，但标注“RONIC”标识。当庭拆封被控侵权产品包装，被控侵权产品上标注“RONIC”标识，产品下方及底部各有一张标签，标签上均注明“FOSHAN SHUNDE JINDI INDUSTRY CO. LTD”英文标识。该被控侵权产品具有如下技术特征：1. 豆浆机整体由机头和杯体组成，机头扣置在杯体上方；2. 机头包括机头上盖以及机头下盖；3. 机头下盖包覆金属外包层；4. 金属外包层的底部与机头下盖之间设有密封垫；5. 金属外包层的开口端与机头下盖之间也设有密封垫；6. 金属外包层与机头下盖固定连接；7. 金属外包层的底部设有通孔，螺钉穿过通孔将金属外包层固定于机头下盖；8. 机头下盖设有环形槽，金属外包层的开口端插入环形槽，环形槽与金属外包层之间设有密封垫。

将被控侵权产品与原告专利进行比对，被控侵权产品的技术特征与原告专利权利要求1、5、6所记载的技术特征相同，落入原告专利权的保护范围。原被告双方也当庭确认两者的技术特征完全相同。

原告九阳公司为证明被告金帝公司实施生产、销售、许诺销售被控侵权产品的行为，向法庭提交三份网页证据保全公证书：1.（2014）粤广海珠第28632号公证书记载，输入网址“sdjindi. en. alibaba. com”，网页中显示“LOKCO乐高”文字图形商标，在页面中继续点击“2014 best selling soy milk maker with CE”，进入的新页面中，在新页面中展示了涉案被控侵权产品的图片。网站“sdjindi. en. alibaba. com”为英文信息网站，无中文说明，原告亦未向法庭提交相应的中文翻译件。2.（2014）粤广海珠第28633号公证书记载，输入网址“www. 1688. com”，进入阿里巴巴的中文网站；在网站搜索栏内输入被告公司名称“佛山市顺德区金帝实业有限公司”，点击进入的页面首部显示店铺名称“金帝实业电器”以及“LOKCO 乐高”文字图形商标；继续分别点击页面中的“营业执照”“税务证明”“组织机构代码”“旋转水壶3G认证证书”，显示出被告金帝公司的企业法人营业执照、税务登记证、组织机构代码、中国国家强制性产品认证证书等信息；返回到上一步骤，点击“公司档案”，显示被告金帝公司的公司概况、认证信息等。该公证书中无被控侵权产品图片的网页信息。3.（2014）粤广海珠第30473号公证书记载，输入网址“sdjindi. en. alibaba. com”，操作步骤以及证明目的均同（2014）粤广海珠第28632号公证书。

被告金帝公司、耀晴公司提出了现有技术抗辩。两被告向法庭提交了四份实用新型专利文献：1. 申请日为2009年7月10日，授权日为2010年3月3日的“一种双层下盖豆浆机”（ZL200920133824. 0）；2. 申请日为2010年6月25日，授权日为2011年1月5日的“一种改善密封性能的豆浆机机头结构”（ZL201020240867. 1）；3. 申请日为2010年6月2日，授权日为2010年12月29日的“一种豆浆机头的密封结构”（ZL201020217750. 1）；4. 申请日为2010年5月21日，授权日为2010年12月15日的“一种新型豆浆机”（ZL201020208364. 6）。上述四份专利文献均早于原告的专利申请日，属于现有技术，可以被援引作为本案的技术比对文件。两被告认为本案被控侵权产品的相关技术特征已被现有技术文件公开，因此并不侵犯原告的实用新型专利权。为此，两被告当庭选择第四份专利文献“一种新型豆浆机”（ZL201020208364. 6）作为本案的现有技术比对文件。

经比对被诉侵权技术方案与现有技术文件的相关技术特征，两者存在以下区别：1. 现有技术文件的权利要求书中并未公开“金属外包层的底部与机头下盖之间设有密封垫”该项技术特征。2. 现有技术文件的权利要求书中并未公开“金属外包层的开口端与机头下盖之间也设有密封垫”该项技术特征。3. 被控侵权产品的“金属外包层的底部设有通孔，螺钉穿过通孔将金属外包层固定于机头下盖”；而现有技术文件的权利要求书1中记载“所述连接体为与机头下盖一体成型的金属管或焊接在机头下盖的金属管”。由此可见，被控侵权产品是通过螺钉穿过金属外包层的通孔与机头下盖的方式固定连接，而现有技术是连接体与机头下盖一体成型或者以焊接的方式将两者固定连接。4. 现有技术文件的权利要求书中并未公开“机头下盖设有环形槽，金属外包层的开口端插入环形槽，环形槽与金属外包层之间设有密封垫”该项技术特征。

被告金帝公司与耀晴公司于2014年10月1日签订一份《产品出口协议书》，约定由金帝公司向耀晴公司提供出口产品供应给境外客户，至于每批出口产品具体的名称、等级、数量、单价等，按出口时双方签订的合同或其他形式的确认文件为准。双方同时约定，出口产品的商标或其他标识由外商或金帝公司提供，耀晴公司不负由此引起的任何法律责任。如造成对第三方知识产权的侵犯，由外商或金帝公司承担全部及最终的赔偿责任。

另查，原告九阳公司为本案支付海关仓储费8347.2元、装卸搬运费800元、海关的仓库租金及杂费5836元、财产保全的仓库租金4902元、运输服务费3400元，以上费用共计人民币23285.2元。原告未能提交诉请两被告赔偿人民币100万元的依据，请求法庭酌定赔偿。

再查，被告金帝公司的经营范围为制造日用电器、塑胶制品、五金机械制品、模具等，经营和代理各类商品及技术的进出口业务。被告耀晴公司的经营范围为国内商业、物质供销业、经营和代理各类商品及技术的进出口业务。

【裁判意见】

深圳市中级人民法院认为，本案属于侵害实用新型专利权纠纷。专利权人九阳公司的“一种抗染色豆浆机”（专利号为ZL201120070534.3）实用新型专利被授权后，按期缴纳了专利年费，该专利目前处于授权状态，依法受到法律保护。本案的争议焦点为：一、被诉侵权技术方案是否落入原告专利权的保护范围；二、两被告的被控侵权行为性质应当如何认定；三、两被告的现有技术抗辩能否成立；四、两被告抗辩法院采取保全措施不当问题；五、两被告的法律责任承担问题。

关于本案被诉侵权技术方案是否落入原告专利权的保护范围问题。实用新型专利权的保护范围以其权利要求的内容为准，说明书及附图可以用于解释权利要求的内容。人民法院作侵权判断时，应当审查权利人主张的权利要求所记载的全部技术特征，若被诉侵权技术方案包含与权利要求记载的全部技术特征相同或者等同的技术特征的，应当认定其落入专利权的保护范围。本案原告当庭明确请求保护涉案专利的权利要求1、5、6，通过对比，被诉侵权技术方案的技术特征与原告专利权利要求1、5、6所描述的技术特征相同，落入原告实用新型专利所主张的权利要求的保护范围。被告也当庭确认被控侵权产品与原告专利经比对两者相同。

关于两被告的被控侵权行为性质应当如何认定问题。原告九阳公司指控被告金帝公司、耀晴公司共同承担停止生产、销售被控侵权产品的行为。被告金帝公司具有生产被控侵权产品的资质和能力，其委托耀晴公司代为办理出口却未能提供被控侵权产品具有合法来源的证据，结合被控侵权产品实物上粘贴的标签处标注“FOSHAN SHUNDE JINDI INDUSTRY CO. LTD”信息予以佐证，本院依法认定被告金帝公司为被控侵权产品的制造者，原告指控其制造侵权行为成立。耀晴公司受金帝公司的委托，代为办理被控侵权产品的报关出口手续，出口地为韩国，故原告指控两被告销售被控侵权产品行为成立。由于耀晴公司仅为商品进出口业务的代理商，不具备生产经营资质，且原告未能提供其他证据证明耀晴公司实施制造侵权行为，故原告指控被告耀晴公司制造被控侵权产品的理据不足，本院不予支持。原告提交三份公证书以证明被告金帝公司存在许诺销售被控侵权产品的行为，但由于原告在本案并未指控金帝公司许诺销售被控侵权产品，对此本院不予处理。

关于两被告提出的现有技术抗辩能否成立的问题。经过将被控侵权产品的技术特征与现有技术记载的相应技术特征进行比对，两被告所援引的现有技术文件未能够完整公开被控侵权产品的所有技术特征，且在金属外包层与机头下盖的固定连接方式上两者存在不同，故两被告提出的现有技术抗辩不能成立，本院不予支持。

关于两被告抗辩法院采取证据保全、财产保全措施不当问题。原告九阳公司以“一种双层下盖豆浆机（专利号为ZL200920133824.0）”实用新型专利向深圳海关申请查扣涉案被控侵权产品，之后以“一种抗染色豆浆机（专利号为ZL201120070534.3）”实用新型专利及“豆浆机（专利号为ZL201130011494.0）”外观设计专利先后向法院起诉两被告，并申请法院对海关查扣的被控侵权产品采取保全措施。被告认为，原告以与涉案专利不相同的“一种双层下盖豆浆机（专利号为ZL200920133824.0）”实用新型专利向海关申请查扣被控侵权产品的行为不当，主张法院采取保全措施不符合法律规定。由于被控侵权产品系出口韩国的外销产品，海关查扣又有明确的期限规定，为查明案件事实且保障权利人的利益，在原告九阳公司提供财产担保的情况下，法院依原告的申请对该批货物采取证据保全和财产保全措施并无不当。法院采取证据保全措施的同时避免了本案在审理中出现取证困难、取证不能的问题。而且在查封期间，根据耀晴公司的申请，在耀晴公司提供反担保金的情况下，法院已经依法解除了对涉案被控侵权产品的查封。

关于两被告金帝公司、耀晴公司法律责任的承担问题。被告金帝公司在本案实用新型专利权处于有效保护期内，未经专利权人准许，为生产经营目的制造、销售侵犯原告实用新型专利权的产品，应当依法承担立即停止制造、销售侵犯原告专利权的产品的行为，并赔偿原告经济损失及相关合理费用。被告耀晴公司受金帝公司委托报关出口被控侵权产品，与金帝公司构成共同销售侵权。金帝公司对耀晴公司的销售侵权承担连带赔偿责任。

007

飞利浦公司与深圳怡然居公司等专利侵权纠纷

【裁判要旨】

专利法上设置禁止反悔原则，将在专利授权或者无效程序中通过修改或者意见陈述书中表明的不属于专利权保护范围的内容，在专利诉讼中也禁止纳入专利权保护范围，并在上述规定的基础上增加“明确否定”要件作为禁止反悔原则的例外情况。

关于功能性技术特征的解释上，按照《专利法司法解释（二）》的规定不再采用“二次等同”理论，亦即，功能性特征限定为说明书和附图描述的实现该功能或者效果的具体实施方式及其等同的实施方式，而非所有能够实现所述功能的实施方式，在以具体实施例为基点的“一次等同”之后，功能性特征的保护范围即已划定，不能再次适用“等同”理论。

【典型意义】

关于功能性技术特征的解释和禁止反悔原则（技术方案的放弃），是目前专利侵权审判实务中的难点。本判决均涉及前述两个难点问题，对如何处理和认定功能性技术特征的保护范围以及技术方案的放弃这两大疑难问题进行了有益的探索，对将来类似案件的处理也具有现实性的指导作用。

本案被评为深圳2017年知识产权十大典型案例。

【关键词】

技术特征　权利要求　禁止反悔

【基本案情】

卡瓦林烹饪系统有限公司于2007年6月18日申请一款名为“制备食品的设备和用于该设备的空气导向件”的发明专利，并于2012年1月25日获得专利授权。2012年2月27日，卡瓦林烹饪系统有限公司签署涉案专利的授权及确认函，证明自2009年8月25日，卡瓦林烹饪系统有限公司授予原告飞利浦优质生活有限公司涉案专利的独占、可分许可的使用许可，并进一步确认原告有权以其自己的名义针对任何侵害涉案专利权的侵权人采取法律行动，主张并获得中国法律项下所有损害赔偿及其他救济。2015年12月21日，卡瓦林烹饪系统有限公司将涉案专利转让给皇家飞利浦有限公司。2016年1月5日，皇家飞利浦有限公司签署涉案专利的授权及确认函，确认在涉案专利转让之后，原告飞利浦优质生活有限公司获得涉案专利的排他许可实施权，并有权以自己名义对侵害涉案专利的行为采取法律行动主张并获得赔偿。就原告提出的诉讼请求，专利权人不再提起诉讼。

国家知识产权局专利复审委员会（以下简称专利复审委）于2013年6月25日作出的第20936号无效宣告请求审查决定书（以下简称20936号决定书）记载了以下内容：1. 专利权人提交意见陈述书认为本专利同时用两种不同的方式来加热食品制备室中的食品：首先是借助位于食品制备室上部的热辐射装置而从上方加热食品；其次是借助把空气流向上引导到食品而从下方加热食

品。为了实现上述均匀加热食品的目的，把空气流向上引导到食品是必要的。2. 合议组认为将本专利权利要求 1 的技术方案与对比文件 2 公开的内容相比，区别特征在于：a. 本专利在食品制备室的上部有一热辐射装置，而对比文件 2 仅公开了安装在侧壁外侧的吸附器；b. 本专利在底部壁下方位于外壁上有一空气导向构件，而对比文件 2 相应位置的部件为凸底壁。3. 合议组认为，涉案专利权利要求 1 中的空气导向构件的位置在底部壁下方位于外壁上，其要实现的功能是将空气流基本上向上导引，而从对比文件 2 的附图所示构件来看，凸底壁向上凸起，从下方过来的空气流遇到阻力，客观上应能够起到将空气向上引流的效果，但鉴于对比文件 2 文字部分并未记载其向上引导的气流能够实现基本上向上的功能，故不能由此得出气流的径向分量基本上垂直向上弯曲的结论。因此，对比文件 1、对比文件 2 和对比文件 3 均未公开本专利权利要求 1 中的具有使空气流基本上向上引导且位于底部壁下方的空气导向构件，决定本专利有效。

专利复审委于 2015 年 1 月 21 日作出的第 25072 号无效宣告请求审查决定书（以下简称 25072 号决定书）记载了以下内容：1. 专利权人提交意见陈述书认为：本专利权利要求中的热辐射装置是在食品制备室的上部，也就是说，在食品制备室内部且在上半部分内，对比文件 1 的环形加热元件位于爆裂室上方，对比文件 2 的电热管在网状锅体的下方，故对比文件未公开该内容。2. 合议组认为：对比文件 1 公开了一种团粒食品的对顶式爆裂炉，其利用快速加热的热空气的搅拌气流，在一个封闭环境内快速搅动团粒食物，使团粒食物膨胀或爆裂，而不像普通电炉或微波炉将团粒食品煮熟或烤熟，其中搅拌和流动主要是由容器内壁的轮廓来实现的。……对比文件 1 的风扇和加热元件（相当于本专利中的热辐射装置）位于内爆裂室上部由折流壁围成的朝下的隔室内。……该对比文件 1 中的内爆裂室、侧壁和锥形凸起分别相当于本专利中的食品制备室、外壁和空气导向构件。本专利权利要求 1 与对比文件 1 区别特征在于：a. 内壁及其带有的可透过空气的底部壁以及其上方的空气排出开口；b. 空气导向装置，用于使空气从所述排出开口向与所述食品制备室分开的所述底部壁返回；c. 风扇用于使热空气顺次地移动穿过所述底部壁、所述食品制备室以及所述排出开口；d. 空气导向构件在底部壁下方。3. 合议组认为：对比文件2未公开本专利权利要求1中的侧壁和空气导向装置以及与空气导向装置相关的特征，并且，由于采用热空气对食品加热的方式不同，综上所述，决定本专利有效。

专利复审委于2016年5月26日作出的第29215号无效宣告请求审查决定书（以下简称29215号决定书）记载：合议组维持涉案专利有效的决定理由与25072号决定书基本一致。

被告怡然居公司在京东电子商务网站开设专营店，许诺销售、销售了涉案侵权产品“山本空气炸锅（型号SB001）”。

被告兆丰公司在阿里巴巴电子商务网站上开办的网店许诺销售型号为YJ－2588的空气炸锅，从图片上来看，其与SB001空气炸锅即涉案侵权产品具有相同的正面外观。

被告威锋公司在淘宝网上开办山本品牌工厂店网店，许诺销售型号为“SB001山本空气炸锅”，网页显示零售价格为人民币399元，交易成功记录3534台。

中国质量认证中心官方网站公开的涉案侵权产品的3C证书的信息为：“申请人为被告威锋公司，制造商为被告威锋公司，生产厂为被告兆丰公司”；在中国商标局网站查询到注册商标“山本SHANBEN”的注册人为被告威锋公司，注册类别是第11类烤箱、电炊具等。

被告威锋公司主张两被告的合作方式是ODM，即被告兆丰公司负责制造产品，加贴“山本”商标，被告威锋公司从被告兆丰公司处购买该产品，然后以“山本”旗下品牌的产品予以销售。庭审中打开公证封存的被控侵权产品，内有一个显示型号为SB001空气炸锅产品，标有“山本SHANBEN”注册商标。

2016年11月1日，原告申请撤回了对被告怡然居公司的起诉，法院出具了（2015）深中法知民初字第1043号民事裁定书予以准许。

原告在本案中主张保护涉案专利权利要求1、权利要求9、权利要求10。

独立权利要求1可分解为以下技术特征：A. 一种适用于制备食品的设备；B. 所述设备包括食品制备室，该食品制备室具有外壁、带可透过空气的底部壁并带上方空气排出开口的内壁；C. 所述设备包括风扇，该风扇用于使热空气顺次地移动穿过所述底部壁、所述食品制备室以及所述排出开口；D. 所述设备包括空气导向装置，其用于使空气从所述排出开口向与所述食品制备室分开的所述底部壁返回；E. 所述设备包括热辐射装置，其位于所述食品制备室的上部；F. 所述设备包括位于所述食品制备室下方的空气导向构件，所述空气导向构件在所述底部壁下方位于所述外壁上；G. 所述空气导向构件用于将空气流基本上向上导引，使其进入存在于所述食品制备室中的食品中。

权利要求9的技术特征为：如权利要求1—4任一项所述的设备，H. 其特征在于，所述食品制备室具有周边壁；I. 该周边壁具有下端，所述下端向下延伸超过所述食品制备室的所述周边壁与所述底部壁之间的连接部。

权利要求10的技术特征为：如权利要求9所述的设备，J. 其特征在于，所述周边壁的下端是弯曲的。

原告当庭放弃其他技术方案，要求只保护其中一项技术方案，即保护独立权利要求1的技术特征A—G，加上技术特征H、I、J。

关于技术特征F、G中的空气导向构件是以功能或者效果表述的技术特征，故应当结合说明书和附图描述该功能或效果的具体实施方式及其等同的实施方式，确定该技术特征的内容。

经查，权利证书的说明书中对空气导向构件在发明内容中描述为：[0005]因此，根据本发明，设置空气导向构件来将空气流基本上向上导向食品制备室中的食品。[0006]在这一方面，短语“基本上向上”基本上试图表达气流的径向分量基本上垂直向上弯曲，以使气流基本上向上流过食品。与这种情况相比，即空气带有显著径向流动分量地到达食品制备室的底部壁（例如根据上述现有技术中的设备就是这种情形），空气的这种向上导向的空气流改善了常规空气流形态，因此，能均匀地制备食品。[0011]优选，空气导向构件包括向上收缩的截头锥形空气导向部件。这种空气导向部件在促使空气向上流动方面非常有效。这种部件还可以与上述空气导向肋相结合，并同心定位在其下。

在具体实施方式中描述为：[0063]示出了空气导向构件的两种实施方式，空气导向构件包括空气导向肋。空气导向肋有4个，且布置在垂直平面内，径向延伸且在中央位置汇合。导向肋基本上布置成正十字形。这种肋有利于空气向上流动，防止出现环形（回旋）空气流并向着中央位置压力增大。[0064] 在所述空气导向肋下面或者与该空气导向肋相结合，与其同心地设置截头锥形向上收缩的空气导向部分。该空气导向部分向上收缩的周边表面协助引导从通道而来的空气，使其向上进入食品制备室。

原告为了主张被控侵权产品中热空气的移动顺序为“底部壁－食品制备室－排出开口”，在庭上演示了以下实验：在食品制备室内放入一些大于底部壁网格的白色泡沫颗粒，白色泡沫颗粒落在网篮底部上。将被控侵权产品正常运行2至3分钟之后关闭，再打开被控侵权产品时，原来在食品制备室内的所有白色泡沫都落入了食品制备室下方的空隙中。原告认为，根据上述演示，运行后白色泡沫颗粒的移动顺序为网篮底部，排出开口，然后通过食品制备室内壁和外壁之间的空隙，落入食品制备室的外壁底部。这个实验证明了被控侵权产品具有专利的技术特征C和D。

经比对，原告认为被诉侵权产品所反映的技术特征与涉案专利独立权利要求1、9、10的A至J技术特征完全一一对应，结论为被诉侵权产品落入涉案专利独立权利要求的保护范围，构成侵权。

被告兆丰公司认为两者存在以下区别点：一、被控侵权产品的内壁只有底部壁和侧壁，顶部是完全敞口的开放式结构，即被控侵权产品的食品制备室事实上不具有涉案专利中所述的食品制备室的上部；二、被控侵权产品中的风扇为一轴流风扇，该风扇工作时，是将风沿风扇的轴向向下吹进食品制备室内，且因为被控侵权产品的风扇与专利风扇不同，因此不存在涉案专利的“空气从所述排出开口6向与所述食品制备室2分开的所述底部壁5返回”的空气流，故被控侵权产品亦不存在涉案专利的空气导向装置；三、涉案专利的热辐射装置位于食品制备室的上部，根据专利权人在专利无效程序中提交的意见陈述书，其将“上部”限制为在食品制备室内部且在上半部分内，而被控侵权产品的热辐射装置设置在食品制备室的上方；四、被控侵权产品不具有涉案专利的空气导向构件，被控侵权产品底部的环状凸起是一个空气的扰流件，不具有涉案专利中将空气流基本上向上导引的功能，其结果是造成空气流的混乱流动，主要作用在于使食品制备室内空气的热场比较均匀。被告威锋公司表示同意被告兆丰公司的比对意见。

针对被告主张被控侵权产品中的风扇工作时是将风沿风扇的轴向向下吹进食品制备室内的主张，合议庭组织双方当庭进行了第二个实验：在被控侵权产品正常运行状态下打开了食品制备室，抽掉了食品制备室，将长条状餐巾纸放置在风扇正下方以演示气流方向，显示纸巾的另一端向上旋转；将纸巾放到风扇的边缘位置，显示纸巾的另一端系向下旋转。

【裁判意见】

深圳中院一审认为，结合本案双方当事人的诉辩意见和查明的事实，本案争议焦点在于被诉侵权产品的技术方案是否落入涉案专利的保护范围。

一、关于被告兆丰公司主张的区别点1，深圳市中级人民法院认为涉案专利的权利要求1并未限定空气排出开口的大小，亦未限定该内壁为上内壁，故被告对该技术特征的解释缺乏依据，被诉侵权产品内壁上方全开口亦属于带上方空气排出开口的内壁，该技术特征与涉案专利相同。

二、关于被告兆丰公司主张的区别点2，深圳市中级人民法院认为，涉案专利权利要求1未限定空气流动模式是否唯一，25072号决定书阐述涉案专利食品制备室内不存在从上向下的气流，也不形成旋流，是针对对比文件关于爆裂炉内形成对团粒食品连续搅拌使其爆裂的波浪状旋流而进行的比较性阐述，不能以此限定涉案专利权的保护范围。被诉侵权产品食品制备室上方设置风扇，被告在庭后提交的代理词中亦确认了风扇是将空气吸入，根据当庭的两次试验，可以确认被控侵权产品内的空气流为底部→食品制备室→上方出口，然后从内外壁通道返回至食品制备室的外壁底部，该技术特征与涉案专利权利要求1的相应技术特征相同。

三、关于被告兆丰公司主张的区别点3，深圳市中级人民法院认为，本案双方的争议焦点在于第25072号决定书无效请求审查程序中专利权人的该项陈述是否可以认定为对热辐射装置的位置进行了缩限性陈述，并导致放弃了热辐射位于食品制备室上方的技术方案的法律效果。经查，专利权人的陈述为：“本专利权利要求中的热辐射装置是在食品制备室的上部，也就是说，在食品制备室内部且在上半部分内，对比文件1的环形加热元件位于爆裂室上方。”而在同一无效程序中，合议组则认为：对比文件1的“风扇70和加热元件64（相当于热辐射装置）位于内爆裂室（相当于食品制备室）16上部”，可以看出，合议组并未认可和采纳专利权人的说法，即专利权人在意见陈述书中的说法被合议组否定，专利权人并未因其上述陈述而获利。且合议组在论述涉案专利具有创造性的结论中，认为本案专利权利要求1和对比文件1的区别特征在于四个方面，也不包含热辐射装置的位置问题，涉案专利在无效宣告程序中被维持，并不是因为专利权人的该项陈述，故依照最高人民法院《关于审理侵犯专利权纠纷案件应用法律若干问题的解释（二）》（以下简称《专利司法解释（二）》）第十三条规定，不应当对专利权人的上述陈述适用禁止反悔原则。本案被控侵权产品的食品制备室内壁上方全开口，热辐射装置位于紧贴食品制备室的上方，与涉案专利的技术特征E“所述设备包括热辐射装置，其位于所述食品制备室的上部”相同。

四、关于被告主张的区别点4，深圳市中级人民法院认为，首先，本案中根据涉案专利的说明书及其附图确定实现其功能的结构只有三种，分别是向上收缩的截头锥形空气导向部件，或者空气导向肋，或者空气导向肋与截头锥形空气导向部件的组合。被控侵权产品底部的环状凸起结构并没有在涉案专利的说明书或附图描述的该功能或者效果的具体实施例中得到公开。原告在代理词中主张被控侵权产品底部的圆形环状凸起和专利说明书中的“空气导向构件包括向上收缩的截头锥形空气导向部件。这种空气导向部件在促使空气向上流动方面非常有效”和附图1构成等同实施方式。深圳市中级人民法院认为被控侵权产品底部的环状凸起弧度平缓，虽然客观上会对气流造成阻力，也会有一定的将空气向上引导的效果，但不足以引起气流径向分量上垂直向上弯曲的功能，故被控侵权产品底部的圆形环状凸起与说明书或附图描述的该功能或者效果的具体实施方式并不能实现相同的功能，也不能达到相同的效果，不能构成等同。因此被诉侵权产品不具有涉案专利的F和G两项技术特征。

综上所述，法院认为被诉侵权产品的技术特征与请求保护的权利要求1记载的全部技术特征相比，缺少权利要求记载的一个以上的技术特征，被控侵权产品没有落入专利权利要求1的保护范围。原告在本案中只主张保护一种技术方案即独立权利要求1的全部技术特征加上从属权利要求9、10的技术特征，故被控侵权产品亦未落入该技术方案的保护范围。

法院因此驳回原告飞利浦优质生活有限公司的诉讼请求。

008

基本生活公司诉思派公司专利侵权纠纷

【裁判要旨】

构成重复侵权的基本要件：一是前诉判决生效之日距后诉再次发现侵权行为之日间隔合理期间，以排除前诉判决生效后，短时间内客观上难以回收并销毁被诉侵权产品的情形；二是前诉与后诉均由同一侵权人实施侵权行为，以排除被诉侵权产品是前诉的侵权产品遗漏在市场上被偶然发现，以及他人栽赃行为；三是后诉被诉侵权产品与前诉被诉侵权产品基本相同，在前诉生效判决已经确认构成侵权的情况下，被诉侵权产品构成侵权事实清楚，不存在难以判断的问题。

【典型意义】

本案判决明确了知识产权领域中认定重复侵权的四个构成要件，也是对《最高人民法院关于适用〈中华人民共和国民事诉讼法〉的解释》第二百四十七条关于重复起诉条款在知识产权司法实践中适用的明确和厘清。

本案是对重复侵权行为从重处罚的典型案例。重复侵权是一种情节严重的侵权行为，但是在司法实践中，重复侵权与重复起诉的界限不好把握。二审法院根据案情认定侵权人的销售侵权产品行为属于重复侵权，并予以从重处罚。这样的判决结果对维护权利人的合法权益，提高侵权者的违法成本，加大知识产权司法保护力度具有重要意义，产生了良好的法律效果和社会效果。本案被评为2016年中国法院50件典型知识产权案例之一。

【关键词】

重复侵权　重复起诉

【基本案情】

2010年10月9日，原告基本生活公司法定代理人陈实向国家知识产权局申请了名称为“名片盒（A3308）”的外观设计专利，并于2011年4月6日获得授权，专利号为ZL201030547929.9。2011年5月6日，专利权人陈实与基本生活公司签订了《专利实施许可授权书》。

涉案专利由不同角度的七幅图组成，设计要点在于形状，最能表明本外观设计要点的视图是主视图。从主视图看，整体呈长方形，由盒身和盒盖组成，盒身中部有一类似长方形的镂空，靠近盒身开口即镂空顶部的部位有一圆形突出物，内置磁铁，为盒盖开合固定之物；盒盖是与盒身相连的矩形物体，盒盖向内侧折叠，形成封口，盒盖内侧与盒身相连的部分作锯齿状处理，盒盖内侧靠近顶端的部分有一个圆形的磁铁，盒盖折叠后与盒身的磁铁相吸引，形成闭合名片盒。

2014年5月28日，原告基本生活公司的委托代理人在公证员监督下，使用公证处电脑在网上购买了被诉侵权产品。2014年6月4日，基本生活公司委托代理人与公证员现场收取了装有被诉侵权产品的包裹，取得被诉侵权产品（白色硅胶卡包）。经比对，被诉侵权产品设计与涉案专利外观设计相同。

另查明，2012年2月9日，原告基本生活公司曾以被告思派公司制造、销售被诉侵权产品，侵害涉案外观设计专利权为由，将思派公司、深圳市维汶旎贸易有限公司（以下简称维汶旎公司）诉至深圳市中级人民法院。请求：“1. 责令两被告立即停止生产、销售侵权产品，并立即销毁用于生产该侵权产品的专用模具及库存侵权产品；2. 判令两被告赔偿经济损失人民币10万元，两被告负连带责任；3. 判令两被告负担诉讼费和维权费用共计人民币2000元。”该院经审理作出（2012）深中法知民初字第250号民事判决，认定：“思派公司、维汶旎公司未经基本生活公司许可，擅自生产、销售与涉案专利外观设计相近似的同类产品，构成共同侵权。思派公司、维汶旎公司应立即停止侵权，并共同赔偿基本生活公司的经济损失。”遂判决：“一、维汶旎公司、思派公司立即停止侵害基本生活公司ZL201030547929.9号名片盒（S3308）外观设计专利权，并销毁库存侵权产品及专用生产模具；二、维汶旎公司、思派公司在本判决生效之日起十日内连带赔偿基本生活公司经济损失3万元；三、驳回基本生活公司的其他诉讼请求。”维汶施公司不服一审判决，提起上诉。广东省高级人民法院经审理于2012年10月18日作出（2012）粤高法民三终字第406号民事判决，维持了一审判决。该判决于2012年11月5日生效。经对比，本案被诉侵权产品与该案被诉侵权产品相同。

【裁判意见】

深圳市中级人民法院一审认为，一、关于被诉侵权产品是否落入涉案专利权的保护范围。被诉侵权产品“硅胶名片夹”与涉案专利产品“名片盒”系同类产品。经比对，被诉侵权产品左、右视图均有明显凸起条纹，而涉案专利没有该特征；被诉侵权产品底部开有长条形窗口，专利图片底部只有细小开口；除此之外其他设计均相同。两者区别点识别性不够显著，一般消费者通过整体观察，综合判断，两者在整体视觉效果上无实质性差异，应认定两者构成相近似，被诉侵权产品落入涉案专利权的保护范围。

二、关于被告思派公司是否制造、销售、许诺销售被诉侵权产品。思派公司在其经营的阿里巴巴网店、官方网站中，公开宣传展示了被诉侵权产品的图片信息，该行为构成许诺销售被诉侵权产品，故原告基本生活公司指控思派公司具有许诺销售侵权产品的事实成立，法院予以支持。但是，基本生活公司指控思派公司制造、销售被诉侵权产品不能成立。因为基本生活公司该项指控实质是（2012）粤高法民三终字第406号案的重复诉讼。首先，两案原告系同一人，均为基本生活公司；被告中均有思派公司，虽然第406号案件中被告还有维汶施公司，但基本生活公司的该项诉讼请求均针对思派公司，应当承担责任的主体仍然是思派公司。其次，两案涉及同一法律关系和同一法律事实，两案均是基本生活公司基于认为思派公司制造、销售侵害其涉案专利权产品而提起的侵权损害赔偿纠纷。虽然两案被诉行为的发生时间有所不同，但基本内容、所涉事实相同，在生效判决已经作出认定并予以处理的前提下，法院适用“一事不再理”原则，对基本生活公司该部分诉讼请求，不予审理。

三、关于法律责任的承担问题。被告思派公司未经专利权人同意，以生产经营为目的许诺销售被诉侵权产品，构成侵犯涉案专利权，应当承担侵权责任。原告基本生活公司请求法院判令思派公司赔偿其经济损失及维权合理开支，但基本生活公司并未提交证据证明思派公司的许诺销售行为给其造成的实际损失或思派公司因此获得的利益，仅提供了人民币5587.86元的相关票据予以证明维权合理开支，故法院对该合理开支部分予以支持。基本生活公司关于赔偿的诉讼请求，法院不予支持，该部分产生的诉讼费用由基本生活公司自行承担。

广东省高级人民法院二审认为，本案的争议焦点在于：被上诉人思派公司是否存在制造、销售被诉侵权产品的行为；思派公司实施的销售行为，应当按重复起诉，还是重复侵权予以处理；思派公司应当承担的法律责任。

一、关于被上诉人思派公司是否存在制造、销售被诉侵权产品的行为。根据上诉人基本生活公司提供的公证书记载：2014年5月28日，基本生活公司的委托代理人在公证员监督下，使用公证处电脑在网上购买了被诉侵权产品。2014年6月4日，基本生活公司委托代理人与公证员现场收取了装有被诉侵权产品的包裹，取得被诉侵权产品（白色硅胶卡包）。两份公证书记录了基本生活公司从网上购买被诉侵权产品以及收货的完整过程，思派公司对此事实也予以认可，故可以认定思派公司具有销售被诉侵权产品的行为。此外，基本生活公司指控思派公司制造了被诉侵权产品，思派公司对此予以否认。鉴于被诉侵权的白色的硅胶卡片包上未标明生产者和商品标识，基本生活公司也未提交其他证据证明思派公司实施了制造被诉侵权产品的行为，因此二审法院对基本生活公司主张思派公司停止制造被诉侵权产品的诉讼请求，不予支持。综上，二审法院认定思派公司实施了销售、许诺销售被诉侵权产品的行为。

二、关于被上诉人思派公司实施的销售行为，应当按重复起诉，还是重复侵权予以处理。《最高人民法院关于适用〈中华人民共和国民事诉讼法〉的解释》第二百四十七条规定，当事人就已经提起诉讼的事项在诉讼过程中或者裁判生效后再次起诉，同时符合下列条件的，构成重复起诉：（一）后诉与前诉的当事人相同；（二）后诉与前诉的诉讼标的相同；（三）后诉与前诉的诉讼请求相同，或者后诉的诉讼请求实质上否定前诉裁判结果。当事人重复起诉的，裁定不予受理；已经受理的，裁定驳回起诉，但法律、司法解释另有规定的除外。从本案的情况来看，首先，上诉人基本生活公司在（2012）粤高法民三终字第406号判决生效之后，再次将思派公司诉至法院，前诉的原告和后诉的原告均为基本生活公司，前诉的被告之一思派公司和后诉的被告思派公司相同，因此前后诉的当事人基本相同。其次，前诉的诉讼标的是确认思派公司是否在2012年2月有制造、销售被诉侵权产品的行为，后诉的诉讼标的是确认前诉生效之后，思派公司是否在2014年五六月间有制造、销售、许诺销售被诉侵权产品的行为。前诉、后诉的诉讼标的所指向的侵权行为时段不相同。最后，基本生活公司在前诉中的诉讼请求是：责令思派公司立即停止其于2012年2月发现的生产、销售侵权行为，销毁专用模具及库存侵权产品；赔偿经济损失人民币10万元，并负担诉讼费和维权费用。基本生活公司在后诉中的诉讼请求是：判令思派公司立即停止基本生活公司于前诉生效后2014年五六月再次发现的生产、销售、许诺销售侵权行为，销毁库存侵权产品及专用生产模具；赔偿基本生活公司经济损失及为制止侵权所支出的合理费用共计人民币100万元，并承担本案所有诉讼费用。可见，后诉与前诉的诉讼请求不相同，后诉的诉讼请求也不会从实质上否定前诉裁判结果。综上，二审法院认为后诉与前诉并不符合法律规定的重复起诉的构成要件。

人民法院停止侵权的判决生效之日起，侵权人不得再从事相关的侵权行为。但是，鉴于重复侵权是主观过错明显，情节较重的侵权行为，一旦构成重复侵权要承担较重的法律责任，故人民法院在认定是否构成重复侵权问题上始终非常审慎。根据本案查明事实，第一，前诉制造、销售被诉侵权产品行为的时间是2012年2月，终审判决生效时间为2012年11月5日，后诉在网站上的许诺销售以及销售的时间是2014年五六月间，前诉判决生效之日距后诉再次发现侵权行为之日长达一年半，可以排除被上诉人思派公司在前诉判决生效后，短时间内客观上难以回收并销毁被诉侵权产品的情形；第二，后诉针对的是思派公司在本公司网站上许诺销售，并由公司直接销售被诉侵权产品的行为，可以排除被诉侵权产品是前诉的侵权产品遗漏在市场上被偶然发现，也可以排除是人为栽赃思派公司的行为；第三，思派公司主张其在网站上的许诺销售行为是两年来因疏忽没有撤下，主张公证购买的被诉侵权产品是其两年来销售的唯一产品，均与常情常理不符，二审法院不予采信；第四，后诉被诉侵权产品与前诉被诉侵权产品外观设计相同，在前诉生效判决已经确认构成侵权的情况下，被诉侵权产品落入涉案专利保护范围的事实清楚，不存在对是否构成侵权难以判断的问题；第五，如果按照一审判决思路，只要前诉曾经就被告制造、销售侵权产品等侵权行为进行过判决，原告就不得再就同类侵权行为起诉被告，就意味着被告在前诉判决生效之后，即使实施同类侵权行为，也没有被再次起诉侵权之虞。这显然不符合对重复侵权行为应当从重处罚的立法本意，将会放纵恶意侵权行为。综上，二审法院确认思派公司的行为构成重复侵权行为，一审判决认定上诉人基本生活公司构成重复起诉不当，二审法院予以纠正。

三、关于被上诉人思派公司应当承担的法律责任。思派公司未经专利权人同意，以生产经营为目的许诺销售、销售被诉侵权产品，构成侵犯涉案专利权，应当承担停止侵权、赔偿损失的法律责任。本案由于权利人的损失、侵权人获得的利益和专利许可使用费均难以确定，二审法院综合考量下列因素，酌情确定赔偿数额：第一，2010年10月9日，专利权人向国家知识产权局申请了名称为“名片盒（S3308）”的外观设计专利，并于2011年4月6日获得授权，目前专利保护期过半，该专利依然维持有效，证明涉案专利具有一定的市场价值；第二，侵权行为既有销售行为，又有通过公司网站的许诺销售行为，侵权性质较重，对专利权人的市场负面影响较大；第三，侵权人属于重复侵权，主观过错明显，侵权情节严重；第四，前诉判决的赔偿数额为3万元，对于重复侵权行为应当在前诉确定的赔偿数额以上酌情确定赔偿数额，以示惩戒；第五，经一审法院核定，上诉人基本生活公司为本案支付电子证据固化服务费、购买侵权产品费用、公证费、律师费等维权合理开支为人民币5587.86元，二审法院对此予以认可。综上，二审法院在法定赔偿额范围内酌情确定思派公司赔偿基本生活公司经济损失（含维权合理开支）人民币10万元。对基本生活公司的其他诉讼请求，因未提供足够的证据，二审法院依法予以驳回。

综上，上诉人基本生活公司的部分上诉理由成立，二审法院予以支持。一审判决认定部分事实不清，适用法律错误，二审法院依法予以纠正。

009

斯瑞曼公司诉康泰蓝公司等与专利权侵权纠纷

【裁判要旨】

在发明专利申请公布后至专利权授予前的临时保护期内如制造、销售、进口专利侵权产品不是专利法禁止的情况，则其后续的使用、许诺销售、销售，即使未经专利权人许可，也不视为侵害专利权，但专利权人可以依法要求在临时保护期内实施其发明的单位或者个人支付适当的费用。

【典型意义】

本案对未经专利权人许可，在专利临时保护期内实施其发明的行为的法律性质及行为后果等作出的认定分析对类似案件的审理具有指导参考价值。

本案入选最高人民法院公布的第20号指导案例。

【关键词】

专利临时保护期　后续使用　使用费

【基本案情】

斯瑞曼公司于2006年1月19日向国家知识产权局申请了名称为“制备高纯度二氧化氯的方法和设备”的发明专利，该专利于2006年7月19日公开，2009年1月21日授权公告，授权的发明名称为“制备高纯度二氧化氯的设备”，专利权人为斯瑞曼公司，专利号为200610033211.0。该专利最近一次年费缴纳时间为2008年11月28日。

斯瑞曼公司明确其在本案中以涉案发明专利权利要求1作为其专利权保护范围。所述权利要求1为：一种制备高纯度二氧化氯的设备，其特征在于：具有通过两路管道顺序连接的第一液体计量槽（1）和第一计量泵（3）、第二液体计量槽（2）和第二计量泵（4），该两路接文氏管加料器（8），然后至气液分离器（12）；文氏管加料器（8）的进口端与第一空气进口（7）连接；第一计量泵（3）和第二计量泵（4）与文氏管加料器（8）之间的管道上分别设有第一加热器（5）和第二加热器（6）。

康泰蓝公司在其网站公司产品“康泰蓝二氧化氯制备投加工艺简介”中宣称，“化学制备二氧化氯，根据不同的原料和还原剂，有多种不同的生产工艺。我公司采用的是以氯酸钠和硫酸为原料，过氧化氢为还原剂的生产工艺，即r11法。该工艺的生产设备是我公司自主研发的产品，并获得国家专利局的专利证书（专利号为200520139999.4）”。

2005年12月20日，项某明向国家知识产权局申请了名称为“一种二氧化氯消毒装置”的实用新型专利，于2007年6月20日获得授权，专利权人为项某明，共同专利权人为焦某国，专利号为ZL200520139999.4。2009年2月23日，国家知识产权局发出“手续合格通知书”，称根据云南省高级人民法院（2008）云高民三终字第101号民事判决，项某明、焦某国将ZL200520139999.4号专利转让给南京国友环保科技有限公司的行为无效。准予申请人（专利权人）由南京国友环保科技有限公司变更为斯瑞曼公司。

2009年4月20日，一审法院应斯瑞曼公司申请，来到坑梓自来水公司，对该公司正在使用中的由康泰蓝公司生产的二氧化氯生产投加设备进行证据保全。庭审过程中，康泰蓝公司确认坑梓自来水公司的二氧化氯发生制备器系由其销售给坑梓自来水公司。

根据康泰蓝公司所提交的《购销合同》以及税务机关代开统一发票记账联，2008年10月20日，坑梓自来水公司与康泰蓝公司签订《购销合同》一份，坑梓自来水公司向康泰蓝公司购买ktl－fsq10000l康泰蓝二氧化氯发生器1套，价款为26万元。康泰蓝公司已于2008年12月30日就上述产品销售款要求税务机关代开统一发票。在上述《购销合同》中，约定坑梓自来水公司分期向康泰蓝公司支付设备款项，康泰蓝公司为坑梓自来水公司提供安装、调试、维修、保养等技术支持及售后服务。

康泰蓝公司确认（2009）深中法民三初字第92号、（2009）深中法民三初字第93号、（2009）深中法民三初字第95号案件其销售给相关水厂的设备与本案设备为同一型号的相同产品，其技术特征完全一致。诉讼过程中，斯瑞曼公司、康泰蓝公司、坑梓自来水公司均同意选择深圳市横岗自来水有限公司下属荷坳水厂被诉侵权设备作技术比对。2009年11月17日，在一审法院组织下，斯瑞曼公司、康泰蓝公司、坑梓自来水公司来到现场对被诉侵权设备进行了查看及比对并各自提交了相应的书面意见。

将被诉侵权产品与涉案发明专利权利要求1进行比对。被诉侵权产品是一种制备高纯度二氧化氯的设备，具有通过两路管道顺序连接的第一液体计量槽和第一计量泵、第二液体计量槽和第二计量泵，第一空气进口与“喷射反应器”进口端相连。对此，双方当事人均不持异议。

庭审中，康泰蓝公司声称被诉侵权产品不具有“文氏管加料器”，相关部件为“喷射反应器”；不具有“第一加热器和第二加热器”，相关部件是“原料加温瓶”；被诉侵权产品的“原料加温瓶”没有连接在“计量泵”和“文氏管加料器”之间的管道上；被诉侵权产品没有“气液分离器”。

经过2009年11月17日对被诉侵权产品现场勘查、比对后，康泰蓝公司提交技术比对说明，认为被诉侵权产品与涉案发明专利的主要区别在于结构及连接关系上的区别以及设备实质操作流程的区别。被诉侵权产品没有“气液分离器”，被诉侵权产品“喷射反应器”之后出来的管路只有一条以及备份管路一条，该管路用于传送气液混合物直至反应器，管路及备份管路均向下伸入反应器内液面以下。涉案发明专利技术方案中的文氏管加料器与气液分离器相连，出来的管路分两条，一条气体管路向上用于排气，另一条液体管路向下与反应器相连；被诉侵权产品工作流程为：原料—混合—主反应器。按照涉案发明专利技术方案（权利要求1），其工作流程为：原料—混合气液分离（气液分离后，气体从气体管路排出）—液体—主反应器。因此，康泰蓝公司认为，被诉侵权产品缺乏涉案发明专利权利要求1中的气液分离器这一必要技术特征。

关于“文氏管加料器”与“喷射反应器”。一审法院认为，根据涉案发明专利说明书第4页第6行—第10行的记载，以及二者在制备二氧化氯的设备中所处的位置及与其他装置的连接关系可知，“文氏管加料器”与“喷射反应器”均是对稀硫酸、氯化钠和过氧化氢的混合液以及热空气进行混合反应生成二氧化氯的装置。并且，康泰蓝公司所提交的产品使用说明书中也明确提及文氏管加料器。可见，“文氏管加料器”和“喷射反应器”只是对同一技术特征的不同文字表述，其实质是同一个装置。

关于“第一加热器和第二加热器”与“原料加温瓶”。一审法院认为，根据涉案发明专利说明书第4页第6行—第8行记载的内容，“第一加热器和第二加热器”是分别对稀硫酸、氯化钠和过氧化氢的混合液进行加热的装置，而被诉侵权产品的“原料加温瓶”也是对原料（即稀硫酸、氯化钠和过氧化氢的混合液）进行加温（加热）的装置。所以，“原料加温瓶”与“第一加热器和第二加热器”同样只是对同一技术特征的不同文字表述，其实质是同一个装置。

关于“原料加温瓶”（“加热器”）的位置。一审法院认为，从证据保全所获照片以及现场查看可以看出，“原料加温瓶”（“加热器”）的位置明显是在“计量泵”和“文氏管加料器”之间的管道上。

关于“气液分离器”。一审法院认为，首先，从技术原理来看，被诉侵权产品必须连接气液分离装置对反应后的气体和液体进行分离。其次，从康泰蓝公司相关技术资料来看，被诉侵权产品使用了气液分离法。最后，从现场勘查被诉侵权产品实物来看，被诉侵权产品“喷射反应器”之后连接的“三通管道”与涉案发明专利中的“气液分离器”功能、作用并无不同。康泰蓝公司关于第一细管用于传送气液混合物，第二细管为备份管路的辩解，既没有相应实物证据支持，也有悖于技术常理，同时，与康泰蓝公司产品培训资料以及产品使用说明等也不能相互吻合。故一审法院对被诉侵权产品没有“气液分离器”之辩解不予采信。

康泰蓝公司、坑梓自来水公司还主张涉案发明专利技术在申请日前已经公开，一审法院经分析后认定该主张证据不足。

【裁判意见】

广东省深圳市中级人民法院一审认为，涉案发明专利系经国家知识产权局依法授权，且处于有效状态，应受到保护。康泰蓝公司、坑梓自来水公司未经许可相互配合使用侵犯涉案发明专利权的产品，构成了对斯瑞曼公司涉案发明专利权的侵犯，应承担相应的侵权赔偿责任。斯瑞曼公司要求康泰蓝公司立即停止制造、销售侵权产品的请求成立，予以支持。康泰蓝公司辩称涉案发明专利无效，其使用技术为公知技术，被诉侵权产品没有落入专利保护范围与本案事实不符，不予采信。斯瑞曼公司要求康泰蓝公司、坑梓自来水公司赔偿其损失人民币30万元、维权费用500元，不予全额支持。根据涉案发明专利的类型、侵权行为情节、斯瑞曼公司维权所支出费用等酌定康泰蓝公司、坑梓自来水公司连带赔偿斯瑞曼公司经济损失人民币8万元。

康泰蓝公司、坑梓自来水公司均提起上诉。

广东省高级人民法院二审认为，本案的争议焦点为：1. 程序问题；2. 被诉侵权产品是否落入涉案发明专利权利要求1的保护范围；3. 坑梓自来水公司是否善意使用。

（一）关于程序的问题

《中华人民共和国民事诉讼法》[①] 第一百二十六条规定，原告增加诉讼请求，被告提出反诉，第三人提出与本案有关的诉讼请求，可以合并审理。《最高人民法院关于适用〈中华人民共和国民事诉讼法〉若干问题的意见》[②] 第一百五十六条规定，在案件受理后，法庭辩论结束前，原告增加诉讼请求，被告提出反诉，第三人提出与本案有关的诉讼请求，可以合并审理的，人民法院应当合并审理。根据上述法律及司法解释的规定，斯瑞曼公司在一审开庭时提出增加判令康泰蓝公司立即停止侵犯涉案发明专利权的许诺销售行为的诉讼请求，一审法院当庭准许并无不当。

（二）关于被诉侵权产品是否落入涉案发明专利权利要求1的保护范围的问题

康泰蓝公司上诉认为，被诉侵权产品的反应及气液分离过程主要发生在反应器中，无须再设置气液分离器，其并未实施涉案发明专利中的气液分离器、文氏管加料器，管线的连接方式也不同，一审判决将“三通管道”等同于“气液分离器”缺乏依据。

根据一审法院对康泰蓝公司生产、销售的被诉侵权产品进行现场勘查、比对的情况来看，被诉侵权产品为一种制备高纯度二氧化氯的设备，具有两个液

① 编者注：参照2017年《中华人民共和国民事诉讼法》。
② 编者注：已失效。参照2015年《最高人民法院关于适用〈中华人民共和国民事诉讼法〉的解释》。

体计量槽、两个计量泵、两个加热器、第一空气进口，第一空气进口与“喷射反应器”进口端相连，“喷射反应器”之后连接有反应器（发生器）。将被诉侵权产品与涉案发明专利进行比较，可知两者均需要通过气液分离的方法从反应后的气液混合物中分离出高纯度的二氧化氯，以达到对饮用水的消毒净化，确保水质达标的目的。被诉侵权产品系将原料在“喷射反应器”中进行反应后，传送气液混合物至反应器，对未充分反应的原料继续进行反应，同时将二氧化氯气体与残液相分离。涉案发明专利权利要求1则是将原料在文氏管加料器进行反应，再将反应后的气液混合物通过气液分离器进行分离，从而得到消毒所需的二氧化氯气体。也就是说，尽管被诉侵权产品没有设置单独的气液分离器分离气液混合物，但根据其产品的结构、连接关系和工作原理，其在反应器中实现的气液分离与涉案发明专利单独设置气液分离器进行分离，系以基本相同的手段，实现基本相同的功能，达到基本相同的效果，并且是本领域的普通技术人员无须经过创造性劳动就能够联想到的特征。至于反应器还具备气液分离器所不具备的残余物料二次反应功能，则属于被诉侵权产品多于涉案发明专利的技术特征，对于判定是否构成侵权不产生影响。因此，康泰蓝公司以被诉侵权产品不具备本专利气液分离器的技术特征为由，认为其不侵犯涉案发明专利权不成立，不予支持。

（三）关于坑梓自来水公司是否善意使用的问题

《中华人民共和国专利法》（2000年修改）① 第六十三条第二款规定，为生产经营目的使用或者销售不知道是未经专利权人许可而制造并售出的专利产品或者依照专利方法直接获得的产品，能证明其产品合法来源的，不承担赔偿责任。坑梓自来水公司与斯瑞曼公司均为从事水处理行业的企业法人，又同处同一行政区域即深圳市内，理应对同一区域、行业的技术、设备有所知晓。坑梓自来水公司被诉至一审法院后，已知道其使用的产品可能侵犯涉案发明专利权，也未停止使用被诉侵权产品，故坑梓自来水公司认为其通过合法的进货渠道、正常的买卖合同和合理的价格从康泰蓝公司购买被诉侵权产品，构成合法

① 编者注：参照2008年《中华人民共和国专利法》。

来源抗辩的理由不成立，不予支持。

斯瑞曼公司、康泰蓝公司、坑梓自来水公司申请再审。

最高人民法院认为，斯瑞曼公司在本案中没有提出支付发明专利临时保护期使用费的诉讼请求，因此，本案的主要争议焦点在于，坑梓自来水公司在涉案发明专利授权后使用其在涉案发明专利临时保护期内向康泰蓝公司购买的被诉专利侵权产品是否侵犯涉案发明专利权，康泰蓝公司在涉案发明专利授权后为坑梓自来水公司使用被诉专利侵权产品提供售后服务是否侵犯涉案发明专利权。

对于侵犯专利权行为的认定，应当全面综合考虑专利法的相关规定。根据本案被诉侵权行为时间，本案应当适用2000年修改的专利法。《中华人民共和国专利法》第十一条第一款规定："发明和实用新型专利权被授予后，除本法另有规定的以外，任何单位或者个人未经专利权人许可，都不得实施其专利，即不得为生产经营目的制造、使用、许诺销售、销售、进口其专利产品，或者使用其专利方法以及使用、许诺销售、销售、进口依照该专利方法直接获得的产品。"第十三条规定："发明专利申请公布后，申请人可以要求实施其发明的单位或者个人支付适当的费用。"第六十二条规定："侵犯专利权的诉讼时效为二年，自专利权人或者利害关系人得知或者应当得知侵权行为之日起计算。发明专利申请公布后至专利权授予前使用该发明未支付适当使用费的，专利权人要求支付使用费的诉讼时效为二年，自专利权人得知或者应当得知他人使用其发明之日起计算，但是，专利权人于专利权授予之日前即已得知或者应当得知的，自专利权授予之日起计算。"综合考虑上述规定，专利法虽然规定了申请人可以要求在发明专利申请公布后至专利权授予之前（即专利临时保护期内）实施其发明的单位或者个人支付适当的费用，即享有请求给付发明专利临时保护期使用费的权利，但对于专利临时保护期内实施其发明的行为并不享有请求停止实施的权利。因此，在发明专利临时保护期内实施相关发明的，不属于专利法禁止的行为。在专利临时保护期内制造、销售、进口被诉专利侵权产品不为专利法禁止的情况下，其后续的使用、许诺销售、销售该产品的行为，即使未经专利权人许可，也应当得到允许。也就是说，专利权人无权禁止他人对专利临时保护期内制造、销售、进口的被诉专利侵权产品的后续使用、许诺销售、销售。当然，这并不否定专利权人根据《中华人民共和国专利法》第十三条规定行使要求实施其发明者支付适当费用的权利。对于在专利临时保护期内制造、销售、进口的被诉专利侵权产品，在销售者、使用者提供了合法来源的情况下，销售者、使用者不应承担支付适当费用的责任。这里的“合法来源”是指相关产品是通过正当、合法的商业渠道获得的，并不必然要求考虑销售者或者供应者在提供相关产品时是否符合相关行政管理规定。

本案中，康泰蓝公司销售被诉专利侵权产品是在涉案发明专利临时保护期内，该行为即使是在未取得卫生许可批件而不得销售的情况下，也不为专利法所禁止。在此情况下，后续的坑梓自来水公司使用所购买的被诉专利侵权产品的行为也应当得到允许。因此，坑梓自来水公司后续的使用行为不侵犯涉案发明专利权。同理，康泰蓝公司在涉案发明专利授权后为坑梓自来水公司使用被诉专利侵权产品提供售后服务也不侵犯涉案发明专利权。

鉴于法院已经认定坑梓自来水公司的后续使用行为不构成侵权，对于坑梓自来水公司以新的证据《专利技术转让合同》为由主张被诉专利侵权产品是使用ZL200520139999.4号专利生产的合法产品，不侵犯涉案发明专利权，不再评论。

010

黄岩厂、俞某诉恒泰达公司专利权侵权纠纷

【裁判要旨】

现有技术是指在申请日以前在国内外为公众所知的技术。本案中产品的制造及销售行为发生在涉案专利申请日前，且产品的技术特征相同被确认为现有技术。

【典型意义】

本案对专利侵权纠纷中的“专利侵权比对方法”“现有技术抗辩”等问题的阐释对类似案件的审理具有一定指导意义。本案被评为最高人民法院公布2010年中国法院知识产权司法保护50件典型案例之一。

【关键词】

专利保护范围　现有技术抗辩

【基本案情】

2005年1月28日，俞某向国家知识产权局申请“塑料容器成型机的模具机构”的实用新型专利，并于2006年3月29日获得实用新型专利权，专利号为ZL200520100374.7，俞某已按时缴纳年费。该专利共有10项权利要求，权利要求1为独立权利要求，权利要求2—10项为从属权利要求。独立权利要求为：塑料容器成型机的模具机构，包括基座、左模板、右模板、底模板、驱动板和驱动机构，其特征是：在基座上设有可在基座上移动的横向连杆，所述的横向连杆右端固接右模板，左端固接驱动板，其中间活接左模板；所述的驱动机构固设在驱动板上并与左模板连接；所述的底模板通过连接在左模板上的联动板设在左右模板合模界面上方。《说明书》记载：联动板也可设置在右模板，一样可达到同步移动的效果。

2006年5月10日，国家知识产权局出具《实用新型专利检索报告》，证实涉案专利的全部权利要求符合我国《专利法》的新颖性和创造性要求。2006年6月19日，廖某向国家知识产权局专利复审委员会提出无效宣告请求。2007年7月9日，专利复审委员会经审查作出10249无效宣告审查决定，维持涉案专利权有效。廖某的无效宣告理由之一是专利申请日前黄岩厂制造并通过深圳市恒达峰塑胶制品有限公司公开销售“SnTO”牌XT－100/1型自动吹瓶机给东莞敬记容器有限公司，并提交了公证的设备照片、安装光碟及鉴定检查报告，证明该机器结构与涉案专利的技术特征相同，涉案专利不具备新颖性。关于廖某的上述无效宣告理由，专利复审委员会在审查决定中认为，廖某提交的公证书照片及安装光碟显示设备型号为XT－100/1型，从图片和安装光碟可以看出设备的底模板是通过连接在右模板上的联动板设在合模界面上方，联动板是固设在右模板，而涉案专利的联动板是设在左模板上，两者是区别技术特征，即使XT－100/1型设备是在专利申请日前公开销售，涉案专利仍具有新颖性。廖某不服该审查决定，向北京市第一中级人民法院起诉。北京市第一中级人民法院于2007年12月3日以（2007）一中行初字第1330号行政判决书判决维持专利复审委的审查决定。廖某不服上述判决，向北京市高级人民法院上诉。北京市高级人民法院于2008年5月28日以（2008）高行终字第217号行政判决书判决维持北京市第一中级人民法院的判决，该判决已发生法律效力。北京市高级人民法院在判决书中认为，各方当事人均认可XT－100/1型设备与涉案专利仅存在一个区别技术特征，即涉案专利将联动板固设在左模板上，XT－100/1型设备将联动板固设在右模板上，两者所要解决的技术问题不同，是两种不同的技术方案；联动板固设在左模板上还是固设在右模板上已经使产品结构在位置、方向、连接关系上发生了变化，不属于文字的简单变换。

2006年7月25日，俞某向国家知识产权局备案《专利实施许可合同》，该合同内容为俞某许可黄岩厂在浙江省境内独家使用涉案专利（排他许可），许可方在其他省份若再许可他人实施涉案专利，应征得受让方同意，使用费为人民币50万元+（专利产品销售额），合同有效期为2006年4月30日至2009年4月29日。

2006年8月15日，原审法院受理（2006）深中法民三初字第377号黄岩厂起诉恒泰达公司侵犯专利权（即本案专利权）纠纷一案，黄岩厂向原审法院申请证据保全，原审法院于2006年9月26日保全恒泰达公司WST－800自动吹瓶机1台，后黄岩厂申请撤诉，该案已结案。后黄岩厂、俞某重新起诉，在本案中明确被控侵权物为WST－800自动吹瓶机，并申请继续对上述WST－800自动吹瓶机1台进行证据保全，原审法院进行保全并对该设备的形状、构造进行了拍照，现该设备交由恒泰达公司保管于深圳市宝安区沙井永发新二张大岗北方永发科技园第五栋厂房。

2006年5月19日，伟士达实业（香港）有限公司在广交会上进行产品展览。黄岩厂、俞某提交了伟士达实业（香港）有限公司的宣传资料，并称是从广交会上该公司展位获得，该宣传资料上有WST－800自动吹瓶机的介绍，载明公司网址为www.bottle168.com。黄岩厂、俞某公证了上述网页，该网站上有关于生产、销售WST－800高速自动PET吹瓶机的内容，点击该网站中“电子商务认证”，显示信息发布者为“恒泰达实业有限公司”，公司地址为深圳南海大道海典居大厦1栋21F（与恒泰达公司注册地址相同），网址为

www.bottle168.com。

黄岩厂、俞某与恒泰达公司确认涉案专利的独立权利要求可分解为四个必要技术特征：1. 塑料容器成型机的模具机构，包括基座、左模板、右模板、底模板、驱动板和驱动机构；2. 在基座上设有可在基座上移动的横向连杆，所述的横向连杆右端固接右模板，左端固接驱动板，其中间活接左模板；3. 所述的驱动机构固设在驱动板上并与左模板连接；4. 所述的底模板通过连接在左模板上的联动板设在左右模板合模界面上方。

黄岩厂、俞某与恒泰达公司确认：将被控侵权物的技术方案按照涉案专利独立权利要求对应的分解为四个技术特征，被控侵权物的技术方案具有涉案专利独立权利要求的必要技术特征1、2。

恒泰达公司发表如下比对意见：1. 被控侵权物与涉案专利必要技术特征3对应的技术特征为：驱动机构没有固设在驱动板上，而是连接在气缸座套上，是通过一个关节轴承与十字件活接，十字件再与左模板连接，气缸的活塞杆没有直接与左模板连接。必要技术特征3的“驱动机构”是指气缸，不包括其他部件。两者既不相同，也不等同。2. 被控侵权物与涉案专利必要技术特征4对应的技术特征为：底模板通过连接在右模板上的联动板设在左右合模界面的上方。联动板设在右模板与专利联动板设在左模板上的特征根据生效的行政判决，既不相同，也不等同。因此，被控侵权物没有落入涉案专利权的保护范围。

黄岩厂、俞某发表如下比对意见：1. 被控侵权物与涉案专利必要技术特征3对应的技术特征为：驱动机构是固设在驱动板上，并且与左模板连接。“驱动机构”根据《说明书》的记载是指气缸驱动结构，还可以是液压缸或电机等，十字件等均是驱动机构的组成部分，均是为了传递驱动机构的动力，使左右模板联动，因此，涉案专利必要技术特征3与被控侵权物对应的技术方案在结构、作用及效果上完全相同。2. 涉案专利技术特征4记载联动板设置在左模板上。但《说明书》中解释：联动板也可设置在右模板，一样可达到同步移动的效果；当左模板或右模板做合模动作时，带动联动板运动。因此，联动板设置在左模板或右模板均是专利权人所主张的，被控侵权物与涉案专利技术特征4对应的技术特征两者相同，起码是等同。

经原审法院现场勘查，被控侵权物与必要技术特征3对应的技术特征为：驱动机构固设在驱动板上，并通过连杆与左模板连接。被控侵权物与必要技术特征4对应的技术特征为：底模板通过连接在右模板上的联动板设在左右合模界面的上方。

另查明，2004年1月18日，东莞敬记容器有限公司（甲方）与深圳市恒达峰塑胶制品有限公司（乙方）签订了《定作合同》，廖某代表深圳市恒达峰塑胶制品有限公司签字，约定：甲方向乙方定作XT－100/1型自动吹瓶机1套，价格为人民币12万元，甲方先付定金，乙方在收到定金60天内完成设备定作，5日内送至甲厂，完成验收后付清余款。2004年2月23日，东莞敬记容器有限公司支付定金36000元给深圳市恒达峰塑胶制品有限公司，2004年4月29日，东莞敬记容器有限公司收到深圳市恒达峰塑胶制品有限公司送货的“SnTO”牌XT－100/1型自动吹瓶机1台。2004年10月13日，东莞敬记容器有限公司通过中国工商银行东莞市虎门支行电汇余款人民币84000元，收款人为“深圳市恒达峰塑料制品有限公司”，恒泰达公司称东莞敬记容器有限公司填错了电汇凭证中收款人名称，应为被告，另提交了2006年7月14日的广东发展银行特种转账贷方传票，付款人为东莞敬记容器有限公司，收款人为深圳市恒达峰塑胶制品有限公司，注明：补到2004年10月18日回单，其收款人账号与2004年10月13日中国工商银行东莞市虎门支行电汇凭证收款人账号相同。东莞敬记容器有限公司设备部主管万某发、生产部经理李某强作证陈述在签订《定作合同》之前曾到制造商即黄岩厂现场考察，该吹瓶机于2006年4月26日交付至今，仍能正常使用，该设备并配有指导安装光碟一张。2006年7月13日，东莞市公证处应廖某申请，到东莞敬记容器有限公司对该公司使用的吹瓶机进行了查看，并进行了拍照，该设备机身标注生产厂家：浙江黄岩塑料机械厂，商标：“SnTO”，型号：XT－100/1。2004年4月29日，黄岩厂法定代表人俞钢镜通过特快专递向廖某邮寄“样机教片”。2006年12月31日，恒泰达公司将涉案光碟交广东安证计算机司法鉴定所鉴定，鉴定光盘为一次性可刻录光碟，文件创建和修改时间为2004年4月29日15：20。经原审法院核实，上述公证照片与光碟中显示了“SnTO”牌XT－100/1型自动吹瓶机的结构，与专利复审委员会查明的事实相同。

再查明，黄岩厂提交的专利产品样册载明其生产 XT－100/1 型自动吹瓶机，商标为“SnTO”。俞钢镜签字确认的 2004 年 6 月 6 日对账单中注明：“廖欠厂方 5.928 万元上述账除 2004 年 4 月 26 日发虎门自动式机一套欠厂方未算外，其余本年 5 月份以前全结清。”俞钢镜签字确认的 2005 年 4 月 22 日对账单注明：虎门发自动机一台 8.55 万元，已付现金。上述两张对账单中均有“敬记”的交易记录，且是由廖某与俞钢镜对账。俞钢镜在原审法院庭审中确认“XT”是指其产品中的“全自动”系列。黄岩厂、俞某主张黄岩厂曾委托廖某代理销售吹瓶机，其向原审法院提交了《吹瓶机代理销售协议》，其中委托代理销售吹瓶机包括 XT5000－2 型全自动吹瓶机，签订时间为 2004 年 6 月 3 日。东莞敬记容器有限公司住所地在东莞虎门镇，为香港独资企业，2000 年 6 月 14 日成立，经营范围包括生产和销售塑料容器。

【裁判意见】

深圳市中级人民法院一审认为，俞某依法取得涉案专利的实用新型专利权，该权利处于有效状态，应予保护。本案的争议焦点为：1. 被控侵权物是否落入原告专利权保护范围；2. 被控侵权物使用的是否是公知技术。

关于第一个争议焦点。各方将涉案专利独立权利要求分解为四个必要技术特征，再将被控侵权物的技术方案对应分解为四个技术特征。经过比对，被控侵权物具有涉案专利独立权利要求的必要技术特征 1、2，各方对此均无异议。被控侵权物对应的第 3 个技术特征为驱动机构固设在驱动板上，并通过连杆与左模板连接，与涉案专利独立权利要求的必要技术特征 3 相同。被控侵权物对应的第 4 个技术特征为底模板通过连接在右模板上的联动板设在左右合模界面的上方。与涉案专利独立权利要求必要技术特征 4 的唯一区别在于联动板固设在右模板上，而涉案专利是联动板连接在左模板上。双方对上述技术特征是否相同或等同存在争议，原审法院结合第二个焦点进行分析。

关于第二个争议焦点。恒泰达公司在本案中主张的公知技术是“SnTO”牌 XT－100/1 型自动吹瓶机的技术方案。现有证据已形成完成的证据链条，可以认定在 2004 年黄岩厂已制造“SnTO”牌 XT－100/1 型自动吹瓶机并通过深圳市恒达峰塑胶制品有限公司向东莞敬记容器有限公司销售，该设备现仍在东莞敬记容器有限公司使用，该设备的制造及销售行为发生在涉案专利申请日前，“SnTO”牌XT-100/1型自动吹瓶机的技术方案属于公知技术。生效的行政判决及无效宣告请求审查决定书确认“SnTO”牌XT-100/1型自动吹瓶机与涉案专利相比仅存在一个区别技术特征，即该设备的联动板是固设在右模板上，此特征与涉案专利的联动板连接在左模板上是不同的技术特征。将被控侵权物与“SnTO”牌XT-100/1型自动吹瓶机相比较，被控侵权产品的技术特征与公知的“SnTO”牌XT-100/1型自动吹瓶机的技术特征相同，且联动板固设在右模板上的技术特征与“SnTO”牌XT-100/1型自动吹瓶机的该技术特征相同，与涉案专利联动板连接在左模板上的技术特征不同。被控侵权物使用的是公知技术，恒泰达公司的公知技术抗辩成立，原审法院予以采信。恒泰达公司不构成专利侵权。

黄岩厂、俞某不服上述一审判决，向广东省高级人民法院提出上诉。

广东省高级人民法院二审认为，本案为侵犯专利权纠纷。根据双方当事人的诉辩主张以及查明的事实，二审诉讼争议的焦点是：恒泰达公司使用现有技术抗辩是否成立的问题。现有技术是指在申请日以前在国内外为公众所知的技术。在本案中恒泰达公司主张的现有技术是“SnTO”牌XT-100/1型自动吹瓶机的技术方案。从恒泰达公司提供的对账单、定作合同、银行转账凭证、收款收据等证据来看，已形成一个完整的证据链，可以认定在2004年黄岩厂已制造“SnTO”牌XT-100/1型自动吹瓶机并通过深圳市恒达峰塑胶制品有限公司向东莞敬记容器有限公司销售，该设备现仍在东莞敬记容器有限公司使用，该设备的制造及销售行为发生在涉案专利申请日前，“SnTO”牌XT-100/1型自动吹瓶机的技术方案属于现有技术。将本案被诉侵权产品与“SnTO”牌XT-100/1型自动吹瓶机相比较，两者的技术特征相同，故恒泰达公司以现有技术抗辩其行为不构成侵权的理由成立。另外，从已生效的行政判决及专利无效宣告请求审查决定书确认“SnTO”牌XT-100/1型自动吹瓶机与涉案专利相比仅存在一个区别技术特征，即该设备的联动板是固设在右模板上，此特征与涉案专利的联动板连接在左模板上是不同的技术特征。将被诉侵权产品与“SnTO”牌XT-100/1型自动吹瓶机相比较，两者的技术特征相同，与涉案专利联动板连接在左模板上的技术特征不同。从上述分析可以看出，黄岩厂、俞某提出恒泰达公司的现有技术抗辩理由不成立的主张，缺乏事实依据，不予支持。

011

万基公司诉深圳捷康公司等公司专利侵权纠纷

【裁判要旨】

未经外观设计专利权人的许可，制造、销售有其外观设计的产品，构成专利侵权。

【典型意义】

本案是当时全国影响力较大的一宗外观设计专利侵权纠纷案。本案一审二审判决书中对“专利权效力的认定”以及“专利侵权的认定”等问题的阐释在当时对类似案件的审理具有一定的参考借鉴价值。

【关键词】

外观设计专利　侵权　销售

【基本案情】

1995年11月29日，万基公司向国家知识产权局申请名称为“包装盒(35)”的外观设计专利，1996年9月14日获得授权，专利号为ZL995318634.2，授权公告日1996年11月6日，专利权人为万基公司。2001年9月，万基公司缴付了2001年至2002年度的专利年费。ZL995318634.2号专利的主视图是长方形，其图案是：长方形边框，边框内左上角为“万基”商标标识，中间部位是“美国洋参丸”（字体较大），“美国洋参丸”字样下部有英文GINSENGLAPSULE，左下角有两个圆形标志，右侧是一棵完整的人参（该人参有根部、颈部和人参叶，顶部开有一朵人参花），右下角注明为8盒装。后视图是长方形，其图案是产品的文字说明，右下角有一方形位置，方形内是两小盒装的洋参丸及12粒装的洋参丸一片。左右视图为较细长的长方形。该外观设计的主要部分是“美国洋参丸”文字和人参图案的布局，以及“美国洋参丸”文字下面衬托的英文字母写法等。

1996年12月5日，万基公司在深圳万佳百货股份有限公司以人民币46.8元的单价购买了一盒（4小盒装）“富誉”牌美国洋参丸。该产品的外包装上标明：香港参保店有限公司监制，由“富誉FUYEE”商标持有人香港参保店有限公司认可，中山市中药厂制造，地址中山市石岐亭子下大街，批准文号粤卫药健字（1991）第0033号，国内销售总策划是被告深圳捷康公司。该产品包装的正面有一长方形的边框，左上角是“富誉FUYEE”商标标识，中间上部位是100%纯正西洋参含量（洋参胶囊），中部位是美国洋参丸（字体较大），美国洋参丸字样下部位有英文AMERICANGINSENGLAPS，左下角有一个“心”型的开孔，并标有“送”字，右侧是一棵完整的人参（该人参有根部、颈部和人参叶，顶部开有一朵人参花）。右下角注明为4盒装。产品的背部是产品的文字说明，右边有一方形位置，方形内是两小盒装的洋参丸及12粒装的洋参丸一片。2000年6月14日，万基公司在肇庆市明诚贸易有限公司超级市场以人民币55元的价格购买了一盒（4小盒装）“富誉”牌美国洋参丸。该商品的外观与万基公司于1996年12月5日购买的上述商品外观上一致。万基公司专利与涉嫌侵权产品相对比：两者的形状相同，产品外包装的主要的文字设置（包括“美国洋参丸”字体和大小相同，所衬托的英文字母G、L的书法和位置基本相同）、人参图形、文字与人参之间的布置等相近似，应当认定涉嫌侵权产品与专利产品的外观近似。

江门参保店公司是香港参保店有限公司和江门市饮料厂投资的企业，其中香港参保店有限公司投资63万元美金，占注册资本的70%。“富誉”注册商标的权利人是香港参保店有限公司，但在涉案产品上具体使用该注册商标人是被告江门参保店公司，1996年6月12日，江门参保店公司与中山市中药厂签订了一份《合作生产经销洋参丸（洋参胶囊）的协议》，协议约定：双方合作生产经销洋参丸（洋参胶囊）商品，使用江门参保店公司的“富誉”注册商标；使用中山市中药厂的药品文号；由中山市中药厂负责生产；由江门参保店公司负责总经销。产品的规格为每片12粒，并由中山市中药厂负责外纸盒的包装。江门参保店公司负责外包装纸盒的设计，交中山市中药厂确认，中山市中药厂审核备案后交江门参保店公司指定的印刷厂印刷，江门参保店公司拥有该包装设计的专利权和使用权。协议对加工产品的价格、数量、交付时间、交付方式等进行了约定。协议签订后，双方依约履行了合同，根据上述证据，从涉案侵权产品的标注看，香港参保店有限公司是该产品的监制人，形式上是该产品的制造人之一，涉嫌侵权产品生产的合同签订人和合同履行人均为江门参保店公司，故该涉嫌侵权产品事实上是被告江门参保店公司和中山市中药厂共同制造。为此，香港参保店有限公司不是本案的必要诉讼参与人，万基公司又明确表示放弃对香港参保店有限公司的请求，不要求将香港参保店有限公司列为本案的共同被告，本院尊重了当事人的选择。涉案侵权产品标注中山市中药厂是该产品的制造人，合同也约定产品的外包装须经中山市中药厂审核备案，并由该厂负责外纸盒的包装，应当认定中山市中药厂是涉案侵权产品的制造人之一。

万基公司指控中山市中药厂、江门参保店公司为制造、销售侵权。其主张的证据是：涉案的涉嫌侵权产品，上列两被告之间的合作协议。万基公司认为涉案的产品已明确表明了产品由中山市中药厂制造，其协议也明确说明了是两被告共同生产并销售，所以两被告构成制造、销售侵权。中山市中药厂认为，其单位生产的洋参丸只有小盒包装，而小盒包装的外观与万基公司专利保护的外观不同，不构成对万基公司的侵权。大盒包装的产品是他人假冒本厂的名义生产的，与本厂无关。但中山市中药厂未能提供证据证明其主张。

万基公司指控深圳捷康公司为销售侵权。主张的证据是涉案的涉嫌侵权产品，销售发票。万基公司认为涉案的产品上标明深圳捷康公司是国内销售总策划，所以其行为构成销售侵权。深圳捷康公司认为，销售行为是事实，但该销售行为不构成侵权。其一，所销售的产品与万基公司的专利不同，不是侵权产品；其二，销售的产品有合法来源等。

另查明，1997年8月7日，万基公司向深圳市中级人民法院提起诉讼，认为捷康公司和中山市中药厂等的行为构成侵权，请求法院判令：1. 被告立即停止侵权行为，并销毁被告的侵权产品和制造侵权产品的模具等设备；2. 在《深圳特区报》上公开向原告赔礼道歉；3. 被告深圳捷康公司、中山市中药厂各赔偿原告经济损失人民币50万元；4. 由被告承担本案全部诉讼费用。2001年10月11日，本案经中止后恢复审理，根据万基公司请求，原审法院追加了江门参保店公司为本案的共同被告。万基公司变更诉讼请求为：1. 被告立即停止侵权行为，并销毁被告的侵权产品和制造侵权产品的模具等设备；2. 被告在《深圳特区报》上公开向原告赔礼道歉；3. 被告深圳捷康公司、中山市中药厂各赔偿原告经济损失人民币50万元（具体数额以审计结果为准），被告江门参保店公司对深圳捷康公司的赔偿数额承担连带清偿责任；4. 由被告承担本案全部诉讼费用。诉讼中，万基公司明确表示放弃对江门参保店公司的赔偿请求。

还查明，本案一审诉讼期间，捷康公司向国家专利复审委员会提出宣告万基公司的ZL95318634.2号专利无效，原审法院于1997年10月8日作出（1997）深中法知产初字第026号民事裁定，中止本案诉讼。2001年6月21日，国家专利复审委员会作出决定，维持万基公司的ZL95318634.2号专利有效。本案恢复审理。万基公司已经在本案一审期间提交了其缴纳本案争议专利2001年年费的证据，即国家知识产权局专利局的收费单据。

【裁判意见】

深圳市中级人民法院一审认为，万基公司对他人侵犯其专利权提起诉讼有选择权。香港参保店有限公司不是本案的必要诉讼参与人，万基公司选择被告江门参保店公司、中山市中药厂、深圳捷康公司提起侵权诉讼不影响查清案件事实，万基公司表示不将香港参保店有限公司列为本案的共同被告，并已明确表示在本案中不追究香港参保店有限公司的任何责任，应当尊重当事人的选择，不列香港参保店有限公司为本案的共同被告。

万基公司专利权合法有效，应得到法律保护。外观设计专利权的保护范围以表示在图片或照片中的该外观设计专利产品的形状、图案、色彩及其结合为准。万基公司外观设计专利权不保护色彩，本案在对比万基公司的专利产品与被告生产的涉案产品时不考虑色彩是否近似的因素。万基公司专利产品与被告被控侵权产品皆为保健品，属同一种类，以普通消费者的眼光和水平来衡量，两者外观形状、大小及图案基本相同，万基公司外观设计专利的主要特征是“美国洋参丸”文字的布置、衬托的英文字母的书法和位置、人参的图案等与万基公司专利相近似，涉嫌侵权产品与万基公司专利主要部分及整体视觉效果相似。因此，中山市中药厂和江门参保店公司生产和销售的美国洋参丸（洋参胶囊）应认定为侵权产品。被告未经专利权人许可，以生产经营为目的制造并销售与万基公司专利整体视觉效果相近似的产品，属侵权行为，应承担相应法律责任。中山市中药厂主张涉案产品是他人假冒其单位名义生产的，但未能提供相应的证据证明，而产品的外包装以及小盒包装均标注是中山市中药厂制造，中山市中药厂与江门参保店公司的合作协议及审计报告均证明中山市中药厂生产美国洋参丸（洋参胶囊），该厂不能提供相反的证据证明其主张，应认定是中山市中药厂制造。为此，对中山市中药厂的这一抗辩，本院不予采纳。深圳捷康公司主张涉案产品与万基公司的专利不同，并指出了不同之处在于其涉嫌侵权产品有一个明显的“心”型开孔，并标有“送”字，人参叶子的数量不同，而万基公司专利的主视图没有等。但是，这些局部的细微的差别并不影响被控产品与万基公司专利的主要部分和整体视觉效果相似。所以，该公司主张其产品的外观与万基公司的专利不近似，因而不侵犯万基公司专利权的理由不成立，本院不予采纳。证据反映深圳捷康公司是侵权产品销售的总策划，特别是在万基公司于1997年提起本案诉讼后至1999年仍然在继续销售，深圳捷康公司的行为构成对万基公司专利的侵权，应当承担侵权的法律责任。深圳捷康公司有着明显的侵权故意，且公开以自身名义对外销售涉案侵权产品，给万基公司造成了较大的声誉损失，应当就本案的侵权行为向万基公司赔礼道歉。万基公司请求判令被告停止侵权行为、销毁侵权产品、公开赔礼道歉、赔偿经济损失、承担本案诉讼费及其他相关费用，理由正当，本院予以支持。唯有赔偿数额的请求，万基公司未提出充分的证据，本院不能全额支持。万基公司坚持以被告的获利额为本案的赔偿依据，原、被告对审计报告没有异议，万基公司在庭审中表示愿接受以审计结果的被告获利额作为本案的侵权赔偿额，本院尊重当事人的选择，为此本院采纳审计报告审计出的被告获利情况作为被告给万基公司的具体赔偿数额。万基公司明确表示放弃江门参保店公司承担侵权赔偿责任，本院尊重当事人的请求。江门参保店公司的行为属于制造侵权，深圳捷康公司的行为属于销售侵权，两被告为不同的独立法人单位，万基公司请求江门参保店公司对深圳捷康公司承担连带赔偿责任，缺乏法律依据，本院不予支持。

中山市中药厂不服一审判决，向广东省高级人民法院提起上诉。

广东省高级人民法院二审认为，关于本案争议的万基公司的ZL95318634.2号外观设计专利是否合法有效的问题。万基公司向法院提供了专利证书，根据专利证书记载，该专利的申请日是1995年11月29日，授权公告日是1996年11月6日。依照我国专利法的规定，该专利的保护期间应当延续到2005年11月28日。在此期间，万基公司依法交纳了专利年费，没有出现专利权非正常终止的情形。而且在本案一审审理期间，捷康公司对争议专利的效力提出无效请求，国家知识产权局专利复审委员会于2001年6月21日作出决定，维持该专利权有效。因此，上述证据已经充分证明万基公司的专利是合法有效的，应当受到法律保护。现中山市中药厂上诉认为前述证据不能证明万基公司的专利合法有效，既没有相应的证据证实，又与法院查明事实不符，该上诉理由不成立，本院予以驳回。

关于万基公司向法院提供的深圳万佳百货股份有限公司、广东省肇庆市明诚贸易有限公司超级商场的销售发票所记载的内容是否真实的问题。首先，经过质证，中山市中药厂对前述两份发票形式上的真实性没有异议，承认该发票是深圳万佳百货股份有限公司、广东省肇庆市明诚贸易有限公司超级商场开具的。但又否认发票上所记载内容的真实性，认为深圳万佳百货股份有限公司、广东省肇庆市明诚贸易有限公司超级商场仅仅是照抄产品包装盒的内容，究竟该产品是否确实是由中山市中药厂等制造销售，缺乏其他证据证实。本院认为，万基公司向法院提交了真实的购货发票，销售商根据其所销售的产品上印制的生产厂家的名称、商品商标等，如实填写销售发票，符合商业习惯。万基公司在正规商场通过柜台销售取得购货发票的方式以及深圳万佳百货股份有限公司、广东省肇庆市明诚贸易有限公司超级商场开具发票的行为，符合法律的规定和商业习惯。前述发票应当作为证据采用，可以用来证明案件的真实情况。其次，前述发票上记载的产品名称等内容与万基公司向法庭提交的侵权产品的实物是一致的，两者相吻合。中山市中药厂并无证据证明万基公司所提交的被控侵权产品不是其生产的，也无任何证据显示被控侵权产品是他人伪造的。最后，根据中山市中药厂向法院提供的该厂与江门参保店公司签订的《合作生产经销洋参丸（洋参胶囊）的协议》明确约定中山市中药厂负责生产。因此，根据万基公司提供的被控侵权产品的销售发票、产品实物，以及中山市中药厂与江门参保店公司签订的协议书，可以认定中山市中药厂就是被控侵权产品的制造者。中山市中药厂对前述发票提出的质疑，没有依据，本院不予采纳。

中山市中药厂上诉时还主张，该厂只是生产规格为12粒/排的小包装产品，而不是被控的大包装产品。首先，该主张与该厂自己提供的与江门参保店公司签订的《合作生产经销洋参丸（洋参胶囊）的协议》约定的内容相矛盾，协议约定中山市中药厂的义务不仅仅负责生产，而且产品的外包装设计要经过该厂的确认，方可交给指定的印刷厂印刷。其次，没有证据证实在该合同实际履行过程中，双方改变了原合同的约定，从而免除了中山市中药厂负责大包装生产的义务。另外，从产品的销售方式看，万基公司在深圳、肇庆等不同地方的商场所购买的侵权产品，均是以大包装进行销售的，小包装置于大包装之内。可见，中山市中药厂主观上明知其产品使用本案侵犯他人外观设计专利权的大包装盒进行包装销售，应当依法承担专利侵权责任。中山市中药厂的该上诉理由不成立，本院不予采纳。

（二）专利行政审判案件

012

张某义诉深圳市市场监督管理局行政诉讼

【裁判要旨】

人民法院判定被诉侵权技术方案是否落入专利权的保护范围，应当审查权利人主张的权利要求所记载的全部技术特征是否完全吻合。被诉侵权技术方案的技术特征与权利要求记载的全部技术特征相比，缺少权利要求记载的一个以上的技术特征，或者有一个以上技术特征不相同也不等同的，人民法院应当认定其没有落入专利权的保护范围。

【典型意义】

本案系深圳法院实行知识产权民事、刑事、行政“三合一”审判改革（即知识产权民事、刑事、行政案件均由知识产权庭审理）以来的第一宗涉及专利侵权知识产权行政诉讼案件。路边停车、收费所使用APP软件系统系由深圳道路交通管理部门投资、招标、采用并推广，该系统软件侵权与否直接涉及这一交通市政工程能否继续顺畅实施，引发了社会公众及有关部门的关注。

审理知识产权行政诉讼案件除了关注具体行政行为的合法性，包括执法机关是否具有执法职权、是否符合法定程序、是否适用法律正确、是否证据充分等情形，还须判断所使用的技术是否落入专利权的保护范畴。在本案中，原告对被告执法主体资格以及执法程序等均无异议。本案的焦点主要在于宜停车APP软件系统是否落入原告涉案专利权的保护范围。因此“三合一”审判改革后，由知识产权庭审理涉及专利侵权行政诉讼案件，可更为准确地把握专利侵权判断。本案中深圳市中级人民法院将审理的焦点集中在专利权保护范围的界定、原告涉案专利方法步骤有无先后顺序以及被控方法与专利的异同，是否属于与涉案专利技术特征等同的情况。此类专利侵权判断对于行政审判法官来说具有相当的难度。而“三合一”审判改革很好地解决了这个难题。

知识产权行政诉讼案件集中由知识产权庭统一审理，有利于保障裁判结果的正确性，有利于当事人获得便捷、高效、公正的司法救济，同时，案件的专业审理也增强了司法裁判的公信力。

【关键词】

“三审合一”专利保护范围 技术特征

【基本案情】

在原告张某义诉被告深圳市市场监督管理局等行政处理决定纠纷案中，张某义于2011年4月15日向国家知识产权局申请了名称为“基于客户端的停车计时方法”的发明专利，于2014年5月7日获授权，专利号为ZL201110107113.8。该专利目前处于有效授权状态。ZL201110107113.8号发明专利权利要求书记载：1. 基于客户端的停车计时方法，客户端指移动通讯设备等，其步骤是：(1) 等待车主利用客户端的数字键输入车位标识；(2) 等待车主利用客户端的选择键，以车位标识为参数，向服务器发出计时开始请求指令；(3) 服务器按照车位标识查询车位状态，然后，将同意或拒绝计时开始请求信息返回客户端；(4) 如果客户端接收到计时开始请求拒绝信息，则不生成时钟，转向步骤 (1)，然后依次执行步骤 (1) 至步骤 (4)，否则，依次执行步骤 (5) 至步骤 (8)；(5) 以客户端当前时刻作为时钟的初始时刻0，生成时钟，并将时钟显示在客户端的显示器上；(6) 等待车主利用客户端的选择键，向服务器发出计时结束请求指令；(7) 服务器结束计时，并将计时结束信息返回客户端；(8) 客户端时钟终止。涉案专利说明书“背景技术”记载：停车的计时方法主要有咪表、IC卡、手机短信等，其操作都是由车主通过按键自主开启和结束服务器上的计时。开启计时往往被称为第一次刷卡，结束计时被称为第二次刷卡。对于手机短信停车则可能对应两次向服务器发送手机短信，第一次表示计时开始，第二次表示计时结束。计时结束后，服务器会根据事先确定的时间分段规则将整个停车的时段总长度换算为时间分段数，然后根据时间分段数的多少计算总的停车费用，向车主收取。传统咪表、IC卡、手机短信的停车计时方法都在技术上具有现有技术构成无法克服的问题，主要是：一、不能实时向车主回显时间耗费信息，即时间分段的控制权没有交给车主，有可能多计时间分段数。二、车主停止服务器计时的方法是有障碍的，如果忘了在咪表上进行第二次刷卡或忘了第二次发送手机短信，会造成停车计时延长，增大车主的停车时段总长度。“发明内容”中记载：本发明的创新体现在：一、在客户端生成一个与服务器同步的时钟，且时钟实时显示在客户端的显示器上，从技术上将服务器计时用到的时间分段规则的控制权交给车主。二、将计时结束的技术机制置于客户端，随作为客户端的移动通讯设备移动，且通过客户端的存储设备暂存了车位信息，确保了计时结束指令执行的有效性，消除了计时结束指令的执行障碍。本发明的有益效果是：一、本发明在服务器计时的基础上增加了客户端时钟计时，计时过程实时显示在作为客户端的移动通讯设备上，从而使车主有可能知晓时间分段的临界时刻，从技术上实现了车主对以技术措施名义出现的时间分段规则的控制权，能避免被服务器多计1个时间分段数。二、本发明引入了一种新的技术机制，在客户端程序的执行过程中通过保留车位现场信息，即车位的编码信息，消除了计时停止指令的执行障碍，避免了在传统的咪表、IC卡、手机短信等计时方法下停车时段总长度可能会因为指令执行障碍而被延长的缺陷。三、传统的咪表、IC卡、手机短信等计时技术，有可能由于技术自身的原因造成停车时段总长度或时间分段数被延长或被多计，因而只做到了计时结果精确，而不是技术最终所需要的计费准确。本发明通过技术的方法消除了传统方法自身的技术缺陷，确保了停车计时与最终的计费准确性挂钩。四、本发明采用客户端与服务器相结合的方式，停车计时开始和结束基于客户端的技术构成，使停车计时技术具备了可移动性，因此，技术实用性得到明显增强。2014年8月7日，张某义向深圳市市场监督管理局提交《专利侵权纠纷处理申请书》以及张某义身份证、专利证书及权利要求书、说明书、专利年费收款收据、重庆市公证处（2014）渝证字第37968号公证书、停车实录以及专利侵权说明、专利侵权特征比对。张某义请求判定深圳市道路交通管理事务中心侵犯其名称为“基于客户端的停车计时方法”（ZL201110107113.8）的发明专利权的行为成立；要求深圳市道路交通管理事务中心立即停止专利侵权，在其网站和其合作网站关闭宜停车APP下载或指向下载的链接，停止宜停车APP后续开发，停止已下载宜停车APP的服务。张某义于2014年11月21日向深圳市市场监督管理局提交《追加请求申请书》，要求第三人删除“微信”客户端和“支付宝”客户端，关闭“微信”停车和“支付宝”停车，彻底消除专利侵权影响。深圳市市场监督管理局于2014年8月12日立案，于2014年8月13日向第三人深圳市道路交通管理事务中心送达了相关法律文书和证据材料并进行了现场勘验检查。第三人分别于2014年9月2日、12月4日作出答辩，认为其宜停车APP不落入张某义专利保护范围，不构成侵权。2014年10月15日，深圳市市场监督管理局组织张某义与第三人进行证据交换及质证，并于同年12月4日进行了口审。2015年1月13日，深圳市市场监督管理局合议组进行合议，于2015年1月28日作出《专利侵权纠纷行政处理决定书》，并分别于2015年2月2日和2月3日向张某义和第三人深圳市道路交通管理事务中心送达。《专利侵权纠纷行政处理决定书》认定，深圳市道路交通管理事务中心宜停车APP未落入第ZL201110107113.8号发明专利的保护范围，不构成侵犯专利权。深圳市道路交通管理事务中心开通的“微信”客户端和“支付宝”客户端的操作步骤和宜停车APP的操作步骤一致，亦未落入第ZL201110107113.8号发明专利的保护范围。张某义的全部请求及追加请求不予支持。张某义不服，于2015年2月4日起诉至深圳市中级人民法院，请求：撤销深圳市市场监督管理局于2015年1月28日作出的深知稽专处字第［2015］001号“专利侵权纠纷行政处理决定”。一审法院另查明，根据张某义所提交重庆市公证处（2014）渝证字第37968号公证书、停车实录以及双方陈述，深圳市道路交通管理事务中心路边临时停车收费系统包括宜停车APP、地感、后台服务器三部分，宜停车APP系由深圳市道路交通管理事务中心推出的用于路边停车的手机软件，可供车主下载至手机，地感埋设于停车泊位，后台服务器设置于深圳市道路交通管理事务中心。其停车缴费流程为：（1）车主驾车驶入车位（地感感知车辆入位时间并传至后台服务器），在宜停车APP客户端中选择“我要停车”，输入泊位编号。(2) 后台服务器按照宜停车 APP 客户端输入的车位标识查询车位状态，然后，将同意或拒绝停车请求信息返还客户端。(3) 客户端显示信息一种为同意停车，另一种为“泊位不存在或当前泊位还未制定收费策略”，即不同意停车。客户端显示为不同意停车，车主需点击“确定”按钮，并需要重新选择泊位并重复前述步骤 (1)。(4) 客户端显示信息为同意停车后，车主可继续购买时长操作，客户端随即显示应付停车费，车主可点击“确认”按钮；在输入支付密码后，再点击“立即支付”按钮，客户端上回应“支付成功”信息；再次点击“确定”按钮后，客户端上呈现“闹钟”图标；点击“闹钟”图标，客户端显示“倒计时”；“倒计时”为0后，客户端显示停车超时并生成正计时时钟。(5) 车主驾车驶离后，地感感知并将信息传输至后台服务器。(6) 后台服务器结束计时，客户端计时时钟终止，“停车结束”信息显示于客户端（车主可查询本次停车的“停车记录详情”，停车短于购买时长，后台服务器会自动退回多收费用；停车超过购买时长，车主可通过续费补交）

【裁判意见】

深圳市中级人民法院一审认为，根据我国专利法及司法解释规定，发明或者实用新型专利权的保护范围以其权利要求的内容为准。人民法院判定被诉侵权技术方案是否落入专利权的保护范围，应当审查权利人主张的权利要求所记载的全部技术特征。被诉侵权技术方案的技术特征与权利要求记载的全部技术特征相比，缺少权利要求记载的一个以上的技术特征，或者有一个以上技术特征不相同也不等同的，人民法院应当认定其没有落入专利权的保护范围。涉案专利创新体现在：从技术上将服务器计时用到的时间分段规则的控制权交给车主；将计时结束的技术机制置于客户端，随作为客户端的移动通讯设备移动，且通过客户端的存储设备暂存了车位信息，确保了计时结束指令执行的有效性，消除了计时结束指令的执行障碍，涉案专利突出了车主对停车时间段的掌控以及能够及时有效发出计时结束指令的特点，而宜停车 APP 停车缴费系统，其计时开始与结束均主要依赖于地感精准感知，车主完全不需要利用客户端的选择键向服务器发出计时结束请求指令。虽然同为停车计时，但涉案专利为人工输入，宜停车 APP 为地感感知，前者受人为因素影响，后者能够保证停车计时的客观、精准、便捷、高效，不会因车主遗忘而导致多计时收费，因此，二者的技术效果完全不同。宜停车 APP 停车计时操作不具备专利技术特征 7，与专利技术特征 2、3、5、6 亦存在区别。宜停车 APP 计时操作与涉案专利技术方案既不相同也不等同，不落入涉案专利保护范围。深圳市市场监督管理局作出深知稽专处字第［2015］001 号《专利侵权纠纷行政处理决定》认定事实清楚，适用法律正确。深圳市市场监督管理局在行政执法中履行了调查取证，告知送达等程序义务，其行政执法程序合法，依法应予支持。张某义的诉讼请求不能成立，予以驳回。一审判决：驳回原告诉讼请求。

广东省高级人民法院二审认为，将被诉侵权技术方案与涉案专利相比较，二者存在如下区别：1. 涉案专利是一种“基于客户端的停车计时方法”，其公开了一种可移动的、便于车主控制的精确计时方法。其创新点和专利保护范围的核心在于利用移动客户端进行停车时间的计算。而被诉侵权技术方案则结合了计时和计费两种功能，即被诉侵权技术方案可以根据自动停车计时数据计算缴费信息，并实现在线缴费。两者在停车计时部分有一定重合，但最终实现的功能和目的则存在差异。2. 被诉侵权技术方案记载，车辆离开车位后，地感感知并传送信息至服务器。而涉案专利技术特征系由车主利用客户端向服务器发出计时结束请求指令。被诉侵权技术方案缺少车主主动向服务器发出计时结束指令的步骤，而是以地感感应车辆离开时间并自动发送至后台服务器。上述两种技术特征明显不相同。被诉侵权技术方案的技术特征与涉案专利权利要求记载的全部技术特征相比，有一个以上技术特征不相同亦不等同，未落入涉案专利的保护范围。二审判决：驳回上诉，维持原判。

（三）专利行政查处案件

013

皇岗海关“龙腾”行动查获涉嫌侵犯朗科专利案

【典型意义】

全国海关组织开展出口知识产权优势企业知识产权保护专项行动，代号为“龙腾”行动。该案即为龙腾行动期间查获的专利侵权行为，该案维护了我市知识产权优势企业的知识产权，保护了国内自主创新企业的合法权益，为随后的诉讼维权打下了良好的基础。也体现出海关在专利保护司法体系中至关重要的作用。

【关键词】

专利权　移动存储器

【基本案情】

2017年，在海关总署维护中国制造海外形象、知识产权优势企业知识产权保护“龙腾”行动期间，深圳海关隶属皇岗海关加大对国内自主知识产权优势企业相关产品监管力度，以朗科公司为关区重点行动企业，广泛了解其专利权应用状况及被侵害情况，密切关注相关产品进出口动态，及时拦截侵权产品，严厉打击专利侵权。行动期间，皇岗海关连续查获涉嫌侵犯朗科公司发明专利权移动存储器案件7宗，查扣移动存储器133460个，价值超人民币361万元，有效遏制了存储器行业领域的侵权和恶性竞争，保护了国内自主创新企业的合法权益。

【办案经过】

针对专利权无形且侵权行为隐蔽的难点，皇岗海关联系朗科公司、深圳市中级人民法院知识产权庭，收集、了解其专利技术特征、侵权产品特征、侵权行为的认定等技术、法律问题；在此基础上积极采用科技手段，通过深入梳理本口岸进出口企业、物流、商品等信息，运用大数据分析研判和动态监控手段，锁定嫌疑，精准布控。

2017年9月27日，皇岗海关查获深圳某科技股份有限公司出口2万余个品牌移动存储器，经联系权利人现场鉴定，该批次移动存储器全部为未经权利人许可、擅自使用专利权的产品，价值超过人民币51万元，海关立即予以扣留并立案调查。随后，该关进一步总结、提炼类型案件风险特点，继续实施针对性布控，加强进出口货物知识产权状况的实货验核。10月1日，该关再次查获并扣留6万余个侵权闪速存储器，价值人民币200余万元。此后，皇岗海关指导朗科公司向全国海关风险防控中心提出保护需求，实施“靶向”打击，10月21日，皇岗海关截获自黄埔海关申报出口的侵犯专利权移动存储器，在全国通关一体化的基础上，圆满完成跨关区协作，实现了全国海关知识产权保护“一盘棋”。

皇岗海关一系列边境保护措施不仅为朗科挽回了巨大的经济损失，也在相关行业起到了较大的震慑作用。朗科公司订单数倍增长；数家生产同类产品企业主动与其签订涉及千万元以上的专利许可协议；与多家外资企业的谈判中，外方也对中国企业创新技术刮目相看。

014

对专利侵权案件的行政处理

【典型意义】

本案是市场质量监督管理局通过行政手段对实用新型专利侵权行为进行认定以及处理的案件，在本案中市场质量监督管理局在双方拒绝调解的情况下仍对产品作出比对以及处理，为请求人的知识产权维权节省了时间成本与经济成本，对相关部门处理专利侵权纠纷行政处理具有相当的指导意义。

【关键词】

专利侵权　实用新型　制造　销售　许诺销售

【基本案情】

请求人戴森技术有限公司向深圳市市场质量监督管理局提出专利侵权纠纷行政处理的请求，称被请求人深圳市艾克派特科技开发有限公司侵犯其名称为“无叶片风扇组件及其喷嘴”（专利号：ZL200990100311.8）的实用新型专利权。本局受理后，依法对被请求人的生产场所实施了勘验检查，并组成合议组对案件进行审理。

【办案经过】

本案请求人认为：请求人戴森技术有限公司在中国申请并获得了“无叶片风扇组件及其喷嘴”实用新型专利权，专利号为ZL200990100311.8。授权公告日为2011年8月24日（优先权日：2008年9月23日），目前处于有效的专利保护期内。请求人发现，被请求人深圳市艾克派特科技开发有限公司未经请求人许可，在中国国内实施了ZL200990100311.8号实用新型专利，生产、销售侵犯该专利权的风扇产品，并通过被请求人深圳市艾克派特科技开发有限公司注册的商标“JOYWE”、域名http：//www.joywefan.com对被控侵权产品进行宣传、销售、许诺销售。无叶片风扇组件及其喷嘴（专利号：ZL200990100311.8）权利要求1的全部必要技术特征包括：该风扇组件包括用于形成气流的装置和喷嘴，该喷嘴包括用于接收气流的内部通道和用于发射气流的嘴部，所述喷嘴绕一轴线延伸，以限定一开口，来自风扇组件外部的空气被从所述嘴部发射的气流拽吸通过所述开口，喷嘴包括一表面，所述嘴部被设置在该表面上以引导气流，该表面包括扩散部分和引导部分，该扩散部分呈锥形地远离所述轴线，该引导部分在所述扩散部分下游并与之成角度。经比对，被控侵权产品包含了以上所述的全部必要技术特征，进入了ZL200990100311.8号实用新型专利的保护范围。被请求人的行为已经侵犯了请求人的合法权利。

请求人为此提供如下证据：1）公司注册证书、公司更名证书、法定代表人身份证明公证认证件复印件及翻译件复印件，以证明请求人主体资格；2）授权委托书公证认证件复印件及翻译件复印件、北京立方律师事务所广州分所执业许可证（副本）复印件、转委托书复印件、广东品安律师事务所执业许可证（副本）复印件，以证明代理人拥有代理权限；3）律师执业证复印件，以证明代理人身份；4）专利证书复印件与原件相符的公证书复印件，以证明请求人的专利有效；5）实用新型专利检索报告复印件与原件相符公证书复印件，以证明请求人专利权稳定有效；6）深圳信用网查询结果，以证明被请求人的主体资格；7）（2011）粤穗广证内经字第121922号公证书，以证明被请求人销售被控侵权产品的行为；8）被控侵权产品实物、被控侵权产品六面视图相片，以证明被控侵权产品侵权情况；9）（2011）粤穗广证内经字第119217号公证书、产品宣传单、产品目录复印件，以证明被请求人许诺销售行为；10）（2011）粤穗广证内经字第123913号公证书、（2011）粤穗广证内经字第123914号公证书，以证明被请求人在网上的宣传、许诺销售行为。

2011年12月9日，市场质量监督管理局接到投诉后，经初步审查认为符合立案条件并予以展开调查。当日下午，执法人员来到深圳市宝安区西乡街道鹤洲恒丰工业城C6栋综合楼1103号，依法向被请求人送达了相关法律文书并对现场进行了勘验。经勘查，在被请求人的组装车间内，在一条生产线上，工人正在进行被控产品的组装，仓库中存放有被控产品及半成品。经清点，现场有：（1）长条形智美无叶风扇成品10台；（2）12寸圆形智美无叶风扇40台；（3）10寸圆形智美无叶风扇成品30台。执法人员在被请求人的配合下对上述3款型号的产品予以抽样封存，并由其签字确认。

合议组于2011年12月30日如期主持了证据交换和质证，双方代理律师对各自提供的证据材料均未有异议。

2012年1月11日，合议组主持口审会，充分听取纠纷当事人双方的意见、陈述。在口审会中，被请求人就请求人的实用新型“风扇组件以及用于风扇组件的”提出了自己的答辩意见。被请求人认为：1. 请求人的实用新型“无叶片风扇组件及其喷嘴”涉及的技术是现有技术，日本东京芝浦电气株式会社早在1981年于日本专利局就申请了无叶风扇该项技术的发明专利：JP昭56－167897；2. “我方认为日本专利与涉案专利本质是一致的。”“请求方的喷嘴设计和日本专利的出风环设计构思和原理是一样的，我方承认请求方的设计是一种改良，但不承认是一个新的技术。”请求人亦阐明了观点：“1. 经过技术特征对比分析，涉案专利与前述日本专利相比，至少就喷嘴部分而言，日本专利明显缺少涉案专利的引导部分和扩散部分，仅在喷嘴的设计上就有根本性的区别，因此，涉案专利与日本专利既不相同亦不相近似；2. 日本专利没有对出风部分的喷嘴进行设计，而本案专利通过对喷嘴的最优化设计，通过引导部分和扩散部分的组合，达到最好的出风效果。被控侵权产品具有引导部分和扩散部分是日本专利所不具备的特征，所以被请求人不能以此作为抗辩意见。”

在口审期间，双方均表示愿意和解但最终因和解条件分歧较大而没有达成协议。

针对双方的意见，合议组重点审查了以下几个方面：

（一）涉案实用新型与日本发明专利

首先，本案中涉及的日本发明专利：JP 昭 56－167897 是一项专门以提高电风扇安全性为目的的发明。发明，即指对产品、方法或其改进所提出的新的技术方案。本发明专利在具备电风扇所具备的功能的同时，有效地、彻底地解决了有叶风扇的危险性，从这个角度来说，该发明在提高电风扇的安全性上有其技术的进步性，而本案中的涉案实用新型专利，其突出改善了无叶风扇风力小及气流不均匀的状态，对无叶风扇出风口的形状、构造及其组合提出了适于实用的新的技术方案。因此，上述两个涉案专利产品既不相同也不相似。

（二）喷嘴设计

从上述两个专利来看，本案实用新型专利的风源设计与涉案日本专利的风源设计在技术上存在着相同的技术背景，但日本专利就喷嘴的设计没有过多地涉及，而本案实用新型专利的喷嘴设计恰恰是其新颖性和创造性的表现：该实用新型在充分利用柯恩达原理的基础上，创造性地在喷嘴边上延伸一表面，即“扩散部分和引导部分”，从而有效地引导了来自内部通道的气流和卷吸外部的空气，使无叶风扇的总风力能够达到平稳输出的同时，足以形成适于冷却的气流。

（三）被控侵权产品的技术特征

针对本案被控侵权物所作的功能、结构分析表明：1. 被控侵权产品从其外观、名称和用途来看，它属于无叶风扇。2. 从结构上看：被控侵权产品分为“底座”和“环形放大器”两部分，该底座内放置产生气流的马达和风叶；而环形放大器亦包含两部分：出风口和约10厘米宽的环形金属圈，环形金属圈为中空形管；出风口在环形金属圈边沿处；底座的风从中空的环形口处导出。3. 出风口绕一轴线延伸，并限定一开口。4. 环形金属圈实际属出风口的表面，该出风口的风从内导出后，将有效地沿着该表面流动。该表面呈两部分：扩散部分和引导部分，扩散部分与轴线呈一定的角度，且呈锥形远离所述轴线；引导部分在所述扩散部分下游并与之形成一定的角度。5. 通过出风口及表面的扩散与引导，将有效地使来自风扇组件的空气被从所述嘴部发射的气流拽吸至所述开口，从而使“空气被放大15倍”。

经过分析，其特征1与权利要求1中的“用于形成气流的无叶片风扇组件”本质本同；其特征2、3、4、5与权利要求1到权利要求18中的“该风扇组件包括用于形成气流的装置和喷嘴”“该喷嘴包括用于接收气流的内部通道和用于发射气流的嘴部，所述喷嘴绕一轴线延伸，以限定一开口，来自风扇组件外部的空气被从所述嘴部发射的气流拽吸通过所述开口，喷嘴包括一表面，所述嘴部被设置在该表面上以引导气流，该表面包括扩散部分和引导部分，该扩散部分呈锥形地远离所述轴线，该引导部分在所述扩散部分下游并与之成角度”的本质相同。经过比对，该侵权产品进入了请求人涉案专利保护范围之内。

市场质量监督管理局查明：请求人向本局提交的专利证书（2011年获得授权）、公司注册证明及公证认证材料真实有效，请求人是本案专利的专利权人，其专利权应当受到法律保护；实用新型专利检索报告真实有效，可以证明本专利权的稳定有效；请求人向本局提供的被控侵权产品实用、视图相片、产品宣传单、产品目录复印件及一系列的公证认证材料，以证明被请求人销售、许诺销售的行为，被请求人亦对上述材料没有异议，作为销售、许诺销售行为的证据可予采信；此外，被请求人制造、销售和许诺销售的事实还有调查笔录、现场勘验检查登记表、被控侵权实物和现场检查照片、口头审理笔录、证人证言等材料佐证。

市场质量监督管理局认为：请求人是本案专利的专利权人，其专利权应当受到法律保护。被请求人制造、销售、许诺销售本案被控侵权产品的行为系未经请求人的许可，为生产经营目的进行制造、销售、许诺销售专利产品的行为，侵犯了请求人的合法权益，应当依法承担侵权责任。鉴于被请求人无和解的意向，双方未能在本局的主持下达成调解。

综上所述，市场质量监督管理局责令被请求人立即停止侵权行为，立即停止制造、销售、许诺销售侵权产品，并且不得使用尚未售出的侵权产品或者以任何其他形式将其投放市场。

015

利用专家意见审理行政案件

【典型意义】

本案通过请求广东省知识产权维权援助中心邀请相关专家对该案进行判定分析出具专家意见（专利侵权判定咨询意见书）的方式审理行政案件，增强了本案决定书的权威性。同时通过该种形式进行行政案件的审理工作也为其他执法部门提供了借鉴，有效督促侵权方停止侵权行为、权利方合法合理维权，取得了双方都较为满意的效果。

【关键词】

实用新型　专家意见　行政审理

【基本案情】

深圳市博众节能工程技术有限公司就其与被请求人深圳某国有火力发电厂关于名称为“一种火力发电厂凝汽器真空维持系统”（专利号为ZL201220064029.2）的实用新型专利侵权纠纷，向市场和质量监管委大鹏局请求处理。大鹏局受理后，指定3名执法人员对该专利侵权纠纷进行处理，依法对被请求人场所实施了勘验检查，并依照调解工作应该贯穿于专利侵权纠纷整个过程的精神，促成和组织双方进行了多次对话和调解。大鹏局组成合议组，如期主持了口头审理，口审后，大鹏局对于双方就真实性存在争议的证据，如涉嫌侵权产品设备是否停用拆解等相关情况进行了继续调查，在征询双方意见调解无果的情况下，慎重审结本案。

【办案经过】

结合双方当事人提供的证据、各自陈述和本局调查情况，大鹏局查明：请求人专利权真实有效，其技术特征经分解与被请求人涉嫌侵权产品最大争议之处为出气端是否构成相同或等同。

被请求人主张了现有技术抗辩、合法来源抗辩、涉嫌侵权产品未正式使用抗辩。

在案件办理过程中，大鹏局还请求广东省知识产权维权援助中心邀请相关专家对该案进行了判定分析。参考其专利侵权判定咨询意见书，大鹏局认为：

（一）涉嫌侵权产品在出气端（排气段）增加的“汽水分离器”是本领域技术人员可联想到的一种常规的设计，是本领域普通技术人员无须经过创造性劳动就能够联想到的特征，与请求人专利技术特征等同。经技术特征比对，被请求人涉嫌侵权产品和请求人专利全部技术特征构成相同或等同，落入请求人专利权的保护范围。

（二）被请求人为支持其现有技术抗辩提供的可用于援引对比的相关文献资料，均未明确公开涉嫌侵权产品及请求人专利中重要技术特征或未全面记载相关产品所采用的技术特征，无法证明请求人专利技术在专利申请日之前即已公开，不能认定涉嫌侵权产品实施的技术属于现有技术，被请求人主张现有技术抗辩不能成立。

（三）被请求人为支持其涉嫌侵权产品有合法来源的抗辩，提供的招标文件、合同协议等仅能证明涉嫌侵权产品中的一部分具有合法来源，并没有证明涉嫌侵权产品整体具有合法来源，故被请求人主张的合法来源抗辩不成立。

（四）被请求人为证明其涉嫌侵权产品未正式使用的情况，提供了涉嫌侵权产品设备拆解照片等资料，结合口审前后3次现场勘验检查情况、口审表述等综合判断，涉嫌侵权产品在安装调试阶段处于使用状态。

综上，大鹏局认定如下：被请求人在安装调试阶段使用涉嫌侵权产品落入了请求人专利权的保护范围，侵犯了请求人的实用新型专利权。

2018年2月1日已向当事双方直接送达了专利侵权纠纷案件处理决定书，在法定期限内当事双方未向法院起诉，被请求人已停止侵权行为，履行本处理决定。

016

查处无资质从事专利申请代理的行为

【典型意义】

本案体现了深圳市政府在保护知识产权方面除了大力查处知识产权侵权案件，扶持知识产权优势企业外，也对管理规范专利代理服务机构尤为重视，该案是深圳市市场监管局查处知识产权代理机构的一个代表，表明了深圳市政府规范知识产权代理市场的决心。

【关键词】

营利　专利代理执业资质

【基本案情】

当事人未依法取得专利服务的执业资质或者资格，以营利为目的从事专利服务，非法取得专利代理服务收入15510元。

【办案经过】

2017年4月27日，深圳市市场和质量监管委员会龙岗分局根据国家知识产权局举报线索函，依法对深圳市某某知识产权服务有限公司进行执法检查，执法人员现场调取该公司国内专利申请委托合同4份，公司简介1份，该公司现场未能提供相应专利代理执业资质或者资格，当事人的行为涉嫌违反《广东省专利条例》第四十三条的规定，予以立案。

经查明，当事人未依法取得专利服务的执业资质或者资格，以营利为目的从事专利服务，并于2013年1月28日与深圳市某某电气科技有限公司、2015年10月17日与深圳市某某精工机械技术有限公司、2015年与东莞市某某塑胶制品有限公司、2015年8月31日与深圳某某科技有限公司签订专利申请服务合同，为上述四家公司提供专利申请代理服务，取得专利代理服务收入15510元。

当事人上述行为违反了的规定，属未依法取得专利服务的执业资质或者资格，以营利为目的从事专利服务的行为，作出以下处罚：1. 责令改正；2. 没收违法所得15510元；3. 罚款15510元。

017

深圳市知识产权局24小时内处理纠纷

【典型意义】

本案体现了深圳市知识产权局平等保护中外企业知识产权合法权益的原则。

深圳市知识产权局从受理案件到调解结案，仅用了不到一天的时间，体现了该局较高的办案效率以及稳健的工作作风，妥善解决了相关知识产权纠纷。

【关键词】

外观设计　和解　调解协议

【基本案情】

2003年3月5日，北京嘉和律师事务所律师吴某接受日本广森株式会社的委托，到深圳市知识产权局提出专利侵权纠纷处理请求，称福田区某电子企业侵犯其名称为“闹钟”的外观设计专利权，未经专利权人许可，该企业擅自发放印有侵权产品的广告并销售该产品，吴某还提交了一只侵权产品样品作为证据。

【办案经过】

深圳市知识产权局负责人高度重视该案，审查后决定受理该案，并依法成立合议组进行审理。当天下午4点，工作人员来到福田区某工业区找到被控侵权企业。在该企业产品展示的橱窗里，工作人员发现4只与被控产品外观相同的电子万年历，并查获一本印有相关产品的彩页广告。工作人员现场拍照，并取走一只侵权产品的样品，同时送达有关法律文书，告知其权利义务。

次日上午9点，侵权企业负责人来到市知识产权局接受处理，工作人员把当事人召集在一起，讲解我国的专利法律规定，进行近两个小时的宣传教育，最后双方达成和解，侵权方保证今后不再销售侵害请求人知识产权的产品，并将现存侵权产品交给请求人处理。

二、商标类案件

（一）商标类民事审判案件

018

深圳市引领平安有限公司诉中国平安公司等商标权侵权纠纷

【裁判要旨】

法院在判断是否构成侵害商标权行为时，不仅要看被诉标识与注册商标是否相同或近似，还必须考虑被诉标识是否在与注册商标相同或近似类别作商标法意义上的使用。非商标意义使用不构成商标侵权。涉案商标核定于“组织体育活动竞赛、俱乐部服务（娱乐或教育）”类别，平安保险公司未在该类别使用“平安”商标，故不构成商标侵权。

【典型意义】

本案明确了涉及冠名权与商标性使用等法律问题，系一起具有典型意义的商标案件。本案被评为2016年度深圳法院十大知识产权典型案例、年度知识产权十大事件。

【关键词】

商标侵权　商标性使用　冠名权

【基本案情】

在原告深圳市引领平安文化传媒有限公司诉被告中国平安保险（集团）

股份有限公司、中超联赛有限责任公司侵害商标权纠纷案中，第1302444号“平安”、第1302445号“Ⓐ平安”商标系由深圳足球俱乐部于1998年申请注册，核定服务类别为第41类的组织体育活动竞赛、俱乐部服务（娱乐或教育），有效期限为2009年8月7日至2019年8月6日。2009年，引领公司经核准受让涉案两商标。2014年，平安保险公司向中超联赛公司支付宣传推广费6亿元，取得2014年至2017年中超联赛独家冠名权。引领公司以平安保险公司及中超联赛公司在中超联赛赛事名称以及相关网站、球票、比赛活动中使用“中国平安”“中国平安 PINGAN”字样侵犯其商标权为由，诉至法院，请求判令平安保险公司停止对中超联赛公司组织的“中国足球协会超级联赛”的冠名，平安保险公司及中超联赛公司停止在中超联赛所有宣传资料中使用“平安”字样等。

【裁判意见】

深圳市福田区人民法院一审认为，平安保险公司、中超联赛公司在体育赛事名称中使用“平安”二字，是将其作为指示赞助商名称进行的使用，相关公众不会认为这是对引领公司“平安”和“Ⓐ平安”注册商标的使用，不构成商标侵权，判决驳回引领公司的诉讼请求。

引领公司不服提出上诉。深圳市中级人民法院二审认为，第一，平安保险公司对“中国平安”未作商标意义使用。《中华人民共和国商标法》第四十八条规定，本法所称商标的使用，是指将商标用于商品、商品包装或者容器以及商品交易文书上，或者将商标用于广告宣传、展览以及其他商业活动中，用于识别商品来源的行为。引领公司请求保护商标所核定服务类别为第41类“组织体育活动竞赛、俱乐部服务（娱乐或教育）”。在第41类“组织体育活动竞赛”使用商标，通常情况下是体育活动竞赛的组织者，为突出其组织者的主体地位与形象，在其所组织的体育活动竞赛中使用或宣传其商标，方便他人识别体育活动竞赛的组织者，以树立该企业的良好形象及商标、品牌的美誉度。中超联赛作为中国足球的顶级赛事，其主办、组织和管理单位只能是中国足协和其授权的单位，平安保险公司没有实质参与中超联赛的组织活动，也就谈不上在第41类“组织体育活动竞赛”将“平安”文字作商标法意义上的使用。第二，平安保险公司对中超联赛进行冠名，宣传“中国平安”系正当行为。冠名是一种特殊的广告形式，冠名一般是指企业为了达到提升企业、产品、品牌知名度和影响力而采取的一种阶段性宣传策略。“平安”是平安保险公司的字号、简称，也是其商标的核心部分，平安保险公司取得中超联赛冠名权益，有权利用冠名、场地、媒体等多种形式对自身产品和服务（保险、银行和投资）进行广告宣传以及市场推广。第三，平安保险公司使用“中国平安”文字不会导致相关公众的混淆与误认。注册商标的专用权，以核准注册的商标和核定使用的商品为限，对于商标保护的力度及边界，必须考虑该商标的显著性与知名度。引领公司没有对其请求保护商标长期、持续使用和宣传，也未能建立该两个商标知名度、美誉度及与引领公司之间的牢固的联系，没有人会因为在中超联赛赛事名称以及相关网站、球票、比赛活动中出现“中国平安”、“中国平安 PINGAN”，会误认为该“中国平安”、“中国平安 PINGAN”是指向引领公司，或引领公司与该中超联赛有何关联。平安保险公司、中超联赛公司的行为不构成商标侵权。二审判决：驳回引领公司的上诉，维持原判。

019

法国卡斯特公司诉法华金龙酒业公司商标权侵权纠纷

【裁判要旨】

法国卡斯特兄弟股份有限公司系注册商标的商标注册人。被告法华金龙酒业（深圳）有限公司未经许可在其生产的商品以及其网页、展位和发放的宣传单上均使用了标识，构成商标侵权。

【典型意义】

本案于审判当时为中国葡萄酒行业标的最大的商标侵权案。而从后续的发展中看，该案件仅为法国卡斯特兄弟股份有限公司关于“卡斯特”商标纠纷中的一个案例，法国卡斯特兄弟股份有限公司关于“卡斯特”商标纠纷历经十余年，最终由最高法院审判后尘埃落定。而深圳经济特区关于本案的审判对于“卡斯特”商标系列案件也添上了浓墨重彩的一笔。

【关键词】

商标侵权　涉外　平等保护

【基本案情】

在法国卡斯特兄弟简化股份公司诉法华金龙酒业（深圳）有限公司侵害商标权纠纷案中，法国卡斯特兄弟股份有限公司系第3262418号注册商标“CASTEL”的商标注册人，注册有效期为自2007年11月21日至2017年11月20日，核定使用在第33类商品的葡萄酒、酒（饮料）、开胃酒。法国卡斯特兄弟股份有限公司在央视、报纸等媒体投入了一定的广告，使其“CASTEL”品牌的葡萄酒在中国具有一定的知名度。2011年6月17日，经上海市工商行政管理局核准，卡斯特兄弟股份有限公司企业名称变更为卡斯特兄弟简化股份有限公司，法国卡斯特兄弟股份有限公司上海代表处的名称也相应地变更为法国卡斯特兄弟简化股份公司上海代表处。被告法华金龙酒业（深圳）有限公司在其网页上显示有“法华金龙酒业”字样，在“卡斯特庄园”栏目下面介绍有各款葡萄酒，在页面的左上角及各款葡萄酒的外包装上均标有由“”“CASTEL”“VIGNOBLES & CHATEAUX”构成的标识。网站上的海报及宣传页主要内容为法华金龙酒业（深圳）有限公司对其公司的贴牌原装原瓶进口葡萄酒业务的介绍和宣传，介绍的品牌包括有“卡斯特庄园凯顿”“玛歌小城堡”等品牌，其中“卡斯特庄园凯顿”页面使用了“”“CASTEL”“VIGNOBLES & CHATEAUX”构成的标识。法华金龙酒业（深圳）有限公司参加了在成都举办的2011年春季全国糖酒商品交易会，其布置的展位和发放的宣传单上均使用了由“”“CASTEL”“VIGNOBLES & CHATEAUX”构成的标识或由“”“CASTEL”“VIGNOBLES & CHATEAUX”及卡斯特庄园构成的标识。法国卡斯特兄弟简化股份公司公证购买的葡萄酒粘贴的正标和背标显示，该酒名为“卡斯特庄园比瓦尔赤霞珠干红葡萄酒”，总经销为法华金龙酒业（深圳）有限公司，且使用了“”“CASTEL”“VIGNOBLES & CHATEAUX”构成的标识，但该瓶葡萄酒并没有标明生产商。

【裁判意见】

福田区人民法院一审判决认为，本案中，法国卡斯特兄弟简化股份公司诉请保护的是第3262418号注册商标“CASTEL”，商标注册证显示其注册人为法国卡斯特兄弟股份有限公司。法华金龙酒业（深圳）有限公司认为法国卡斯特兄弟简化股份公司与商标的注册人法国卡斯特兄弟股份有限公司不是同一主体。

根据第3262418号注册商标的注册情况显示，其注册人为法国卡斯特兄弟股份有限公司，其对应的英文名称为CASTELFRERESSAS，而法国卡斯特兄弟简化股份公司的英文名称也为CASTELFRERESSAS，两者完全一致。商标注册人法国卡斯特兄弟股份有限公司的注册地址为法国布朗克福市乔治·古内梅街××号，与法国卡斯特兄弟简化股份公司的地址也完全一致；其次，2011年6月17日，经上海市工商行政管理局核准，卡斯特兄弟股份有限公司已变更为卡斯特兄弟简化股份公司，其在上海的代表处也相应地变更为法国卡斯特兄弟简化股份公司上海代表处。据此可以确认，法国卡斯特兄弟股份有限公司与法国卡斯特兄弟简化股份公司为同一主体，其对应的英文名称为CASTELFRERESSAS。

因此，法国卡斯特兄弟简化股份公司对第3262418号注册商标享有专用权，对侵犯第3262418号注册商标专用权的行为有权提起诉讼。

首先，法华金龙酒业（深圳）有限公司对其销售的各种类型的葡萄酒进行介绍和宣传，在其网页的页面及部分葡萄酒使用了“”“CASTEL”“VIGNOBLES & CHATEAUX”构成的标识；其次，名为“卡斯特庄园比瓦尔赤霞珠干红葡萄酒”的葡萄酒背标显示其总经销为法华金龙酒业（深圳）有限公司，正标、背标均使用了“”“CASTEL”“VIGNOBLES & CHATEAUX”构成的标识；最后，法华金龙酒业（深圳）有限公司备案的葡萄酒标贴也使用了“”“CASTEL”“VIGNOBLES & CHATEAUX”构成的标识。

从上述三方面可以确认，法华金龙酒业（深圳）有限公司在其网站及销售的葡萄酒上使用了由“”“CASTEL”“VIGNOBLES & CHATEAUX”构成的标识。

法华金龙酒业（深圳）有限公司所使用的商标虽由“”“CASTEL”“VIGNOBLES & CHATEAUX”构成，但三部分并不是紧密结合在一块，而是上中下依次分开。其中“”位于最上端，主要内容为带叶葡萄的图形，虽然颜色较为鲜艳，视觉上容易引起注意，但因葡萄酒的主要原材料为葡萄，其更多地会让人认为其主要表明了葡萄酒的原材料，显著性不强。“CASTEL”位于中间位置，字体较大，又加黑加粗，较为凸显。“VIGNOBLES & CHATEAUX”位于“CASTEL”的下方，字体较小，不容易引起注意。

因此，在法华金龙酒业（深圳）有限公司使用的商标中，“CASTEL”较容易引起注意，且该标识与第3262418号注册商标“CASTEL”又完全相同，加上法国卡斯特兄弟简化股份公司“CASTEL”品牌的葡萄酒在中国具有一定的知名度，在隔离的状态下，以相关公众的一般注意力，已足以产生混淆，误以为法华金龙酒业（深圳）有限公司销售的葡萄酒来源于法国卡斯特兄弟简化股份公司，据此可以确认两者构成了近似。

综上，法华金龙酒业（深圳）有限公司销售的葡萄酒使用的“”“CASTEL”“VIGNOBLES & CHATEAUX”标识与第3262418号注册商标“CASTEL”构成了近似，足以使相关公众产生混淆，且葡萄酒为第3262418号注册商标核定使用的商品。因此，法华金龙酒业（深圳）有限公司的行为已侵犯了法国卡斯特兄弟简化股份公司对第3262418号注册商标享有的专用权，应承担相应的侵权责任。

法华金龙酒业（深圳）有限公司不服一审法院判决，向深圳市中级人民法院提出上诉。深圳市中级人民法院以法华金龙酒业（深圳）有限公司的使用为商标性使用，且属于在同一种商品上使用了与注册商标近似的产品标识为由驳回上诉，维持原判。

020

ABB公司诉深北开公司商标侵权纠纷

【裁判要旨】

被告未经原告商标专用权人许可，在与原告注册商标相同类别的产品上，使用了突出显示与原告注册商标相近似或相同标识，足以使相关公众产生误认，被告行为构成商标侵权。

【典型意义】

本案于2011年进行了判决，法院综合本案商标知名度、侵权产品销售数量、侵权产品销售单价、合理费用支出，以及其他侵权情节等，酌情确定赔偿数额为50万元，该案的赔偿额度在当时已经属于极高的赔偿标准。保护了外国企业在我国注册的知识产权，被评为2011年深圳知识产权十大典型案件。

【关键词】

商标 相同类别相近似或相同标识 误认

【基本案情】

2005年11月21日，经国家工商行政管理总局商标局核准，ABB阿西亚·布朗·勃法瑞有限公司取得第3820215号注册商标专用权。国家工商行政管理总局商标局核定第3820215号注册商标为："ABB"；核定使用产品（第9类），包括工业操作遥控电器设备；控制板（电）；继电器（电的）等产品；注册有效期自2005年11月21日至2015年11月20日。

ABB公司在本案中指控深北开公司制造、销售侵权；ABB公司在本案中指控侵权产品"Uniswitch"（中压环网柜）。

2009年10月20日，ABB公司委托人来到深圳市光明新区公明镇将石村平岗工业区大道4号深北开公司处，以人民币151500元价格，购得被控侵权产品Uniswitch、SAFE - CCF共2件，取得名片1张、《收据》1张（№8010694）、产品合格证、ABB授权经销商证书，以及其他产品资料等。该Uniswitch产品正面右上方有"ABB CO.，LTD"标识、产品正面左上方有"Uniswitch"字样，Uniswitch产品外包装盒上有“Uniswitch”“ABB CO., LTD”标识；该SAFE产品铭牌上有“SFG ABB有限公司ABB CO., Ltd”“SafeRing－F ABB有限公司ABB CO., Ltd”“SafeRing－C ABB有限公司ABB CO., Ltd”标识；该《名片》上署有深北开公司名称；该《收据》上盖有深北开公司财务专用章；该合格证上盖有“ABB有限公司ABB CO., Ltd”印章；该《授权经销商证书》上有“ABB”显著标识；该产品资料介绍书上称深北开公司“公司产品不断更新换代，现已推进新一代改进型产品”。

深北开公司通过www. shenbeikai. cn. alibaba. com网址称“供应全封闭ABB－SAFE型充气柜”“SFG负荷开关”“深北开公司主要经营原装进口ABB－UniSwitch、SafeRing、SafePIus环网柜，ABB－SFG、SHS2六氟化硫（SF6）负荷开关，ABB VD4真空断路器等”“在全国范围内招2—3级代理商”“与瑞士ABB公司已建立了良好的合作关系，并获得了多项产品的经营许可”“月产量300台”“移动电话1376017××××”“公司主页http：//shenbeikai. cn. alibaba. com”“斜体字代表已经通过诚信通认证的信息”等。

“ABB CO., LIMITED”成立时间是2007年6月14日。自2007年6月14日始，使用公司名称“ABB INTERNATIONAL GROUP CO., LIMITED”，自2008年5月2日始，变更公司名称为“ABB CO., LIMITED”。

深北开公司注册登记信息单记载，深北开公司经营范围包括电器产品的技术开发与销售；深北开公司成立日期为2004年11月9日。深北开公司《授权经销证书》载明：“ABB”“授权经销证书”；发证公司名称：ABB有限公司；经销商名称：深圳市深北开电器有限公司；经销产品范围：中压产品；经销地域范围：华南区；发证日期：2008年1月1日；截止日期：2009年12月31日；发证公司印章“ABB有限公司ABB CO., Ltd”。

【裁判意见】

深圳市中级法院审理后认为，深北开公司在ABB公司指控的本案侵权产品上，全部使用了“ABB CO., Ltd”标注，深北开公司该使用“ABB Co., Ltd”标注方式，侵犯了ABB公司注册商标专用权。

其一，深北开公司所销售的被控侵权产品与ABB公司注册商标核定类别相同，均是“工业操作遥控电器设备”产品，深北开公司在所销售的被控侵权产品正面面板显著位置上，使用了“ABB Co.，Ltd”的标注方式，从使用位置及使用字体看，该使用方式是作为识别商品来源的“商标”标注方式而使用的；其二，深北开公司在所销售的被控侵权产品上，使用了“ABB Co.，Ltd”标注方式，该标注中，深北开公司突出使用“ABB”，容易使相关公众产生误认；该标注中“Co.，Ltd”（有限公司）不具有商标识别意义；其三，深北开公司在《授权经销证书》上，突出使用“ABB”标识，容易使相关公众产生混淆与误认；其四，深北开公司未经ABB公司合法授权，在网上许诺销售有“ABB”标识的被控侵权产品。鉴于深北开公司销售本案侵权产品不能证明其有ABB公司合法授权，结合本案深北开公司的经营范围包括电器产品的技术开发，深北开公司在网页上有自认月产量的陈述，据此，一审法院综合认定ABB公司指控深北开公司制造、销售侵权行为成立，深北开公司应当承担相应的民事责任。

深北开公司不服上述一审判决，向广东高院提起上诉。广东高院认为被上诉人ABB公司是第3820215号注册商标的专用权人，该注册商标目前仍处于合法有效期限内，其商标专用权应受法律保护。本案被控侵权产品为“Uniswitch”（中压环网柜）。被控侵权产品与ABB公司注册商标的核定使用商品相同，均为“工业操作遥控电器设备”。

被控侵权产品正面面板左上方标有“ABB CO.，LTD”标识，产品外包装盒上标有“ABB CO.，LTD”标识，此标识中的英文“CO.，LTD”代表“有限公司”，不具有特殊含义，仅“ABB”文字最具显著性和识别性，容易吸引消费者的注意力，会产生突出“ABB”标识的实际效果，易使相关公众对被控侵权产品与ABB公司享有较高知名度的“ABB”商标及其经营产生误认、混淆，侵犯了ABB公司的商标专用权。

上诉人深北开公司未经商标专用权人许可，销售侵犯注册商标专用权的商品，构成侵权，应承担相应的侵权责任。

021

平安公司诉深圳顺创公司商标侵权纠纷

【裁判要旨】

驰名商标的认定，应当符合个案“确有必要”跨类保护的原则。当事人主张商标驰名，应当提交证明该商标使用时间、范围、方式、作为驰名商标受保护记录以及证明该商标驰名的其他事实的证据。

【典型意义】

本案系深圳首例“最高院十大驰名商标认定案例”。本案裁判时间为2004年，截至2004年，全国人民法院依法认定的驰名商标案例仅有30件。按照商标法和2001年7月17日公布的《最高人民法院关于审理涉及计算机网络域名民事纠纷案件适用法律若干问题的解释》和2002年10月12日公布的《最高人民法院关于审理商标权民事纠纷案件适用法律若干问题的解释》有关规定，人民法院在审理商标、域名等知识产权纠纷案件中，按照个案认定、被动认定和根据案件需要认定的原则，在查明事实的基础上，严格按照《商标法》第十四条规定，对涉案注册商标是否驰名依法作出认定并给予强有力的保护。本案判决为4年后最高法院出台《最高人民法院关于审理涉及驰名商标保护的民事纠纷案件应用法律若干问题的解释》（2009年4月23日）提供了第一手的认定驰名商标的裁判素材。

【关键词】

驰名商标　跨类保护

【基本案情】

在中国平安保险（集团）股份有限公司与深圳市顺创企业形象策划有限公司商标侵权纠纷案中，原告中国平安保险（集团）股份有限公司系第1327336号商标注册人，该注册商标由大写英文字母“PAIC”图形和“平安”汉字文字自左至右排列组合，核定服务项目为第36类“保险、海上保险、海上健康保险、运输保险、人寿保险、保险统计、保险信息、保险咨询、保险经纪、海上事故保险”。被告未经原告许可，在名片夹、化妆包、指甲剪套装、中国结吊历、趣味学生壶、三折伞、保单袋、健康秤、围裙上使用近似与第1327336号注册商标的标识。原告提交证据能证明第1327336号注册商标使用的持续时间、任何宣传的持续时间、程度和地理范围、作为驰名商标受保护的记录以及该商标的知名度。

【裁判意见】

深圳市中级人民法院于2004年6月10日作出裁判，认定平安公司的“PAIC”图形和“平安”汉字文字商标具有显著的识别性且经过平安公司长期持续的使用，已经被相关公众熟知，为驰名商标，予以跨类保护，认定构成商标侵权并判决被告停止侵权，并赔偿原告经济损失人民币4万元。一审判决后被告服判未上诉，一审判决生效。

022

华润公司诉深圳华润管理公司商标权侵权及不正当竞争纠纷

【裁判要旨】

被告在相同或类似商品上使用近似标识构成商标侵权。被告在企业名称中使用他人登记在先的“字号”，故意攀附“华润”字号之商誉，易使相关公众对两主体产生混淆或误认其存在某种特定联系，从而误导公众，构成不正当竞争。

【典型意义】

本案为深圳首宗加大知识产权保护力度、提高知识产权侵权成本的商标侵权案例，法院首次考虑了惩罚性赔偿，在法定的300万元赔偿的范畴内，酌情考虑各种因素后确定了对原告赔偿100万元的诉讼请求。

【关键词】

识别性　商誉　惩罚性赔偿

【基本案情】

在华润（集团）有限公司诉深圳市华润管理顾问有限公司侵害商标权及不正当竞争纠纷中，原告第776090号“华润”注册商标，核定使用类别第35类，核定使用范围包括商业管理和组织咨询、人事管理咨询等；原告第3346105号“”注册商标，核定使用类别第35类，核定使用范围包括商业管理辅助、人事管理咨询等；原告第773229号“华润”注册商标，核定使用商品为第41类，核定使用范围包括实际培训（示范）、培训、教育、讲课、教学等；原告第3346099号“”注册商标，核定使用商品为第41类，核定使用范围包括教育、培训等。原告上述注册商标均处于有效期。

被告未经许可：1. 在被告官网（www. renmark. cn）上，使用了“”的标识，并在华润产品列表中宣称被告对南方电网、云南电网进行了培训、讲座的课程，被告“成功案例”显示被告为南方电网公司提供了人员培训。2. 在智联招聘网站（special. zhaopin. com）上发布的招聘信息，使用了“”标识以及“HUARUN”（华润）的拼音，并在该网页上使用了“深圳市华润管理顾问有限公司”的全称以及“华润顾问”的简称、“华润培训业务涵盖有”等字样；被告宣称深圳市华润管理顾问有限公司是中国本土专注于中国电力行业人才发展研究的咨询公司，专业从事电力行业的培训、咨询、人才评价服务。3. 被告微信公众号名称是“”，微信号名称是“HuarunConsultant”（使用“华润”拼音）。4. 被告经营场所使用“”标识。

【裁判意见】

深圳市中级人民法院认为，原告系第773229号、第776090号、第3346099号、第3346105号注册商标权人，原告上述注册商标均处于合法有效状态，依法应受法律保护。

原告第773229号、第776090号、第3346099号、第3346105号注册商标的主体部分均是“华润”字样，而“华润”两字并非固定词汇，具有一定独创性，具有较强的识别性。被告将自己企业名称中的“华润”字样突出使用在公司招牌、经营场所、企业培训、企业宣传、官网以及微信公众号上，并在其后加上“顾问”两字，而“顾问”属于一种经营方式，其本身不具有识别性，被诉侵权标识“华润顾问”并未形成与“华润”权利商标不同的特定含义。以相关公众的一般注意力而言，无论是整体比对，还是对商标的主体部分的比对，抑或是隔离状态下的比对，并考虑权利商标的显著性和知名度，两者在读音、形体（只是繁简有别）、含义上均构成近似，容易造成混淆或者某种关联性的误认，故被诉侵权标识与原告注册商标构成近似，被告在相同或类似商品上使用近似标识，构成商标侵权。

被告在其企业经营活动中，使用“华润顾问”企业简称，因该企业名称简称后缀“顾问”两字属于一种经营方式，其本身不具有识别性，“华润顾问”字号并未形成与“华润”字号不同的特定含义，故被告使用“华润顾问”的简称，实际突出使用的是“华润”字号。被告明知原告“华润”字号登记在先、“华润”字号具有显著性和较高知名度，仍将自己企业名称中的“华润顾问”字号进行商业使用、故意攀附“华润”字号之商誉，易使相关公众对两主体产生混淆或误认其存在某种特定联系，从而误导公众，损害原告合法权益，故被告构成不正当竞争。

本案酌情确定100万元的赔偿损失数额，考量了惩罚性赔偿，并综合考量各因素。

首先，考量“华润”权利商标与权利字号的显著性和较高知名度。“华润”权利商标与权利字号，作为一种区别性的标志，与“华润”企业具有较高的信誉与声誉息息相关，“华润”企业越具有较高的信誉与声誉，“华润”权利商标与权利字号，其显著性越强，知名度越高，其商业价值也就越大，侵权人“搭便车”“傍品牌”，攀附商誉之恶意越明显，故对其构成不正当竞争的侵权行为，应当予以惩罚性赔偿。其次，考量权利商标与权利字号的取得时间、使用状况以及广告宣传等因素。涉案权利商标第776090号“华润”注册商标注册于1995年，至今有21年，第773229号“华润”注册商标、第3346099号“華潤”注册商标、第3346105号“華潤”注册商标均注册于2004年，至今有12年，涉案“华润”权利字号使用68年，且仅从国家图书馆科技查新中心检索结果看，含有“华润”字号宣传报道的文章有283篇。“华润”权利商标与权利字号，具有显著性和较高知名度。最后，考量原告维权成本。原告在本案中支出了为制止侵权行为而支付的合理费用，包括律师费、公证费等。

据此，本案综合考虑上述各种因素，在酌情判赔时提高被告该侵害知识产权成本，予以惩罚性赔偿，酌情确定100万元的赔偿损失数额，依法有据。

一审宣判后，被告不服提出上诉。广东省高级人民法院审理后认为中，由于华润集团因被侵权所受到的实际损失、华润顾问公司因侵权所获得的利益均难以确定，也没有商标许可使用费可以参照，因此，本案应综合考虑以下因素确定赔偿数额：1. 华润顾问公司既侵害了华润集团涉案注册商标专用权，又侵害了华润集团企业名称权，因此华润顾问公司应承担该两种侵权行为的赔偿责任；2. 华润集团涉案注册商标及企业名称中的字号具有较强的显著性和较高的知名度；3. 华润顾问公司在明知华润集团涉案注册商标和字号具有较强显著性和较高知名度的情况下，仍然在与华润集团所从事的业务相重叠的行业中注册、使用含有“华润”字号的企业名称以及在与华润集团涉案注册商标核定服务项目相同的项目上使用近似的标识，其侵权主观恶意明显；4. 华润顾问公司于2009年7月2日就注册成立含有“华润”字号的企业名称并使用被诉侵权标识，侵权持续时间长；5. 华润顾问公司既在其经营场所也在官方网站、智能招聘网站、前程无忧官方招聘网站、微信公众号等处使用其企业名称全称或者简称以及被诉侵权标识，并在宣传中宣称已经取得多个成功案例，证明华润顾问公司侵权规模较大；6. 华润集团为制止侵权行为的合理开支，包括律师费、公证费等。一审法院在综合考虑上述各种因素后，酌情判决华润顾问公司赔偿华润集团经济损失和合理开支共计100万元，并无不当。广东省高级人民法院据此维持原判。

023

卡西欧株式会社诉新太阳公司商标权侵权纠纷

【裁判要旨】

被告在出口的产品上使用的商标并非加工合同委托方在俄罗斯合法享有的，故被告认为其尽到谨慎注意的审查义务的抗辩不成立。但不容否认，被告已经要求合同方提交相关的权利证明，并且也收到了商标证书的复印件、授权证书以及声明。对于被告而言，其在接受订单时已行使了一定的注意义务，但未能进一步审核商标权利人的真实性，对此，被告应当对其未尽的合理审慎义务承担责任。

【典型意义】

本案对定牌加工行为及谨慎注意的审查义务作出充分的认定分析，对类似案件的审理具有一定借鉴价值。

【关键词】

商标侵权　定牌加工　审查义务

【基本案情】

在卡西欧计算机株式会社诉被告深圳市新太阳数码有限公司侵害商标专用权纠纷一案中，原告于1990年3月20日获得商标号为第514813号注册商标“CASIO”的专用权，该注册商标现已续展至2020年3月19日，该商标核定使用商品第9类，包括录像机、录像机设备以及录像带等。该注册商标现仍然在有效期内。

国家工商行政管理总局商标评审委员会商评字（2009）第11817号商标异议复审裁定书证明：1999年4月，中国商标局将CASIO商标列入《全国重点商标保护名录》。

深圳海关于2011年2月18日向原告发出了深关知字［2011］第2号《深圳海关关于侵权嫌疑货物调查结果通知书》，该通知书载明：2010年12月31日，深圳市新太阳数码有限公司向海关申报出口DVD播放机一批，目的地为乌克兰。经海关查验，发现实际货物是标有“CASiO”字样的DVD播放机9280台，涉嫌侵犯原告在海关总署备案的“CASIO”（备案号：T2010－18067）商标专用权。

据此，原告向深圳市中级人民法院提起诉讼并申请了财产保全及证据保全。深圳市中级人民法院作出民事裁定书，查封扣押被告在深圳海关被扣留的以价值人民币110万元为限的DVD播放机，并查封扣押被控侵权产品DVD播放机样品两台。

在庭审中，将查封的被控侵权产品样品与原告注册商标进行比对，被控侵权产品外包装上有三处标了“CASiO”的商标，产品机身上整个面板都印制有“CASiO”的标识，除了被控侵权产品中使用的字母“i”与原告注册商标的“I”有大小写之分外，拼读方式及读音均完全相同，被控侵权产品使用的商标与原告涉案的第514813号注册商标构成近似。

被告确认被控侵权产品由其生产并向海关申报出口，被控侵权产品的数量为9280台。

被告新太阳公司抗辩称其生产行为属于定牌加工行为，生产出口的产品是接受国外客户的委托，被告在接受委托加工时已经审慎地审查了俄罗斯“Delta Grupp”公司对CASiO商标的专用权。在被控侵权产品上使用的商标是俄罗斯“Delta Grupp”有限责任公司在俄罗斯享有合法商标权的商标且产品全部出口，没有给原告造成任何损失。为支持其抗辩，被告提供了以下证据：1. 俄罗斯联邦商标权证书及译文；2. “OOO Delta Grupp”公司《声明》及译文；3. “OOO Delta Grupp”公司授权被告在加工的DVD产品中使用“CASIO”商标的《授权书》及译文；4. 俄罗斯驻上海大使馆出具的证明及译文；5. 合同及译文；6. 公证书；7. 翻译公司的营业执照；8. 报关单。被告证据1、2为复印件，证据1载明：俄罗斯联邦第360606号注册商标“CASIO”商标专用权人为“Delta Grupp”有限责任公司。证据4为“FUSION TECHNICS CO LIMITED”公司出具的《确认书》，证明该公司在俄罗斯联邦享有“CASIO”商标的注册商标专用权，俄罗斯驻上海大使馆对上述《确认书》出具的证明及译文。证据5为合同，合同的签约方为“OOO Delta Grupp”公司与被告，合同约定

“OOO Delta Grupp”公司委托被告生产品牌为CASiO的DVD播放机，卸货港为乌克兰。证据6是（2011）深南证字第7355号公证书，由被告委托公证机构对被告的往来电子邮件进行的公证证明。邮件的内容显示为避免出现侵犯商标专用权，被告希望那个人给其发一份权利证明，那个人给被告发了一份权利证明，证据7，翻译公司的营业执照；证据8，被告的海关报关单。报关单显示出口的DVD播放机共9280台，出口地为乌克兰。

本院认为，从证据形式上看，被告提交的证据1、2、3和5属于在域外形成的证据，均未经公证或认证手续，不符合我国民事诉讼法对域外证据的形式要求。对被告提供的证据4俄罗斯驻上海大使馆出具的证明，根据该证据的内容，“CASIO”在俄罗斯联邦的商标所有人为“FUSION TECHNICS CO LIMITED”公司，与被告提交的证据1、2、3的证明内容相矛盾。证据6、7、8的真实性，本院予以确认。

本院行使释明权，明确要求被告提交证据1、2、3和5的公证认证手续，但被告一直未能提供。

针对被告提供的证据，原告提供了俄罗斯商标局出具的公证书证明第360606号商标标识为“SUPRA”，商标权人为代尔塔集团有限公司，该证据经俄罗斯公证员公证。根据《中华人民共和国与俄罗斯联邦关于民事和刑事司法协助的条约》第二十九条第一款的规定，缔约一方法院或其他主管机关制作或证明的文书，只要经过签署和正式盖章即为有效，就可在缔约另一方法院或其他主管机关使用，无须认证。故本院对原告的该份证据予以确认。从证据证明力判断，经过公证的原告证据证明俄罗斯联邦第360606号商标标识为“SUPRA”，而非被告提供的复印件所描述的“CASIO”标识，本院认定俄罗斯联邦第360606号注册商标标识为“SUPRA”。

【裁判意见】

深圳市中级人民法院一审认为，本案属于侵害商标专用权纠纷。原告卡西欧株式会社对涉案的第514813号注册商标享有合法权利，未经商标权人许可，任何人不得侵犯原告的注册商标专用权。被控侵权产品DVD播放机均属于播放类电子产品，与原告注册商标核定使用商品中的录像机、录像机设备功能相似，销售部门以及消费群体相似，两者属于类似商品。经比对，被控侵权产品上使用的商标标识与原告涉案的注册商标构成近似。根据《中华人民共和国商标法》[①] 第五十二条第一项的规定，未经商标注册人的许可，在同一种商品或者类似商品上使用与其注册商标相同或者近似的商标的，属于商标侵权行为。被告在制造和销售的DVD播放机上使用与原告注册商标近似的标识，已构成侵犯原告注册商标专用权的行为。

被告抗辩称其制造和出口的侵权产品属于定牌加工行为，被告亦尽到谨慎注意的审查义务。本院查明的事实显示被告收到的商标证书复印件的商标标识与事实不符，被告在出口的产品上、使用的商标并非加工合同委托方在俄罗斯合法享有，故被告认为其尽到谨慎注意的审查义务的抗辩不成立。但不容否认，被告已经要求合同方提交相关的权利证明，并且也收到了商标证书的复印件、授权证书以及声明。对于被告而言，其在接受订单时已行使了一定的注意义务，但未能进一步审核商标权利人的真实性，对此，被告应当对其未尽的合理审慎义务承担责任。

024

金蝶公司诉金蝶友商公司商标权侵权纠纷

【裁判要旨】

在商标侵权判定过程中，进行商标法意义上相关商品是否类似的判断，并非单纯进行物理属性的比较，而是应当依据是否造成提供商品或服务的来源混淆，商品或服务类别是否类似，结合实际因素，根据个案确定。

【典型意义】

本案是金蝶公司在深圳经济特区成立初始逐渐壮大发展并不断进行知识产权维权的一个缩影。代表了深圳经济特区及深圳企业经过多年的知识产权

① 编者注：参照2013年《中华人民共和国商标法》。

维权所形成的完善的维权流程以及极高的知识产权保护意识和知识产权维权意识。

【关键词】

商标侵权判定　合法来源　赔偿金额

【基本案情】

原告金蝶公司前身深圳金蝶软件科技有限公司成立于1993年8月5日，2000年4月20日变更为金蝶软件科技（深圳）有限公司，2002年1月8日变更为现有名称，主要经营范围为企业管理软件产品研发生产和互联网服务，在软件行业中享有较高声誉。被告金蝶友商公司成立于2011年12月27日，经营范围为企业管理咨询、电子产品、通讯产品、电脑软硬件的技术开发销售、计算机周边产品的销售、办公设备及办公用品的销售等。2008年1月28日，金蝶公司依法取得第4222426号“Kingdee”商标注册证，核定服务项目为第42类：计算机编程；计算机软件设计；计算机软件更新；计算机硬件咨询；计算机系统设计；计算机软件出租；计算机程序和数据的数据转换（非有形转换）；研究与开发（替他人）；知识产权咨询；计算机软件的安装。注册有效期自2008年1月28日至2018年1月27日。

2013年11月6日，金蝶公司向深圳市南山公证处申请证据保全，内容大致为，经公证人员对金蝶友商公司的官网 www. kingdeeyoushang. com 的浏览、截屏，显示金蝶友商公司网页版头存在“Kingdee 金蝶，企业管理专家”字样，首页存在“金蝶移动应用”广告语，在“产品分类”“金蝶下载”“关于我们”等项下均有使用“金蝶”字样，且自称“金蝶软件深圳营销中心，是深圳地区企业管理信息化专业服务商”等描述。

2013年11月18日，深圳市市场监督管理局宝安分局对被告经营场所深圳市宝安区西乡街道流塘路河东大厦B栋八层013C号进行检查，发现被告主要业务为销售金蝶KIS系列软件，并在此基础上为客户提供相应服务，且自认为是金蝶软件的代理商，在经营过程中，在其经营场所、向客户派发的名片、与客户签订的经营合同、为客户提供虚假的“金蝶软件（中国）有限公司授权代理证明”等均突出使用了“Kingdee”标识，单独与客户签订的《金蝶软件服务合同》中收取款项为实施服务费。自2012年7月份开始共计收取服务费11030元。该局于2014年2月14日作出深市监宝罚字［2014］59号《行政处罚决定书》，以被告未经商标注册人许可，在同一种服务项目上使用与其注册商标相同的商标的违法行为，确定非法经营额为11030元，对被告作出罚款11030元的处罚决定。

庭审中，被告承认自己的字号中使用了“金蝶”字样，但认为经过合法工商登记应当免责；被告承认自己的销售软件业务中有销售原告的产品，货源来自经过原告授权的指定代理商，被告承认自己没有原告的代理授权，但在对外经营过程中宣称自己是原告的代理商。

【裁判意见】

深圳市宝安区人民法院一审认为，金蝶公司依法享有第4222426号“Kingdee”注册商标专用权，该商标尚在有效期内，金蝶友商公司的域名含有与金蝶公司注册商标相同的字样，且金蝶友商公司销售并提供的服务系金蝶公司产品，确易使相关公众产生误解，被告行为已侵犯原告商标专用权，应当承担停止侵权行为，变更域名的责任。

关于赔偿损失的问题。金蝶公司未能举证证明金蝶友商公司侵权期间所获得利润及其侵权期间因被侵权所受到的利润损失，但金蝶公司确有支付相应维权费用，原审法院根据金蝶公司商标的知名度及金蝶友商公司侵权性质、侵权行为等，确定金蝶友商公司需赔偿金蝶公司经济损失包括维权费用在内共计6万元。

深圳市金蝶友商公司不服一审判决，提起上诉。深圳市中级人民法院二审认为，本案的争议焦点为：一、被上诉人金蝶公司请求保护的注册商标核定使用范围与上诉人金蝶友商公司对“Kingdee”商标的使用方式是否属于在相同或类似商品上使用。二、上诉人是否应当停止使用“Kingdee”字样的域名。三、上诉人认为其销售的产品属于具有合法来源，不应当承担赔偿责任的抗辩是否成立。四、一审法院要求上诉人承担的商标侵权赔偿金额是否适当。

一、被上诉人金蝶公司请求保护的注册商标核定使用范围与上诉人金蝶友商公司对“Kingdee”文字的使用方式是否属于在相同或类似商品上使用

商标使用范围是否属于近似类商品或服务，应当尊重市场实际。要以相关

公众的一般认识为标准，结合商品的功能、用途、生产部门、销售渠道、消费对象等因素，正确认定商标法意义上的商品类似。主张权利的商标已实际使用并具有一定知名度的，认定使用商标的商品或服务是否近似应当充分考虑商品之间或商品与服务之间的关联性。在商标侵权判定过程中，进行商标法意义上相关商品是否类似的判断，并非单纯进行物理属性的比较，而是应当依据是否造成提供商品或服务的来源混淆，商品或服务类别是否类似，结合实际因素，根据个案确定。

在本案中，被上诉人金蝶公司就涉案商标的核准使用范围系计算机软件等。被上诉人对含有涉案商标“Kingdee”软件的使用方式是向特定客户提供软件。上诉人金蝶友商公司的主要经营业务为销售金蝶 KIS 系列软件，并在此基础上为客户提供相应服务。结合上诉人主要业务范围，其客户也是使用财务软件的企业。从消费对象、销售渠道等方面看，两者具有关联性，特定商品与销售该特定商品的服务是紧密联系的，属于近似类别。因此上诉人认为其对“Kingdee”文字的使用方式与涉案商标“Kingdee”的核准使用范围不同，不构成侵权的主张不能成立。

上诉人在办公场所、其官网以及交易文书上等多次单独突出使用了“Kingdee”字样，与被上诉人的注册商标“Kingdee”从字形、读音和意义上完全相同。上诉人通过官网宣传以及办公场地突出“Kingdee”文字，足以让消费者认为上诉人金蝶友商公司与被上诉人金蝶公司之间存在特定联系，认为上诉人得到被上诉人的合法授权合法销售金蝶软件，容易使相关公众混淆，其行为已侵犯被上诉人的注册商标专用权，应当承担责任。

二、一审法院认定上诉人停止使用“Kingdee”字样的域名是否适当

金蝶公司在起诉书中明确请求上诉人金蝶友商公司停止对商标“Kingdee”的侵害，也未要求上诉人金蝶友商公司停止使用含有 kingdee 文字的域名，且在诉讼理由中也未主张上诉人的行为构成不正当竞争。在一审查明的事实中，一审法院未对上诉人的域名是否侵害被上诉人“Kingdee”商标或构成不正当竞争进行查明。被上诉人金蝶公司如认为金蝶友商公司含有 kingdee 的域名侵权，可以另案起诉。故一审法院判决上诉人不再使用含有 kingdee 字样的域名

不当，上诉人的该项上诉理由成立。

三、上诉人认为其销售的产品属于具有合法来源，不应当承担赔偿责任的抗辩是否成立

商标法规定，销售不知道是侵犯注册商标专用权的商品，能证明该商品是自己合法取得并说明提供者的，不承担赔偿责任。上诉人金蝶友商公司明知未取得被上诉人金蝶公司授权，伪造授权证书销售产品，不符合商标法对合法来源抗辩的主观认定，故上诉人的该项上诉理由不能成立。

四、一审法院要求上诉人承担的商标侵权赔偿金额是否适当

被上诉人金蝶公司未能举证证明深圳市金蝶友商信息咨询有限公司侵权期间所获得利润及其侵权期间因被侵权所受到的利润损失，但金蝶公司确有支付相应维权费用，一审法院根据金蝶公司商标的知名度及上诉人金蝶友商公司侵权性质、侵权行为等，确定深圳市金蝶友商信息咨询有限公司需赔偿金蝶软件（中国）有限公司经济损失包括维权费用的金额并无不当，上诉人的该项上诉理由，缺乏事实与法律依据，本院不予支持。

025

样样好公司诉侯某颖、曹某、侯某商标权侵权纠纷

【裁判要旨】

商业特许经营的基本特征为：特许人拥有注册商标、企业标志、专利等经营资源；被特许人根据特许人的授权在特定经营模式下使用特许人的经营资源；被特许人按照约定向特许人支付特许经营费用。在商业特许经营与侵犯商标权产生竞合时需先判断是否存在商业特许经营关系再判断是否有侵犯商标权的情况存在。

【典型意义】

随着网络的兴起，网红食品存在一红就被侵权的情况。本案即是网红奶茶“贡茶”的商标权利人样样好餐饮管理（深圳）有限公司相关商标系列案件的

一个缩影。样样好公司自2014年开始在各地展开维权并经过与广东贡茶投资有限公司的多次诉讼取得相关商标。该案件也反映出餐饮行业对于企业商标的维权现状。

【关键词】

特许经营　商标侵权　混淆

【基本案情】

经国家工商行政管理总局商标局核准，2013年原告样样好餐饮管理（深圳）有限公司分别经受让取得第8529436号“ ”第35类注册商标、第8529453号“ ”第43类注册商标、第9310608号“ ”第35类注册商标及第9310542号“ ”4件商标。2015年9月14日，原告样样好餐饮管理（深圳）有限公司将上述商标转让给贡茶（上海）餐饮管理有限公司。同日，贡茶上海公司将上述商标授权原告独占使用，授权原告有权再授权第三方使用；有权对侵犯上述商标权的行为进行调查取证、律师函警告、申请证据保全、行政投诉等方式维权；有权以自己的名义独立行使诉权。授权区域为中国大陆地区。www. yipingongcha. com网站首页展示以下内容：抬头标注“一品贡茶 Gong Tea”“锦绣江山 品味天下”，有“一品贡茶”“贡茶产品”“招商加盟”等栏目，图片展示吧台桌椅，柜台及吊顶正面印有“一品贡茶 Gong Tea 源自台湾·清雅非凡”字样；公司简介：深圳一品江山餐饮管理有限公司主要致力于贡茶之连锁事业，以手摇之外带式茶饮为主要产品，完全承袭台湾品牌之经营、技术及管理，形成国际、时尚、尊贵的茶饮连锁品牌，一品江山餐饮管理有限公司总部目前设置于深圳市，为直营总部的运筹帷幄中心，负责直营店铺之开发。点击首页“一品贡茶”，产品展示显示“熊猫奶盖茶”“珍珠奶茶”“原味奶盖绿茶”等实物图片。盛装奶茶塑料杯印有云雾及茶杯标识“ ”。www. yipingongcha. com系一品江山公司经营管理的网站。一品贡茶外卖印制：“ Gong Tea（见附图二）源自台湾·品质非凡”“买一送一 特惠酬宾”“外卖电话18165726020”“地址：华强北女人世界一层059A”、使用云雾及茶杯图案包装杯“ ”的各种口味奶茶图片。原告称此外卖卡为被告侯某颖经营深圳市福田区一品贡茶饮品店期间使用，并表示在本案中指控一品江山公司授权他人在产品宣传彩页使用涉案标识属于服务类使用，不主张该店经营者侯某颖作为加盟商实际使用中的商标侵权行为。被告认为原告提交的一品贡茶外卖卡不是侯某颖经营深圳市福田区一品贡茶饮品店期间使用。

原告指控一品江山公司在网站宣传、特许侯某颖经营的门店中使用包装杯印有云雾及茶杯标识“ ”侵犯其第9310608号、第9310542号“ ”注册商标专用权；使用“ ”及包装杯印有云雾及茶杯标识“ ”侵犯其第8529436号、第8529453号“ ”注册商标专用权。

一品江山公司登记成立于2014年5月9日，经营范围为企业管理咨询、国内贸易、餐饮服务，被告侯某颖、曹某、侯某为分别出资50万元、25万元、25万元的股东，认缴注册资本100万元。2016年5月3日，一品江山公司出具股东会决议，同意公司解散，同意公司向商事登记机关申请简易注销。被告侯某颖、曹某、侯某及一品江山公司出具特别声明，确认无任何未清偿的债务，并承诺申请注销企业的债权债务已清理完毕，不涉及任何债权债务关系及其他纠纷，如有未清偿的企业债务，股东、合伙人、投资人承担相应的赔偿责任。2016年6月20日，一品江山公司在深圳市市场监督管理局办理注销登记。原告样样好餐饮管理（深圳）有限公司登记成立于2010年7月14日，经营范围包括以特许经营方式从事商业活动；餐饮服务管理咨询；奶茶制售、冷热饮品制售（限分支机构经营）。

【裁判意见】

一审法院深圳市福田区人民法院认为，贡茶上海公司是第8529436号“ ”、第8529453号“ ”、第9310608号“ ”、第9310542号“ ”注册商标专用权人，上述商标处于法律规定的保护期内，其注册商标专用权应当受到法律保护，他人未经商标权人的许可，不得在同一种服务或类似服务上使用与其注册商标相同或者近似的商标。原告经贡茶上海公司授权，有权对侵犯上述商标权的行为进行调查取证，并以其名义独立行使诉权，故原告有权就侵犯上述商标权的行为以自己的名义起诉。

本案中，被告侯某颖、曹某、侯某否认原告提交的一品贡茶外卖卡为侯某颖经营深圳市福田区一品贡茶饮品店期间使用。经查，该外卖卡为2016年3月31日原告起诉一品江山公司立案时提交，即在2016年3月31日前取得，该期间被告侯某颖为深圳市福田区一品贡茶饮品店经营者。外卖卡标注店铺所处地点与深圳市福田区一品贡茶饮品店备案的经营场所一致。考虑到外卖卡宣传的商品属于该店的经营范围，根据日常生活经验法则，他人无理由免费为该店宣传，被告侯某颖虽予否认却未提交足以反驳的证据，据此，认定原告提交的一品贡茶外卖卡为侯某颖经营深圳市福田区一品贡茶饮品店期间使用。

我国商标法规定，商标的使用是指将商标用于商品、商品包装或者容器以及商品交易文书上，或者将商标用于广告宣传、展览以及其他商业活动中，用于识别商品来源的行为。原告样样好餐饮管理（深圳）有限公司指控一品江山公司上述行为，均属于商标法规定的商标使用行为。特许经营是指用于注册商标、企业标志、专利、专有技术等经营资源的企业即特许人，以合同形式将其拥有的经营资源许可其他经营者即被特许人使用，被特许人按照合同约定在统一的经营模式下开展经营，并向特许人支付特许经营活动费用的经营活动。经查，一品江山公司在其网站上宣传公司致力于贡茶之连锁实业，负责直营店铺之开发，其经营许可范围包括企业管理咨询。被告侯某颖经营深圳市福田区一品贡茶饮品店的外卖卡使用的标识亦与一品江山公司网站宣传信息一致，被告侯某颖系一品江山公司股东，可以认定原告主张一品江山公司与深圳市福田区一品贡茶饮品店特许经营关系成立。原告指控一品江山公司在网站宣传中、特许侯某颖经营的门店中涉案标识的使用行为与原告主张保护的第8529436号“”、第9310608号“”（第35类）注册商标核定服务中特许经营的商业管理属于类似服务。一品江山公司在网站宣传中，特许侯某颖经营的门店中使用包装杯印制的云雾及茶杯标识“”与原告主张保护的第9310608号注册商标“”经比对，均由茶杯和升腾的四朵云雾组成，区别在于云雾及茶杯的方向相反，两者构成近似，足以使准备加盟经营奶茶店的投资者及相关消费者对特许人主体、奶茶产品来源产生混淆。故法院认定一品江山公司实施的上述行为侵犯了原告享有的第9310608号注册商标“”专用权，应当承担相应的侵权责任。原告指控一品江山公司使用“”及包装杯印有云雾及茶杯标识“”侵犯其第8529436号注册商标“”专用权。经查，一品江山公司在网站使用“”标识、网页展示奶茶包装杯印有云雾及茶杯标识“”；特许侯某颖经营的门店外卖卡分别印制标识“”、奶茶包装杯印有云雾及茶杯标识“”，均不属于对上述两标识的整体使用，与原告主张保护的第8529436号“”注册商标既不相同也不近似，故原告指控一品江山公司侵犯其第8529436号“”注册商标专用权理由不能成立，本院不予支持。另外，原告主张保护的第8529453号“”、第9310542号“”注册商标核定服务项目为第43类餐馆、流动饮食供应等，本院已认定原告指控一品江山公司涉案标识使用行为属于第35类注册商标中的特许经营商业管理的类似服务，原告明确不指控被告侯某颖作为加盟商实际使用中的商标侵权行为，原告无证据证实一品江山公司直接经营一品贡茶店、在其直营店中存在商标侵权行为，故原告主张一品江山公司涉案行为同时侵犯其第8529453号“”、第9310542号“”注册商标专用权，无事实依据。

综上，一品江山公司未经原告的许可，在类似服务上使用与其注册商标近似的商标，侵犯原告第9310608号“”注册商标专用权，应依法向原告承担赔偿损失的民事责任。虽然一品江山公司在本案提起诉讼前被注销，但根据本案查明的事实，被告无证据证明一品江山公司在注销前已进行清算。三被告作为一品江山公司的股东在申请公司注销时向公司登记机关承诺“申请注销企业的债权债务已清理完毕，不涉及任何债权债务关系即其他纠纷，如有未清偿的企业债务，股东、合伙人、投资人承担相应的赔偿责任”，故三被告在本案中应对一品江山公司债务承担赔偿责任。

后侯某颖、曹某、侯某不服一审判决，向深圳市中级人民法院上诉。深圳市中级人民法院认为，本案系侵害注册商标权纠纷。本案二审的争议焦点如下：一、能否认定侯某颖经营的一品贡茶饮店与一品江山公司构成特许经营。一审法院认为，一品江山公司在其网站上宣传公司致力于贡茶之连锁实业，负责直营店铺之开发，其经营许可范围包括企业管理咨询。被告侯某颖经营深圳市福田区一品贡茶饮品店的外卖卡使用的标识亦与一品江山公司网站宣传信息一致，被告侯某颖系一品江山公司股东，可以认定原告主张一品江山公司与深圳市福田区一品贡茶饮品店特许经营关系成立。

根据《商业特许经营管理条例》第三条规定，商业特许经营是指拥有注册商标、企业标志、专利、专有技术等经营资源的企业，以合同形式将其拥有的经营资源许可其他经营者使用，被特许人按照合同约定在统一的经营模式下开展经营，并向特许人支付特许经营费用的活动。可见，商业特许经营的基本特征为：（一）特许人拥有注册商标、企业标志、专利等经营资源；（二）被特许人根据特许人的授权在特定经营模式下使用特许人的经营资源；（三）被特许人按照约定向特许人支付特许经营费用。本案中，一审法院在没有证据证明一品江山将何种经营资源授予一品贡茶饮店，双方的特定经营模式等情况下，仅根据推定外卖卡标注地点与侯某颖经营的一品贡茶饮店备案的经营场所一致，外卖卡上的标识与上诉人网站宣传信息一致，侯某颖系一品江山公司股东之一即认定特许经营关系成立，本院认为，证据不足以得出两者之间具有特许经营关系，故一审法院认为样样好公司指控一品江山公司涉案标识的使用行为属于特许经营商业管理的类似服务，侵害第9310608号“”注册商标专用权缺乏事实依据，上诉人的该项上诉理由，本院予以支持。

二、一品江山公司在网站上使用图案是否属于商标性使用。根据一审查明的事实，一品江山公司网站首页展示以下内容：抬头标注“一品贡茶 Gong Tea”“锦绣江山　品味天下”，有“一品贡茶”“贡茶产品”“招商加盟”等栏目，图片展示吧台桌椅，柜台及吊顶正面印有“一品贡茶 Gong Tea 源自台湾·清雅非凡”字样；公司简介：深圳一品江山餐饮管理有限公司主要致力于贡茶之连锁事业，以手摇之外带式茶饮为主要产品，完全承袭台湾品牌之经营、技术及管理，负责直营店铺之开发。点击首页“一品贡茶”，产品展示显示“熊猫奶盖茶”“珍珠奶茶”“原味奶盖绿茶”等实物图片。网站上所有盛装奶茶的杯体上印有云雾及茶杯标识“”。云雾图案向右伸展。

第9310542号“”注册商标与一品江山公司网站上奶茶茶杯使用的图案相比，除云雾图案伸展方向不同，茶杯与云雾结构的图案主要结构基本相同，两者属于近似。

商标的功能在于区别产品的来源。《中华人民共和国商标法》第四十八条规定了商标的使用。商标法意义上的商标性使用，是指将商标用于商品包装或者容器以及商品交易文书上，或者将商标用于广告宣传、展览以及其他商业活动当中，用于识别商品来源的行为。在互联网环境下，商品和服务的来源、流转和消费模式都发生了变化。有别于传统实体市场的商标侵权，对商标使用行为的方式也变得更为多样，对特定商品或服务的类似判断更为复杂。企业利用互联网推广宣传产品或服务，已成为一种常见的宣传方式。本院认为，一品江山公司将带有明显识别标识的图案用于公司网站宣传产品容器上，将产品与容器上的图案作为一体进行宣传，属于商标法意义上的商业性使用。

《最高人民法院关于审理商标民事纠纷案件适用法律若干问题的解释》第十一条规定，商标法规定的类似商品，是指在功能、用途、生产部门、销售渠道、消费对象等方面相同，或者相关公众一般认为其存在特定联系，容易造成混淆的商品。类似服务，是指在服务的目的、内容、方式、对象等方面相同，或者相关公众一般认为存在特定联系，容易使相关公众混淆。商品与服务类似，是指商品和服务之间存在特定联系，容易使相关公众混淆。

一品江山公司的经营范围包括企业管理咨询、国内贸易、餐饮服务等，一品江山公司网站上的公司文字简介明确以手摇外带式茶饮为主要产品，网站主要展示了其经营推广的茶饮产品图片以及负责直营店铺的开发，并提供了加盟的条件和程序。一品江山公司网站明确宣称主要提供外带茶饮品业务的店铺经营和开发，并列明了经营外带茶饮品店铺的加盟条件、须知和程序，显然其对被控侵权商标的使用环境也是在茶饮品店铺，与第9310542号“”注册商标核定使用的咖啡馆、快餐馆及流动饮食供应的服务类别属于同一类别。一品江山使用的产品容器的商标标识与涉案注册商标标识近似，两者均包含有提供饮品类服务，在服务内容、方式、对象等方面混同，容易使相关公众一般认为存在特定联系。在网络环境下，用户注意力是竞争的基础。一品江山官网商业性使用与被上诉人享有独占许可权的商标相近似的标识，足以引起相关公众的混淆。

样样好公司提供的证据显示，涉案商标主要使用在其开办茶饮品店，其所获得的“广东省十大特许经营品牌”和“广东省优质特许加盟总部”的品牌对象均为贡茶，在广东地区的影响力较大。一品江山公司注册地为深圳，公司宣传其经营产品主要是贡茶的连锁事业等外带式茶饮，一品江山公司主观上清楚样样好公司对第9310542号注册商标的使用类别。上诉人一品江山公司对其网站使用的标识也没有提出合理理由。

综上，深圳市中级人民法院在纠正事实问题后以一品江山公司未经原告的许可，在类似服务上使用与其注册商标近似的商标，侵犯被上诉人样样好公司第9310542号注册商标专用权，应依法向上诉人承担赔偿损失的民事责任为由驳回上诉维持原判。

026

阿里斯顿公司等诉阿里斯顿家用电器公司等商标权侵权及不正当竞争纠纷

【裁判要旨】

被告的行为容易造成混淆，使相关公众误认为该商品来源于原告，侵害了原告的合法权益，构成不正当竞争行为。综合被告侵权方式、持续时间、销售范围等因素，按照商标法定赔偿的最高上限，依法判令被告赔偿原告经济损失人民币300万元。

【典型意义】

本案对于准确理解驰名商标的司法保护法律规定以及不正当竞争的相关判别标准，加大对于驰名商标的保护力度具有参考意义。本案法院综合考虑各种因素按照商标法定赔偿的最高上限进行判决，体现了司法对于驰名商标保护的决心。本案被评为深圳2017年知识产权十大典型案例。

【关键词】

公司字号　混淆　不正当竞争

【基本案情】

在马奇和布雷维提有限公司、阿里斯顿热能产品（中国）有限公司与广州阿里斯顿家用电器有限公司、薛惠民侵害商标权及不正当竞争纠纷案中，1997年8月19日，原告马奇公司获准注册第G684565号“ARISTON”商标，核定使用商品类别为第11类，包括“排气罩、煤气灶、电炉灶、浴用热水器和热水器”等商品，目前专用权期限续展至2017年8月19日。1999年3月14日，原告马奇公司获准注册第1255550号“ARISTON 阿里斯顿”商标，核定使用商品类别为第11类，包括“热水器、炉灶、电饭锅、厨房用微波炉、排油烟机、加热元件”等商品，目前专用权期限续展至2019年3月13日。2003年4月7日，原告马奇公司获准注册第G804891号“ARISTON”商标，核定使用商品类别为第11类，包括“过滤罩、燃气灶、电热灶、烤箱、热水器、散热器”等商品，目前专用权期限续展至2023年4月7日。

2000年5月29日，马奇公司与默洛尼卫士洁具（无锡）有限公司签订《商标使用许可协议》，约定马奇公司授权默洛尼卫士洁具（无锡）有限公司在中国境内非独占性地使用上述第1255550号和G684565号注册商标。默洛尼卫士洁具（无锡）有限公司经数次更名，于2009年6月19日使用现名阿里斯顿热能产品（中国）有限公司。原告公司经过多年对“ARISTON 阿里斯顿”商标的宣传推广，阿里斯顿品牌家电连续多年在全国家电销售排名中位列前茅，早在2005年就已是驰名商标。

2013年8月13日，原告代理人在公证人员的监督下，来到深圳市龙岗区龙坪东路的好万家装饰建材商城2楼B1035号，原告代理人从该店铺购买热水器、煤气灶、消毒柜及抽油烟机各一台，并当场取得“广东省深圳市国家税务局通用机打发票”、名片各一份，宣传资料两份。产品宣传材料的宣传页封面左上方印有上下排列的“SD. ARISITON”“萨迪·阿里斯顿电器（德国）”标识；右下角有“SD. ARISITON”以及“阿里斯顿电器（德国）集团有限公司”字样；宣传材料内页右上角页眉处有上下排列的“SD. ARISITON”“萨迪·阿里斯顿电器（德国）”标识；宣传材料内页系列名称下方有“SD. ARISITON”字样。被告广州阿里斯顿公司在www. arisiton. com以及阿里巴巴网店的网站首页宣传页面左上角有头像“”以及上下排列的“SD. ARISITON”、“萨迪·阿里斯顿电器（德国）”标识，网站主页面宣传图上展示的产品上均印有“SD. ARISITON”字样，页面下方记载“版权所有：广州阿里斯顿家用电器有限公司”字样，网站展示并宣传的产品包括“油烟机、燃气热水器、消毒柜、高档集成灶、电热水器、萨巴夫多头炉、嵌入式炊具、小家电、空气能热水器”等，产品图片上均印有“SD. ARISITON”和“阿里斯顿电器（德国）集团有限公司”字样，该网站内还链接到阿里巴巴商业平台，对外宣传被告广州阿里斯顿公司，经营模式为经销批发并经企业实地认证，该平台上亦展示了被告广州阿里斯顿公司的前述产品。被告广州阿里斯顿公司在“www. sd－arisiton. com”网页左上角标注“RISITON萨迪”标识，显示了“阿里斯顿及时尊享服务”等字样，在宣传商品吸油烟机上印有“SD. ARISITON”标识，在公司简介中，对外宣传“RISITON诞生于1921年，是阿里斯顿电器德国集团有限公司旗下品牌之一，主营家电产品”。通过登录香港公司注册处综合资讯系统查询，显示了阿里斯顿电器（德国）集团有限公司的注册登记资料，结果显示薛惠民是注册人及唯一董事。当庭出示公证购买的产品：两台“食具家用嵌入式消毒柜”、一台“家用侧吸式抽油烟机”、一台“家用欧式抽油烟机”、两台“家用嵌入式燃气灶”、一台“家用燃气快速热水器”、一台“储水式电热水器”，外包装均显示：左上角有上下排列的“SD. ARISITON”“萨迪·阿里斯顿电器（德国）”标识，下方有“阿里斯顿电器（德国）集团有限公司监制”字样。产品外包装侧壁印有“广州阿里斯顿家用电器有限公司出品”字样。产品打包所用胶带及塑料绳上印有“SD. ARISITON”、“阿里斯顿电器（德国）”字样，条形码上方有“SD. ARISITON”、“阿里斯顿电器（德国）集团有限公司”字样，产品防伪标识处印有“广州阿里斯顿家用电器有限公司”。实物多处显示有“ + SD. ARISITON”上下组合形式的标识。商品内附的说明书、保修书上显示有“SD. ARISITON”标识。被告广州阿里斯顿公司在2009年设立时将“阿里斯顿”作为公司字号使用，并在其商品及宣传材料中标注“阿里斯顿”字样。2009年9月2日，被告广州阿里斯顿公司被核准设立为有限责任公司（自然人独资），法定代表人为被告薛惠民。

2008年10月15日，阿里斯顿电器（德国）集团有限公司在香港注册，注册人为被告薛惠民。2010年11月7日，阿里斯顿电器（德国）集团有限公司获准注册第7237129号“”商标，核定使用商品类别为第11类，包括“热水器、电炊具、燃气炉、厨房用抽油烟机、暖器、浴室装置”等商品，专用权期限续展至2020年11月6日。2010年11月7日，阿里斯顿电器（德国）集团有限公司将前述第7237129号“”商标授权许可给被告广州阿里斯顿公司使用，许可期限自2010年11月7日至2020年11月6日。2010年10月7日，阿里斯顿电器（德国）集团有限公司获准注册第7038379号“SD. ARISITON”商标，核定使用商品类别为第11类，包括“厨房用抽油烟机、风扇、暖器、消毒设备”等商品，专用权期限续展至2020年10月6日。2010年10月7日，阿里斯顿电器（德国）集团有限公司将前述第7038379号“SD. ARISITON”商标授权许可给被告广州阿里斯顿公司使用，许可期限自2010年10月7日至2020年10月6日。2011年2月14日，阿里斯顿电器（德国）集团有限公司获准注册第7529067号“萨迪”商标，核定使用商品类别为第11类，包括“热水器、电炊具、燃气炉、厨房用抽油烟机、暖器、浴室装置”等商品，专用权期限续展至2020年2月13日。2011年2月14日，阿里斯顿电器（德国）集团有限公司将前述第7529067号“萨迪”商标授权许可给被告广州阿里斯顿公司使用，许可期限自2011年2月14日至2021年2月13日。2012年12月20日，被告广州阿里斯顿公司注册了arisiton. com域名。2014年4月29日，被告广州阿里斯顿公司申请注销了该域名网站。

【裁判意见】

深圳市中级人民法院一审认为，原告马奇公司系第G684565号“ARISTON”

商标、第1255550号“”商标、第G804891号“”商标在我国注册的商标专用权人，该商标现处于有效期内，依法在核定使用的商品上享有上述注册商标的专用权。原告阿里斯顿中国公司依据与原告马奇公司签订《商标使用许可协议》，获得在中国境内非独占性地使用第1255550号和第G684565号注册商标的许可，原告阿里斯顿中国公司与原告马奇公司共同提起诉讼，是适格的主体。本案于商标法修改决定实施之后受理，被控侵权行为于该决定实施前发生，持续到该决定实施后，因此应适用修改后的商标法规定，本案是侵害商标权及不正当竞争纠纷。

一、商标侵权是否构成

被告广州阿里斯顿公司在其生产、销售的热水器、灶具、排油烟机、消毒柜的商品本体上、外包装、包装袋、产品说明书、产品合格证等处上使用“SD. ARISITON”标识和“萨迪·阿里斯顿电器（德国）”字样。

原告的第1255550号“”商标核定商品包括热水器、炉灶、排油烟机，与被告广州阿里斯顿公司涉案的热水器、灶具、排油烟机属于相同商品，被告广州阿里斯顿公司涉案的消毒柜与两原告的第1255550号“”商标核定商品同属第11类，在消费对象、销售渠道、适用场合等方面有多重近似性，因此应属于类似商品，被告广州阿里斯顿公司在涉案的商品上使用“SD. ARISITON”标识，与第1255550号“”商标中的“ARISTON”相比较，两者在字母的外形排列、读音构成近似，同时“萨迪·阿里斯顿电器（德国）”与第1255550号“”商标中的“阿里斯顿”文字完全相同，整体构成近似，易使相关公众对商品的来源产生误认或者认为其来源与原告注册商品的商品有特定的联系，故被告广州阿里斯顿公司在其生产、销售的热水器、灶具、排油烟机、消毒柜上使用“SD. ARISITON”标识和“萨迪·阿里斯顿电器（德国）”字样，侵犯了原告的第1255550号“”注册商标专用权。

被告广州阿里斯顿在其生产、销售的热水器、灶具、排油烟机、消毒柜的商品本体上、外包装、包装袋、产品说明书、产品合格证等处上使用“SD. ARISITON”标识，原告的第G684565号“ARISTON”商标核定商品包括热水器、炉灶、排油烟机，与被告广州阿里斯顿公司涉案的热水器、灶具、排油烟机属于相同商品，被告广州阿里斯顿公司涉案的消毒柜与原告的第G684565号“ARISTON”商标核定商品同属第11类，在消费对象、销售渠道、适用场合等方面有多重近似性，因此应属于类似商品，被告广州阿里斯顿公司在涉案的商品上使用“SD. ARISITON”标识，与第G684565号“ARISTON”商标中的“ARISTON”相比较，两者在字母的外形排列、读音构成近似，故被告广州阿里斯顿公司在其生产、销售的热水器、灶具、排油烟机、消毒柜上使用“SD. ARISITON”标识，侵犯了原告的第G684565号“ARISTON”商标注册商标专用权。

被告广州阿里斯顿在其生产、销售的热水器、灶具、排油烟机、消毒柜的商品本体上、外包装、包装袋、产品说明书、产品合格证等处上使用“SD. ARISITON”标识，原告的第G804891号“ARISTON”商标核定商品包括热水器、炉灶、排油烟机，与被告广州阿里斯顿公司涉案的热水器、灶具、排油烟机属于相同商品，被告广州阿里斯顿公司涉案的消毒柜与原告的第G804891号“ARISTON”商标核定商品同属第11类，在消费对象、销售渠道、适用场合等方面有多重近似性，因此应属于类似商品，被告广州阿里斯顿公司在涉案的商品上使用“SD. ARISITON”标识，与第G804891号“ARISTON”商标中的“ARISTON”相比较，两者在字母的外形排列、读音构成近似，故被告广州阿里斯顿公司在其生产、销售的热水器、灶具、排油烟机、消毒柜上使用“SD. ARISITON”标识，侵犯了原告的第G804891号“ARISTON”商标注册商标专用权。

虽然被告阿里斯顿公司辩称其在涉案的商品上享有第7038379号“SD. ARISITON”商标，核定商品亦为第11类，但是第7038379号“SD. ARISITON”商标注册在原告请求保护的商标之后，被告主张的“SD. ARISITON”商标均与原告的第G684565号“ARISTON”商标、第1255550

号“ARISTON 阿里斯顿”商标、第G804891号“ARISTON”商标中的“ARISTON”构成近似，且被告在与原告商标核定的相同商品及类似商品上使用了被诉侵权的商标，易使相关公众造成混淆，因此应当认定被告构成侵权。

被告好万家公司销售前述标有“SD. ARISITON”标识以及“萨迪·阿里斯顿电器（德国）”字样的热水器、煤气灶、消毒柜及抽油烟机，均与原告的第G684565号“ARISTON”商标、第1255550号“ARISTON 阿里斯顿”商标、第G804891号“ARISTON”商标中的“ARISTON”构成近似，易使相关公众造成混淆，应认定被告好万家公司侵犯了原告的商标专用权。

被告广州阿里斯顿公司使用“arisiton. com”域名，在本案审理过程中，被告于2014年4月29日申请注销了“arisiton. com”域名网站，于2014年7月24日使用“sd－arisiton. com”域名，进行燃气灶、消毒柜、抽油烟机、热水器的宣传、推广等电子商务活动。域名“sd－arisiton. com”的主体部分“arisiton”与原告的第G684565号“ARISTON”商标、第1255550号“ARISTON 阿里斯顿”商标、第G804891号“ARISTON”商标中的英文“ARISTON”近似，也是对第1255550号“ARISTON 阿里斯顿”商标中“阿里斯顿”的拼音表达，因此构成与原告前述三个商标的整体近似。广州阿里斯顿公司通过该域名对燃气灶、消毒柜、抽油烟机、热水器等商品进行宣传、推广等电子商务活动，并在网页上标识“阿里斯顿及时尊享服务”等字样，容易使相关公众对商品的来源产生误认或者认为其来源与原告注册商品的商品有特定的联系，造成混淆，故被告广州阿里斯顿公司使用“sd－arisiton. com”域名的行为，侵犯了原告的第G684565号“ARISTON”商标、第1255550号“ARISTON 阿里斯顿”商标、第G804891号“ARISTON”商标专用权。

二、不正当竞争是否构成

被告广州阿里斯顿公司的字号“阿里斯顿”与原告马奇公司、阿里斯顿中国公司第1255550号“ARISTON 阿里斯顿”商标的汉字相同，整体构成近似，虽然马奇公司、阿里斯顿中国公司的该商标为组合商标，包括图形、英文及汉字，“阿里斯顿”仅为其中的汉字，但在中国相关的生产和消费市场，相关公众一般将其中的汉字部分作为识别依据。

原告的第1255550号“ARISTON 阿里斯顿”商标于1999年获准注册，根据原告在庭审中提交的证据可以显示，原告公司经过多年对“ARISTON 阿里斯顿”商标的宣传推广，阿里斯顿品牌家电连续多年在全国家电销售排名中位列前茅，早在2005年已是驰名商标。

广州阿里斯顿公司同样也是生产第11类商品，其产品与原告使用商标的商品类别相同，因此，被告广州阿里斯顿公司在2009年设立时将“阿里斯顿”作为公司字号，具有攀附原告商标知名度的故意，容易造成相关公众误认为其与原告直接存在合作、许可等关系，从而对商品的来源产生混淆，损害了原告的合法权益，构成不正当竞争行为。

被告广州阿里斯顿公司在商品及宣传材料中标注“阿里斯顿电器（德国）集团有限公司”的字样，虽然被告主张该企业名称系其在境外香港注册，辩称其与德国阿里斯顿企业具有合作关系，但未能提交相关证据予以证明，属于对商品的来源作引人误解的虚假宣传，不仅损害了消费者的权益，其标注中的“阿里斯顿”字样亦使相关公众误认为该商品来源于原告，容易造成混淆，侵害了原告的合法权益，构成不正当竞争行为。

本案中原告主张被告的企业名称与其注册商标“ARISTON”相同或近似构成不正当竞争，而非与其企业名称相同或近似，因此被告以其公司成立的时间早于原告阿里斯顿中国公司为由所做抗辩，不影响本案中对被告广州阿里斯顿公司相关行为构成不正当竞争作出的认定。

鉴于原告无法证明其因被侵权所受到的实际损失或者被告广州阿里斯顿公司因侵权所获得的利益，考虑到涉案三个注册商标在全国家电销售市场具有较高的知名度，原告公司经过多年广告宣传投入获得了较高的知名度，被告广州阿里斯顿公司，被告薛惠民在本案起诉之后继续销售侵权产品，存在着侵权的故意以及被告广州阿里斯顿公司、被告薛惠民侵权的持续时间、地域范围、规模大小等因素，本院酌定被告广州阿里斯顿公司、被告薛惠民赔偿原告马奇公司、阿里斯顿中国公司包括合理维权费用在内的经济损失共计人民币300万元。

027

“非诚勿扰”商标案

【裁判要旨】

电视节目与注册商标所核准使用的“交友服务、婚姻介绍”在服务目的、内容、方式和对象上均区别明显，以相关公众的一般认知，能够清晰区分电视文娱节目的内容与现实中的婚介服务活动，故两者不构成类似服务。

【典型意义】

本案涉及电视节目名称与商标的关系问题。由于被诉侵权的非诚勿扰节目的知名度和广受欢迎，本案也受到了广泛的关注。对于电视节目名称是否属于商标性使用，如何看待电视节目与内容题材之间的关系、如何判断电视节目的服务类别等问题进行了分析。再审判决认为对注册商标的保护范围和保护强度，应与注册商标权利人对该商标的显著性和知名度所作出的贡献相符，也体现了知识产权司法保护力度与创新程度相适应的“比例协调”司法政策。本案入选“2016年中国法院十大知识产权案件”。

【关键词】

注册商标专用权　混淆　类似服务

【基本案情】

2009年2月16日，金某欢向国家商标局申请注册“非诚勿扰”商标，并于2010年9月7日获得核准，核定服务项目为第45类，包括“交友服务、婚姻介绍所”等。江苏省广播电视总台旗下的江苏卫视于2010年开办了以婚恋交友为主题，名称为“非诚勿扰”的电视节目。深圳市珍爱网信息技术有限公司为“非诚勿扰”节目推选相亲对象，提供广告推销服务，并曾在深圳招募嘉宾，报名地点设在深圳市南山区。金某欢以江苏电视台和珍爱网侵害其注册商标专用权为由，向深圳市南山区法院提起诉讼，请求法院判令江苏卫视频道立即停止使用“非诚勿扰”栏目名称等。

【裁判意见】

南山法院经审理认为，从服务的目的、内容、方式、对象等方面综合考察，江苏电视台的“非诚勿扰”电视节目虽然与婚恋交友有关，但终究是电视节目，相关公众一般认为两者不存在特定联系，不容易造成公众混淆，两者属于不同类商品（服务），不构成侵权。

深圳市中级人民法院二审认为从非诚勿扰节目简介、开场白、结束语，以及参加报名条件、节目中男女嘉宾互动内容和广电总局的发文、媒体评论，可认定其为相亲、交友节目，与金某欢涉案注册商标所核定的“交友、婚姻介绍”服务相同，构成侵权。

广东省高级人民法院再审认为，“非诚勿扰”电视节目与金某欢注册商标所核准使用的“交友服务、婚姻介绍”在服务目的、内容、方式和对象上均区别明显，以相关公众的一般认知，能够清晰区分电视文娱节目的内容与现实中的婚介服务活动，故两者不构成类似服务。江苏电视台对“非诚勿扰”标识的使用，不构成对金某欢注册商标权的侵犯，从而撤销二审判决，维持一审判决。

028

路易威登诉名创优品百货等公司商标权侵权及不正当竞争纠纷

【裁判要旨】

权利人将其注册商标的图案在其注册商标核定使用的商品上进行组合、铺展使用，是以一个女士手袋装饰图形中的图案元素形态呈现，不能满足商标性使用的条件，因而不构成商标侵权。但侵权人未经权利人许可擅自使用与其知名商品相近似的装潢，使消费者误认为涉案商品的生产者与权利人具有许可使用、关联企业关系等特定联系，构成不正当竞争行为。

【典型意义】

本案涉及注册商标保护的新类型案件。侵权人侵权表现为在其生产、销售的涉案商品上对权利人图形商标进行组合、铺展使用，权利人主张构成商标侵权及不正当竞争。本案判决明确权利人将其注册商标的图案在其注册商标核定使用的商品上进行组合、铺展使用，是以一个女士手袋装饰图形中的图案元素形态呈现，不能满足商标性使用的条件，因而不构成商标侵权。权利人在箱包类商品上使用将其图形商标作为其商品基本装潢元素的历史已有150余年，由文字加上风格化的花瓣、四角星等图形要素组成的文字图形组合经无限复制延伸组成的装潢图案经过权利人在市场上持续地使用，使得公众已将该图形与商品的特定提供者联系起来，足以发挥识别商品来源的功能，应当认定为知名商品特有的装潢。侵权人未经权利人许可擅自使用与其知名商品相近似的装潢，使消费者误认为涉案商品的生产者与权利人具有许可使用、关联企业关系等特定联系，构成不正当竞争行为。本案的判决对今后类似案件的判定具有一定的借鉴意义。

【关键词】

商标性使用　商标侵权　知名商品特有装潢权

【基本案情】

在路易威登马利蒂诉深圳市福田区名创优品百货店、广东葆扬投资管理有限公司、广东赛曼投资有限公司侵害商标权及不正当竞争纠纷案中，路易威登马利蒂的“”“”以及“”“”“”图形商标依法在中华人民共和国国家工商行政管理局商标局获得注册，核定使用商品为包括“手提包；钱包”在内的第18类商品。2015年3月，路易威登马利蒂发现由葆扬公司开设的“名创优品”连锁店各店均同时销售一款手提包商品（以下简称被控手提包），该被控手提包外表面上，使用其知名的NEVERFULL女式手提包图案作为装潢图案，并将NEVERFULL女式手提包原有的外表面图案中心的替换为字母M，形成与之近似的图案，但在视觉上，消费者极易将上述图案与原告的NEVERFULL女式手提包图案混淆造成误认。被控手提包所使用的图案使用了与原告的第G561516号“”注册商标、第1106302

号“”注册商标、第1106237号“”注册商标、第G852773号“”注册商标相同的标识，被控手提包所使用的图案同时与原告的第241012号“”注册商标近似。路易威登马利蒂根据被控手提包的标牌显示，认为葆扬公司、赛曼公司为被控手提包的共同生产者。路易威登马利蒂提起本案诉讼，主张保护其商标权及知名商品特有装潢权，要求名创优品店等赔偿经济损失。

【裁判意见】

深圳市福田区人民法院一审认为，本案的争议焦点为：1. 被控侵权商品生产者、销售者的认定；2. 三被告的行为是否构成商标侵权；3. 三被告的行为是否构成不正当竞争；如果被告的行为构成商标侵权或不正当竞争，民事责任应如何承担。

一、被控侵权商品生产者、销售者的认定

本案被控侵权商品为福田名创优品店向原告销售的白色帆布肩背包，以及名创优品另外七家门店销售的同一商品。法院认为，任何将自己的姓名、名称、商标或者可资识别的其他标识体现在产品上，表明其为产品的制造者的企业或者个人，均属于《中华人民共和国民法通则》第一百二十二条规定的产品制造者和《中华人民共和国产品质量法》规定的生产者。涉案商品吊牌上标注“”“”商标，赛曼公司于2014年6月将上述二商标申请在第18类的帆布背包、购物袋注册，并于2015年9月23日、2016年4月27日经核准注册。赛曼公司无证据证实其授权他人或另有他人使用上述商标，可以认定赛曼公司在被控侵权商品上使用注册申请中的“”“”商标。涉案商品吊牌标注同时标注代理商葆扬公司。被告葆扬公司辩称涉案商品为安娜厂生产，该辩解与涉案商品吊牌信息不符。葆扬公司提交其与安娜厂的订单、自行制作的付款单证明涉案商品由安娜厂生产，由于其未提交银行转账凭证或发票以证实双方真实交易关系存在，故法院对于葆扬公司该项辩解不予采纳。另查，赛曼公司授权葆扬公司使用“名创优品”品牌，葆扬公司授权各店铺加盟经营，并向各店铺提供货物。根据已查明二者的关联关系，可以认定赛曼公司与葆扬公司分工合作、同为涉案商品的生产者，葆扬公司向福田名创优品店等八家门店销售涉案商品。被告赛曼公司辩称其与本案无关，与事实不符，法院不予采纳。

二、三被告的行为是否构成商标侵权

商标的基本功能在于使相关公众通过商标识别不同商品或服务的来源，商标性使用是指将商业标识用于商业活动中，并对相关公众起到区分商品或服务的来源作用。由此可见，判定商标性使用，是认定商标侵权的前提条件。具体到本案，涉案商品为白色帆布肩背包，其正面印有女士手袋图形中使用的图案与原告主张保护的注册商标“”“”以及“”“”“”类似。涉案商品给消费者的第一印象是包中有袋，帆布包上印有女士手袋图形，该手袋图形起装饰作用；手袋图形上使用的图案并非对原告主张保护的注册商标“”“”以及“”“”“”独立使用，而是对“”“”“”图形进行组合、铺展使用，不是标识意义上的使用。故法院认为涉案商品对上述图案的使用不属于商标性使用，其使用行为不构成商标侵权。被告葆扬公司关于涉案商品不构成商标侵权的辩解理由成立，法院予以采纳。

三、三被告行为是否构成擅自使用知名商品特有装潢的不正当竞争行为

本案中原告主张其在箱包上使用的“”图案属知名商品特有装潢。原告与三被告同为箱包产品经营者，具有直接竞争关系，属于我国反不正当竞争法规定的经营者。《中华人民共和国反不正当竞争法》① 第五条第二项规定，擅自使用知名商品特有的名称、包装、装潢，或者使用与知名商品近似的名称、包装、装潢，造成和他人的知名商品相混淆，使购买者误认为是该知名商品的行为，属于不正当竞争行为。法院对被控侵权行为是否符合上述规定分析如下：

---

① 编者注：参照 2017 年《中华人民共和国反不正当竞争法》。

首先，原告使用“”图案的系列产品是否是知名商品。知名商品是指在中国境内具有一定的市场知名度，为相关公众所知悉的商品。对知名商品的认定，应当综合考虑该商品的销售时间、区域、营业额和服务对象，进行宣传的持续时间、程度和地域范围，作为知名商品受保护的情况等因素，进行综合判断。根据本案查明事实，原告使用“”图案的箱包系列产品历史悠久，在中国境内进行了持续的宣传、销售，通过长期的品牌维护和广告宣传投入，该产品在中国境内已具有较高知名度，为相关公众所知悉。因此，原告使用“”图案的箱包系列产品应认定为知名商品。

其次，原告该知名商品的装潢是否具备特有性。商品的装潢，是指为识别与美化商品而在商品或者其包装上附加的文字、图案、色彩及其排列组合。商品特有的装潢是指不为相关商品所通用，具有区别商品来源的显著特征的商品装潢。本案中，原告在箱包类商品上使用“”图形商标作为其商品基本装潢元素的历史已有150余年，由“LV”文字加上风格化的花瓣、四角星等图形要素组成的文字图形组合经无限复制延伸组成的装潢图案经过原告在市场上持续地使用，使得公众已将该图形与商品的特定提供者联系起来，足以发挥识别商品来源的功能。因此，该装潢图形具有特有性。

再次，根据《最高人民法院关于审理不正当竞争民事案件应用法律若干问题的解释》第四条的规定，足以使相关公众对商品的来源产生误认，包括误认为与知名商品的经营者具有许可使用、关联企业关系等特定联系的，应当认定为反不正当竞争法第五条第二项规定的“造成和他人的知名商品相混淆，使购买者误认为是该知名商品”。在相同商品上使用相同或者视觉上基本无差别的商品名称、包装、装潢，应当视为足以造成和他人知名商品相混淆。本案中，原告生产使用“”Monogram装潢图案帆布包系列产品与被控侵权商品属于相同商品，被控侵权商品白色帆布肩背包一面印有女士手袋图形作为装饰使用，该手袋使用的图案同为“”“”“”的排列组合，将原告知名商品特有装潢“”中心的“LV”替换为字母M，二者装潢图案在视觉上基本无差别，如前所述，虽然被控侵权商品上使用其他商标，但仍会使消费者误认为涉案商品的生产者与原告具有许可使用、关联企业关系等特定联系，构成关联关系混淆。

最后，三被告的行为是否属于擅自使用原告商品的特有装潢的使用行为。被告赛曼公司、葆扬公司是被控侵权商品的生产者，其当属原告商品的特有装潢的使用者。被告福田名创优品店的销售行为是否属于使用原告商品的特有装潢的“使用”行为，根据《最高人民法院关于审理不正当竞争民事案件应用法律若干问题的解释》第七条规定，在中国境内进行商业使用，包括将知名商品特有的名称、包装、装潢用于商品、商品包装以及商品交易文书上，或者用于广告宣传、展览以及其他商业活动中，应当认定为反不正当竞争法第五条第二项规定的“使用”。由此可见，使用知名商品特有装潢中的“使用”并不限于制造，还包括了在商业活动中的使用，销售行为应属于在商业活动中的使用行为。

基于上述分析，三被告未经原告许可擅自使用原告知名商品的特有装潢，主观上是为了利用他人的知名商品装潢，攀附他人的声誉，为自己获取市场竞争优势以及更多的市场交易机会，具有明显恶意，客观上会造成混淆，违反了诚实信用原则和公认的商业道德，扰乱了正常的竞争秩序，构成不正当竞争行为。

本案审理过程中，原告放弃在本案中主张以 NEVERFULL 为轮廓造型的独特款式女士手提包属知名商品特有装潢的诉讼请求。原告对其诉讼权利自行处分，无违法之处，法院予以准许。故法院对于以 NEVERFULL 为轮廓造型是否属于知名商品特有装潢不予评判。

四、三被告应承担的民事责任的认定

被告葆扬公司、赛曼公司在其生产、销售的白色帆布肩背包上使用与知名商品相近似的装潢，构成对原告知名商品特有装潢权益的侵害。被告福田名创优品店拒不到庭应诉，未向法院提交涉案商品提供者的相关证据，由于原告箱包商品中使用“”装潢图案具有较高的知名度，被告福田名创优品店进货时知道或应当知道该商品是侵权商品但仍购进并对外销售，具有过错，应就其销售涉案商品行为承担相应的民事责任。各被告除依法应承担停止侵权的民事责任外，还应承担赔偿损失的民事责任。原告主张三被告仿冒原告知名商品特有装潢，侵犯了原告知名商品特有装潢专用权，构成不正当竞争，理由成立，法院予以支持。被告葆扬公司辩称未实施不正当竞争行为，与事实不符，法院不予采纳。

综上，深圳市福田区人民法院认为被告的行为主观上具有明显恶意，客观上会造成混淆，违反了诚实信用原则和公认的商业道德，扰乱了正常的竞争秩序，构成不正当竞争行为。

029

路易威登诉雄腾公司等商标权侵权纠纷

【裁判要旨】

在没有误解商品和服务来源可能的情况下，即使被控侵权产品上图案标识相似，以相关公众的一般注意力为标准，也不足以造成一般消费者对该产品的来源产生混淆。

【典型意义】

本案确定了商标侵权中关于“混淆”的认定应通过图形本身的对比、价格的对比、目标受众的对比、销售场所的对比等各种因素综合进行判断，为相关案例提供了参考。本案被评为最高人民法院公布2009年中国法院知识产权司法保护50件典型案例之一。

【关键词】

商标侵权　相关公众　混淆

【基本案情】

路易威登在本案中请求保护的“四花瓣”图形商标于1997年9月28日经中华人民共和国国家工商行政管理局商标局核准注册，核定使用商品为第14

类，包括计时器（时钟）、表带、表、手表、钟（钟表）、闹钟、表盒等，注册有效期自1997年9月28日至2007年9月27日，商标注册证号为第1111910号。2007年12月25日，中华人民共和国国家工商行政管理局商标局核准第1111910号商标续展注册，续展注册有效期自2007年9月28日至2017年9月27日。

2007年5月，深圳市工商行政管理局罗湖分局根据路易威登代理人北京亚龙华顺知识产权代理有限公司相关人员投诉，对深圳市罗湖区人民南路金光华广场内"时间廊钟表店"所销售的"SOLVIL腕表"予以扣留并进行询问调查。

深圳市罗湖区人民南路金光华广场由金光华公司经营。2006年12月6日，雄腾公司与金光华公司签订了《深圳市金光华广场合同（一）》，约定金光华公司将坐落于深圳市罗湖区人民南路金光华广场B1层，位置编号为B1－020号的场地有偿提供给雄腾公司使用。雄腾公司在该场地的经营项目是精品·时尚手表·时间廊。合同期限自2006年11月20日至2007年11月19日止。双方约定，雄腾公司按月向金光华公司交纳场地使用费用。雄腾公司不得在该场地内销售假冒伪劣商品，不得销售国家禁止经营的商品，不得销售侵犯他人专利权、商标权、著作权的商品。雄腾公司违反上述规定致使金光华公司遭受损失或受到行政处罚的，由雄腾公司承担全部法律责任。

2007年5月，北京、广州、重庆等地工商行政管理部门亦曾对"SOLVIL腕表"采取扣留强制措施。2007年6月27日，重庆市工商行政管理局渝中区分局解除了对上海雄腾商贸有限公司"SOLVIL腕表"所采取的扣留强制措施。2007年6月21日，重庆市工商行政管理局以渝工商［2007］84号文下发了《重庆市工商行政管理局关于第1111910号商标问题的批复》认为，渝中区解放碑茂业百货时间廊专柜销售的SOLVIL ET TITUSSA（瑞士）"SOLVIL"腕表上的花形装饰图案与第1111910号"四叶花"图形注册商标不近似。广州市工商行政管理局越秀分局亦于2008年解除了对被控侵权产品的行政强制措施。

一审庭审过程中，双方当事人均同意以时间廊公司、雄腾公司当庭提交的"SOLVIL"腕表作为被控侵权产品进行比对。比较路易威登第1111910号注册商标以及被控侵权的"SOLVIL"腕表，路易威登第1111910号注册商标为四花瓣图案，由四片弧形、狭长花瓣组成，四花瓣中间为圆形。被控侵权"SOLVIL"腕表的表盘中部不规则地分布有五朵不完整的四花瓣图案，该四花瓣图案花瓣较为短粗，整个四花瓣上均匀地分布着类似于碎钻石的小圆点装饰，表盘中上部有"SOLVIL"字样，表盘四周分布有16朵大小不同的完整四花瓣装饰，表带上有用线缝制的两个不规则四花瓣装饰，腕表表盘背面以及表带背面亦有"SOLVIL"字样。

在14类钟表、计时器类别中，中华人民共和国国家商标局没有核准注册"SOLVIL"商标。注册号：第G561456（国际注册）"SOLVIL ET TITUS"商标申请人为瑞士索尔维乐提图斯公司，核定使用商品：钟表；计时器等。

一审庭审过程中，时间廊公司、雄腾公司称被控侵权产品上所使用的"SOLVIL"为非注册商标，被控侵权手表系由雄腾公司进口，由时间廊公司、雄腾公司共同经销，但对于该被控侵权产品的制造者，时间廊公司、雄腾公司未予以说明，亦未提交相关证据。

【裁判意见】

深圳市中级人民法院一审认为，路易威登的第1111910号"四花瓣"图形商标系经中华人民共和国国家工商行政管理局商标局依法核准注册，并经续展注册，有效期自2007年9月28日至2017年9月27日，路易威登的该注册商标应依法予以保护。路易威登请求保护的商标中"四花瓣"图形系其"LV"菱形四花瓣组合商标四花瓣组成要素，路易威登的"LV"以及"LV圆形四花瓣镂空图案""LV菱形四花瓣镂空图案"组合商标具有较高的知名度，路易威登在本案中请求保护的"四花瓣"图形商标经过长期的使用，亦具有较强的显著性、识别性。雄腾公司虽声称"四花瓣"图案是通用图形，但没有提供充分证据，且该辩解意见也与国家商标局核准、续展路易威登的第1111910号商标事实不符，一审法院不予采信。被控侵权的"SOLVIL"（索菲亚）"四花瓣"图形使用在手表商品上，路易威登请求保护的第1111910号"四花瓣"图形商标核定使用商品亦包括手表，二者使用商品为同一种商品。经比对，被控侵权产品的"四花瓣"装潢要素图案与路易威登请求保护商标近似。并且，被控侵权产品除手表表面中上部使用了"SOLVIL"以外，没有作其他标注，而该“SOLVIL”并未在我国国家商标局注册，其显著性、识别性不强，二者容易混淆、导致误认。被控侵权产品属于《中华人民共和国商标法实施条例》[①] 第五十条第一项所规定的在同一种商品上，将与他人注册商标近似的标志作为商品装潢使用，误导公众，构成侵犯他人注册商标专用权的产品。相关工商行政管理部门的认定意见以及是否解除行政强制措施与本案侵权判断没有直接关系，对于雄腾公司、时间廊公司、金光华公司被控侵权产品不构成侵权的抗辩，一审法院不予采信。关于本案侵权行为的性质，路易威登指控金光华公司提供经营场所，并为雄腾公司、时间廊公司进口、销售被控侵权产品开具发票。雄腾公司、时间廊公司生产销售被控侵权产品。经查，金光华公司仅提供经营场所，路易威登没有证据证明金光华公司有销售被控侵权产品或代为开具销售发票行为，金光华公司不构成侵权，无须承担侵权责任。被控侵权产品是在雄腾公司、时间廊公司共同经营的专卖店被查获，路易威登没有提供证据证明时间廊公司、雄腾公司有生产被控侵权产品行为，结合时间廊公司、雄腾公司工商登记资料所显示的经营范围均不包括钟表生产，故一审法院根据现有证据仅能认定时间廊公司、雄腾公司共同销售被控侵权产品。时间廊公司、雄腾公司销售侵犯他人注册商标专用权的商品，其行为已经构成商标侵权，理应承担相应的商标侵权责任。对于路易威登请求判令时间廊公司、雄腾公司停止侵犯路易威登注册商标专用权的诉讼请求，一审法院予以支持。路易威登没有举证证明其在被侵权期间因被侵权所受到的损失，时间廊公司、雄腾公司也没有举证证明其在侵权期间因侵权所获得的利益，对于路易威登的赔偿请求，一审法院不予全额支持。一审法院综合考虑路易威登请求保护商标的知名情况，时间廊公司、雄腾公司侵权行为具体情节，侵权产品价格，路易威登维权的成本等因素，酌定时间廊公司、雄腾公司共同赔偿路易威登经济损失人民币15万元。

时间廊公司、雄腾公司不服上述一审判决，向广东省高级人民法院提出上诉。

---

① 编者注：参照2014年《中华人民共和国商标法实施条例》。

广东省高级人民法院二审认为，本案是侵犯注册商标专用权纠纷。路易威登的第1111910号“四花瓣”图形商标系经中华人民共和国国家工商行政管理局商标局依法核准注册，并经续展注册，有效期自2007年9月28日至2017年9月27日，路易威登的该注册商标应依法予以保护。《商标法实施条例》第五十条规定：“有下列行为之一的，属于商标法第五十二条第（五）项所称侵犯注册商标专用权的行为：（一）在同一种或者类似商品上，将与他人注册商标相同或者近似的标志作为商品名称或者商品装潢使用，误导公众的。”认定商标相同或者近似按照以下原则进行：（一）以相关公众的一般注意力为标准；（二）既要进行对商标的整体比对，又要进行对商标主要部分的比对，比对应当在比对对象隔离的状态下分别进行；（三）判断商标是否近似，应当考虑请求保护注册商标的显著性和知名度。本案中，二审法院从以下几个方面分析时间廊公司、雄腾公司是否侵犯路易威登公司的注册商标专用权：

被控侵权的“SOLVIL”（索菲亚）、“四花瓣”图形使用在手表商品上，路易威登请求保护的第1111910号“四花瓣”图形商标核定使用商品亦包括手表，二者使用商品为同一种商品。

首先，将涉案注册商标“四花瓣”图案标识与“SOLVIL”手表上的图案花纹进行对比：路易威登第1111910号注册商标为“四花瓣”图案，由四片弧形、狭长花瓣组成，在四片相同间隔中间有独特的圆圈；“SOLVIL”手表内表盘上的图案花纹在花瓣中央带有一个亮饰（花瓣也由亮饰装饰），其内表盘上的花纹中央的圆圈并不明显。路易威登的“四花瓣”图形是周正的图形，四片花瓣较为狭长，“四花瓣”图案给人以秀气、干练的感觉；“SOLVIL”手表图案是不完整也不规则的图形，其表盘中部不规则地分布有五朵不完整的四花瓣图案，其花纹花瓣和花瓣稍稍卷起的末端的比例与路易威登的“四花瓣”图案标识不同，“SOLVIL”的四花瓣图案花瓣较为短粗，“SOLVIL”手表上的图案花纹被随意重复展示于手表表盘的内部和外部，表盘上的花纹形状和大小不一，部分花纹有小亮饰，部分则没有，内表盘较大，花纹的花瓣被删除，不完整的花纹存在于表带，其中花纹中央没有圆圈，整体风格富丽、夸张。因此，被控侵权手表上的图案花纹与涉案注册商标“四花瓣”图案标识存在差异，二者并不相同。其次，从被控侵权的“SOLVIL”手表上图案花纹花瓣所起的作用和整体效果看，被控侵权“SOLVIL”手表上的图案花纹在其手表上的使用是不规则的，主要以装饰为目的，而并非是作为手表的标识使用。况且，“SOLVIL”手表表盘中上部即手表中标注商标的惯常位置上标注有“SOLVIL”字样，表盘四周分布有16朵大小不同的完整四花瓣装饰，表带上有用线缝制的两个不规则四花瓣装饰，手表表盘背面以及表带背面亦有“SOLVIL”字样。虽然被控侵权“SOLVIL”手表没有在中国申请获得注册商标，但瑞士索尔维乐提图斯公司申请了第G561456（国际注册）“SOLVIL ET TITUS”商标，核定使用的商品为：钟表；计时器。被控侵权的手表将“SOLVIL”字样置于手表中上部即标注商标的惯常位置上，应当视为被控侵权的“SOLVIL”手表将“SOLVIL”字样作为未注册商标使用，而该手表对图案花纹的使用不是作为商标标识使用。综上，二审法院认为，被控侵权的“SOLVIL”手表上的花形装饰图案与路易威登第1111910号注册商标的“四花瓣”图案不相同，且被控侵权的“SOLVIL”手表上使用的图案花纹仅起装饰作用，而非作商标标识使用，并非商标意义上使用该图案。

涉案路易威登“LV”字母组合图案商标具有较高的知名度，但“四花瓣”标识仅为字母组合图案的一部分，并无证据证明路易威登“四花瓣”图形商标用于手表上在中国具有较高知名度。路易威登的声誉应存在于其“LV”标识上，其品牌所有的手表上都有“LV”标识，但并不能证明路易威登的知名度存在于“四花瓣”图形标识中。因此，路易威登称其“四花瓣”图形商标用于手表上在中国具有较高知名度的依据不足。

被控侵权的手表将“SOLVIL”字样置于手表中上部标注手表商标的显著位置上，该位置是一般消费者了解手表品牌所关注的惯常位置，且与路易威登的手表有显著区别。被控侵权的“SOLVIL”手表目标客户很可能为年轻、时尚的消费者，路易威登的手表的目标用户则很可能是较为老练、高收入的消费者。被控侵权的手表通常在一般商店的时间廊零售店销售，而路易威登手表在高端精品商店的专卖店出售。路易威登手表价格是“SOLVIL”手表的几十倍。因此，在没有误解商品和服务来源可能的情况下，即使被控侵权的手表上

"SOLVIL"花纹和"四花瓣"图案标识相似，以相关公众的一般注意力为标准，"SOLVIL"手表上的花纹也不足以造成一般消费者对该手表的来源产生混淆。综上，被控侵权的"SOLVIL"手表上的花纹图案与路易威登请求保护的"四花瓣"商标不相同，不会导致相关公众的误认和混淆。时间廊公司、雄腾公司关于被控侵权产品不构成侵犯其注册商标专用权的上诉理由成立，法院予以支持。路易威登的诉讼请求依法不能成立，原审判决认定时间廊公司、雄腾公司侵权成立，并判决其承担侵权民事责任不当，法院予以撤销。

030

IPAD商标权属纠纷案

【裁判要旨】

原告苹果公司要商业获取他人的商标，应该负有更高的注意义务，应当按照我国的法律规定，与商标权利人订立商标转让合同，并办理必要的商标转让手续。而本案商标转让合同系原告IP公司与台湾唯冠电子股份有限公司签订，且不成立与被告之间的表见代理。

【典型意义】

本案调解结案，实现了iPad商标的价值最大化，有力地保护了债权人的权益，探索了涉外商标权权属纠纷解决的新路径，取得了良好的法律效果和社会效果。

基于本案的社会关注程度较高，2月29日，广东省高院在二审期间不仅公开审理，而且在其官方微博上直播了庭审过程。如何实现司法判决的社会效果和商业价值的最大化，也是本案的焦点。

【关键词】

商标转让协议　调解

【基本案情】

2000 年起唯冠国际公司以中国台湾唯冠公司的名义在全球范围申请注册了 10 件 iPad 商标，其中两件在中国大陆，注册号分别为 1590557 和 1682310，持有人为深圳唯冠公司，2009 年 12 月中国台湾唯冠公司与英国 IP 公司签订转让协议，将上述 10 件 iPad 商标以 3.5 万英镑的价格转让给英国 IP 公司，后者于 2010 年以 10 万英镑的价格转卖给美国苹果公司，中国大陆的两件商标也被列入转让清单。但深圳唯冠公司以自己不是转让协议一方当事人为由拒绝将大陆两件商标转让给英国 IP 公司或苹果公司。2010 年 4 月苹果公司和 IP 公司将深圳唯冠公司诉至深圳市中级人民法院，要求确认苹果公司对 1590557 和 1682310 注册商标的专用权。

【裁判意见】

深圳市中级人民法院一审认为，本案所涉商标转让协议是台湾唯冠与 IP 公司之间签订的协议，并非原被告之间订立，对被告无约束力，原告主张的表见代理理由也不成立。一审判决驳回原告全部诉讼请求。原告不服一审判决，上诉至广东省高级人民法院。

在二审期间，广东省高级人民法院经多次调解，终使双方于 2012 年 6 月达成调解协议，由苹果公司支付 6000 万美元，唯冠公司将涉案“iPad”商标过户给苹果公司。该调解协议已经执行。

（二）商标类刑事审判案件

031

刘某、梁某、黄某甲等假冒注册商标罪

【裁判要旨】

明知商标权利人正在打假维权的情况下，教唆、引诱、指使他人制假从而获取高额打假奖金的行为构成假冒注册商标罪的主犯。其主动报警虽存有个人目的，但其行为实质上具有主动归案性质，且在其尚未被采取强制措施时，能基本如实供述自己的罪行，故法院认定其为自首，依法减轻处罚。

【典型意义】

知识产权权利人为了发现隐蔽的侵权行为，进行高额的奖金悬赏，某些人为了获取打假奖金，铤而走险，故意教唆、引诱、指使他人制假，随后进行报案，这种行为不是合法的打假维权，而是违法犯罪行为，知识产权维权取证是为了制止侵权行为发生，并不是教唆或者引诱犯罪。

本案被评为深圳法院2016年度知识产权典型案例。

【关键词】

打假奖金　教唆　假冒注册商标罪

【基本案情】

“HUAWEI”为华为技术有限公司的注册商标，“CISCO”为思科技术公司的注册商标。2015年6月左右，被告人刘某为获取商标权利人的打假奖金，通过互联网认识被告人梁某，双方通过QQ、电话联系，约定由梁某推荐的黄某提供商标，梁某提供光纤模块，贴标后再将产品以单价62元销售给刘某。

2015年8月初，被告人刘某在未获得涉案注册商标权利人生产授权的前提下向梁某下订单，定制华为光纤模块和思科光纤模块。随后向梁某转账支付了款项10000元。数日后，梁某、黄某甲及黄某乙将已贴标完工的假冒华为、思科光纤模块送至刘某指定的地点后，刘某报警，随后公安机关将刘某、梁某、黄某甲抓获，并现场查获假冒华为、思科注册商标的光纤模块，经鉴定价值3928500元。

2015年8月20日，华为技术有限公司出具《关于对刘某的谅解书》，主要内容为刘某已取得华为技术有限公司的谅解，请求对刘某本次违法行为从轻处理。

【裁判意见】

深圳市宝安区人民法院一审认为，被告人刘某、梁某、黄某甲无视国家法律，违反商标管理法规，未经注册商标所有人许可，在同一种商品上使用与其两种注册商标相同的商标，情节特别严重，其行为均已构成假冒注册商标罪。公诉机关指控罪名成立，原审法院予以支持。

关于本案的非法经营数额的问题。综合本案的在案证据，结合被告人刘某、梁某的供述，证实涉案产品的实际销售价格为62元/个，且公诉机关当庭确认涉案的产品价值为204600元（62元/个×3300），故原审法院认定本案的非法经营数额为204600元。

被告人刘某在未获得生产授权情况下教唆、引诱、指使他人制假，在共同犯罪中起主要作用，应认定为主犯；刘某主动报警虽存有个人目的，但其行为实质上具有主动归案性质，且基本能如实供述自己的罪行，其辩护人黄某辩称刘某有自首情节并已取得被害人谅解的情形，可以从轻处罚。

被告人梁某组织生产涉案假冒产品，在共同犯罪中起主要作用，应认定为主犯。梁某自愿认罪并基本能如实供述犯罪事实，可以从轻处罚。

被告人黄某甲案发前从事电子行业，对华为和思科品牌应较普通大众有更高的辨识力，对在个人作坊场所制造华为和思科品牌光纤模块应当明知是未经授权的，且其本人及同案犯梁某亦承认和指认其有参与贴标及运送涉案产品的行为，故无罪辩护意见，原审法院不予采纳。被告人黄某甲在共同犯罪中起次要作用，应认定为从犯，应当减轻处罚。判决犯假冒注册商标罪。

被告人梁某不服提出上诉，深圳市中级人民法院二审认为，原判认定事实清楚，证据确实、充分，审判程序合法，适用法律正确，量刑适当，应予以维持。

032

莫某瑞等九人假冒注册商标罪

【裁判要旨】

在认定标价、实际销售价格时，应考虑相关证据的真实性，有无交易记录、证人证言等相关证据相印证。刑事案件审理过程中被告人不承担举证义务，应重视被告人提出标价、实际销售价的辩解及相关证据，尤其是案发现场查扣的相关证据，在查证属实且有其他证据印证情况下，一般应予采信。对于被告人提出的标价或实际销售价格缺乏依据且无法核实，与现有证据又不相吻合的，不应采纳作为计算非法经营数额的依据。

【典型意义】

在知识产权刑事案件中，参照标价、实际销售价还是鉴定价格认定非法经营数额往往是控辩的焦点。本案判决对确定知识产权刑事案件的犯罪金额方面具有一定的指导作用，被评为深圳2017年知识产权十大典型案例。

【关键词】

假冒注册商标罪　非法经营数额　主犯

【基本案情】

在刑事被告人莫某瑞等九人犯假冒注册商标罪案中，2014年开始，被告人莫某瑞分别纠集被告人莫某甲等其余被告人租用东莞某地作为加工工厂，由莫某瑞通过微信发布广告，寻找需要购买假冒“Cartier”“VACHERON CONSTANTIN”“PIAGET”等世界知名商标的手表的客户，待客户下单后，购买假冒注册商标品牌珠宝、手表配件，由莫某甲、王某某、温某某、张某某、吴某某、莫某乙、刘某某、梁某某等人分别进行绘图、倒模、执模、镶嵌、抛光等，制成成品，再通过快递的方式邮寄至深圳、吉林等地销售非法牟利。2016年6月30日，民警将被告人莫某瑞、莫某甲、王某某、温某某、张某某、吴某某、莫某乙、刘某某、梁某某抓获归案，并在其加工窝点内缴获标有“Cartier”“VACHERON CONSTANTIN”等标识的手表、手表表面、配件、加工工具一批。其中，现场缴获由被告人加工、组装用于销售的假冒“Cartier”“VACHERON CONSTANTIN”“PIAGET”“RICHARD MILLE”“VAN CLEEF & ARPELS”注册商标手表6块，经鉴定，非法经营数额达216.264万元。

【裁判意见】

深圳市罗湖区人民法院作出（2017）粤0303刑初424号刑事判决，以被告人莫某犯假冒注册商标罪，判处有期徒刑四年，并处罚金人民币1100000元；被告人莫某甲、温某某、张某某、吴某某、莫某乙、刘某某、梁某某均犯假冒注册商标罪，均判处有期徒刑十个月，并处罚金人民币30000元；被告人王某某犯假冒注册商标罪，单处罚金人民币2000元；没收现场缴获的假冒注册商标手表、配件及作案工具。

一审宣判后，莫某不服提出上诉，称涉案6块手表中有4块是客户要求维修的旧手表，另外2块是客户要求代工的。根据其家属手机上的微信记录，涉案6块手表实际销售价在22.5万—24.2万元之间，一审按鉴定价2162640元认定非法经营数额不当，应按实际销售价认定非法经营数额。

深圳市中级人民法院二审认为，上诉人莫某，原审被告人莫某甲、王某某、温某某、张某某、吴某某、莫某乙、刘某某、梁某某未经注册商标所有人许可，在同一种商品上使用与注册商标“Cartier”“VACHERON CONSTANTIN”“PIAGET”“RICHARD MILLE”“VAN CLEEF & ARPELS”相同的商标，情节特别严重，其行为均已构成假冒注册商标罪。现场缴获了涉嫌假冒注册商标的手表20块，本着存疑有利于被告人的原则，已将其中被告人供述购回做样板、维修的14块手表排除出指控范围。一审认定的涉案6块手表，有扣押清单、《鉴定证明》、被告人供述、辨认笔录等证据证实系被告人组装的假冒注册商标侵权产品，莫某瑞上诉称其中4块是维修的旧手表的理由不成立，不予采纳。关于涉案非法经营数额的认定。虽然莫某瑞的辩护人在上诉期间提交了手机微信记录打印件用于证明涉案6块手表的实际销售价，但该微信记录的载体手机为其家属在二审期间提供，在二审核实手机微信记录内容时，手机上已无相关记录，故手机实际使用人、微信聊天相对人及该微信记录完整性、真实性均无证据证实。鉴于该微信记录的销售价格与各被告人此前供述均不一致，且没有交易、支付等相应的证据相印证，不能认定为涉案侵权产品的实际销售价格。本案无法查清标价或实际销售价，按鉴定的被侵权产品市场中间价格认定非法经营数额。二审依法裁定驳回上诉，维持原判。

033

杨某某等假冒注册商标罪

【裁判要旨】

刑法中注册商标的使用行为是广义的使用行为，只要能够体现区分商品来源功能，易使公众对商品来源产生混淆的使用，均应认定为注册商标的使用行为。

【典型意义】

商标必须具有显著性，商标如果是为实现一定的功能而设置的按键，不具有区分商品来源作用，使用该标识既不属于商标民事侵权，更不属于犯罪。本案被评为深圳法院2015年度知识产权典型案例。

【关键词】

显著性　商标使用　假冒注册商标罪

【基本案情】

第6281188号、第G1051626号、第6281379号注册商标的注册人均为苹果公司（APPLE INC.），上述商标均在有效期内。

2013年2月18日，被告人杨某某以“杨某龙”的名义租用了本市罗湖区田心村庆云花园庆安阁A栋604。2014年1月24日，被告人杨某某租用了深圳市通天地通讯市场FE483铺。

2013年2月，被告人杨某某分别雇用了被告人张某某、陈某某、王某某、应某某、林某甲、林某乙等人在本市罗湖区田心村庆云花园庆安阁A栋604对收购回来的手机进行翻新。具体由被告人杨某某从外购进二手的苹果手机及手机返回键、手机液晶屏、液晶架等，交由被告人张某某、陈某某、王某某、应某某、林某甲、林某乙等人进行检测、翻新组装后，再交由被告人杨某某拿到深圳市通天地通讯市场FE483铺进行销售。

2014年7月7日，公安人员在本市罗湖区田心村庆云花园庆安阁A栋604将被告人杨某某、张某某、陈某某、王某某、应某某、林某甲、林某乙等人当场抓获，并现场缴获4S型手机133部、返回键380个、手机液晶显示屏31个、手机后盖10个、手机液晶架35个以及销售账单14张。

根据公诉机关提交的缴获物品的照片看，现场缴获的133部手机均无后盖。手机表面显示了与第G1051626号注册商标相同的标识，但未显示有与第6281188号或第6281379号注册商标相同的标识。现场缴获的31个液晶显示屏的数据排线上显示有与第6281188号注册商标相同的标识，但未显示有与第G1051626号或第6281379号注册商标相同的标识。现场缴获的10个手机后盖显示有与第6281379号注册商标相同的标识，但未显示有与第6281188号或第G1051626号注册商标相同的标识。现场缴获的手机液晶架均未显示有与第6281379号、第6281188号或第G1051626号注册商标相同的标识。

【裁判意见】

深圳市罗湖区人民法院认为，本案的争议焦点涉及如何认定是否属商标使用问题。刑法中注册商标的使用行为是广义的使用行为，只要能够体现区分商品来源功能，易使公众对商品来源产生混淆的使用，均应认定为注册商标的使用行为。本案中，虽然缴获的手机上显示了与第G1051626号注册商标相同的商标，但第G1051626号注册商标系手机的功能按键，是基于实现一定的设计功能而设置的按键，商标本身也不具有区分商品来源的作用，因此，苹果公司对其的使用并不属于商标性使用。缴获的手机上虽然使用了与第 G1051626 号注册商标相同的商标，但基于上述理由，不能认定缴获的手机上使用该商标属于刑法意义上的在同一种商品上使用同一种商标的行为。但是，缴获的手机开机后在开机画面上会显示“”的标识，而公众在对手机的使用过程中一定会有开机的步骤，换言之，公众在使用手机的过程中一定会看见开机画面中显示的“”标识，从而对商品的来源产生混淆，误认为该商品与苹果公司有关联，甚至会对商品的质量、性能产生较高的期待，因此，本案应认定被告人在缴获的 133 部手机中使用了与第 6281379 号注册商标相同的商标。该 133 部手机应纳入计算非法经营额商品的范围。

综上，深圳市罗湖法院因此认定七被告人构成假冒注册商标罪。

034

丁某等假冒注册商标罪

【典型意义】

本案是深圳法院系统实施“三审合一”后处理的一起有重大影响的知识产权刑事司法保护案件。在法律领域最突出的亮点是被告人仅仅是回收二手商品，不进行任何实质性的翻新，则不构成假冒注册商标，但是本案被告人进行了再加工生产，故构成了刑事犯罪。因此，认定犯罪确凿无疑。只是在量刑方面区别于传统的生产假冒注册商标商品的犯罪行为，并且促成被告人就经济赔偿与权利人达成谅解，19 名被告人全部服判，一审顺利结案，实现了法律效果和社会效果的高度统一。

本案被评为 2011 年度深圳市“十佳案例”、广东省十大知识产权案例、2011 年深圳市知识产权十大事件。

【关键词】

假冒注册商标罪　销售假冒注册商标的商品罪　非法制造注册商标标识罪案

【基本案情】

2007年底，丁某成立“上海林浩捷通讯科技有限公司”，在深圳、香港设置多个办公点，组织人员从事生产、销售假冒华为、中兴等注册商标标识无线网卡的活动。该团伙组织严密、架构清晰、分工明确，在从境外回收华为、中兴公司生产的废旧无线网卡，到维修、丝印、包装、对外销售等环节，均有专人负责。至2009年年底，两年时间内，该团伙生产的假冒华为、中兴注册商标标识无线网卡的销售金额达人民币3000万元。

【办案经过】

经南山区检察院依法提起公诉，2010年3月，南山区人民法院审理认为，被告人丁某等人未经商标所有人许可，在同一种商品上使用与其注册商标相同的商标，情节特别严重。因此以假冒注册商标罪判处主犯丁某有期徒刑3年6个月，并处罚金人民币200万元；以假冒注册商标罪判处从犯等13人有期徒刑1年至3年不等，并处罚金；以销售假冒注册商标的商品罪判3人有期徒刑1年6个月至2年不等，并处罚金；以非法制造注册商标标识罪判处2人有期徒刑1年3个月，并处罚金。一审判决作出后，19名被告人全部服判，均未提出上诉。

035

阎某、陶某等假冒注册商标罪

【裁判要旨】

两名以上商标所有人在协议合作时约定在其产品上共同使用各自的注册商标，并不导致各自商标专用权的丧失。被告人的行为属于同时对两项注册商标的假冒。

【典型意义】

本案在当年是联想在全国的197宗商标被假冒案件中首例被提起刑事指控的案件，吸引了包括中央电视台在内的国内多家媒体关注。

本案是2001年深圳市十大打假案之一。

【关键词】

假冒注册商标

【基本案情】

2001年2月，身为普拓威实业有限公司总经理的阎某与深圳市智翔实业有限公司工作人员陶某（在逃）经过密谋，达成“合作”：由陶某提供生产材料，普拓威实业有限公司负责加工假冒的“联想”D－link网络卡，并约定每加工一件网络卡，普拓威公司可获利1.8元。从去年3月起，阎某组织员工大肆制造假冒的“联想”D－linkDFE－530TX型网络卡。同年6月20日，深圳市质量技术监督局福田分局根据举报，当场查获假冒网卡5400多件，涉案价值67余万元。

【裁判意见】

深圳市福田区人民法院一审认为，本案侵犯了“联想”商标和“D－link”商标专用权。“联想”和“D－Link”的商标所有人在协议合作时约定在其产品上共同使用各自的注册商标，并不导致各自商标专用权的丧失。假冒案值超过50万元，依法属于情节严重。阎某的行为构成假冒注册商标罪。

036

打击特大制售假冒品牌电热水器犯罪团伙

【典型意义】

本案体现了深圳市公安局以及深圳市市场稽查局在办案过程中充分运用高科技大数据分析预警系统获得相关信息并进行联合执法从而成功执法查处犯罪团伙，维护了企业的知识产权。本案被评为2016年深圳消费维权十大事件。

【关键词】

假冒品牌　联合办案

【基本案情】

2016年12月8日，深圳市公安局经侦支队联合深圳市市场稽查局连夜打掉一特大制售假冒品牌电热水器犯罪团伙，捣毁大型生产窝点2个、仓储窝点7个，抓获并刑拘犯罪嫌疑人5名，现场查获假冒海尔电热水器3000多台、假冒美的电热水器210余台，以及包装箱、零配件等材料一大批。经深圳市价格认证中心价格评估，现场查获的假冒热水器价值309.8473万元，涉案总金额高达8000多万元。

【办案经过】

2016年11月底，深圳市公安局经侦支队民警前往龙华民治华通源物流园调取物流信息过程中，发现有装满海尔热水器的物流货运车发往内地，作为知识产权大队的民警敏锐地察觉到，深圳应该并无公司、企业承包海尔公司产品加工业务，这么大量的海尔热水器从深圳运往内地，可能存在制假售假的重大嫌疑。随即，办案民警与海尔公司取得联系，海尔公司明确表示在广东没有委托加工海尔热水器的代工厂，这么大量的海尔热水器正常情况下不可能从深圳运往内地。同时表示，海尔公司近期接到内地多个省市经销商、群众对海尔热水器存在质量问题的投诉电话，公司自查也发现市面上确实存在大量假冒海尔热水器，但一直未能查到生产源头，生产工厂很可能就在深圳。海尔公司立即派技术员前来深圳配合民警开展调查工作。

为找出制假窝点的具体位置，办案民警制订了周密的侦查计划。首先，办案民警佯装办理货运对华通源物流园30余家物流点逐一走访，部分物流点反映有承接过往内地货运海尔热水器的业务，但发货人、货物从何处运到物流点等情况均不清楚。通过走访民警确信深圳肯定存在海尔热水器的制假窝点。随后，办案民警蹲点守候和情报导侦相结合，通过在华通源物流园多日蹲守，于11月30日凌晨4时许发现了装有海尔热水器的大货车，随即通过视频等行车轨迹分析，确定该货车在龙华观澜一带发货，后民警连续几天摸排，最终将制假窝点锁定在龙华新区观澜镇沙博工业园。

同时，海尔公司传来消息，称在其经销商处获知安徽、新疆等地工商部门已对当地的海尔热水器销售点进行了查处，内地多个经销商正在联系该制假工厂老板准备退货，且工厂老板已经藏匿，制假工厂存在随时搬迁、销毁证据的可能。经侦支队立即联合市场稽查局执法人员，当场抓获邹某等5名犯罪嫌疑人，该制假工厂2个生产车间、7个仓库堆满待售的假冒海尔、美的热水器以及印刷模板、印章、包装箱、标签、说明书、零配件等大批制假材料。经商标权利人海尔公司和美的公司现场确认，现场查获的热水器全部为假冒产品，价值350多万元。搜查扣押工作持续至12月9日凌晨5时才完成，随即办案民警对抓获的5名犯罪嫌疑人连夜进行审讯。

经查，该制假工厂无名无牌，老板邹某、简某自2016年年初开始组织工人大肆组装生产假冒热水器，为逃避检查都是凌晨开工，当晚即将组装完毕的成品机通过物流发往内地，每天大概组装生产300至1000台，月产量6000台左右，共计组装生产8万余台，总涉案金额高达8000多万元，这些假冒品牌热水器通过物流流向全国数十个城市。

犯罪嫌疑人邹某、简某等人已被作出有罪判决。

037

侦破特大假冒国家民族品牌香烟案

【典型意义】

该案充分发挥侦查员丰富的侦查经验和敏锐观察力，使用科技与传统相配合的侦查手段，成功侦破了一起特大假冒国家民族品牌香烟案，摧毁了一个特大制造假烟的窝点。体现了新时期侦查员的丰富的侦查手段。

【关键词】

循线摸查　科技导侦　人工清查

【基本案情】

2014年7月，深圳市公安局宝安分局根据群众举报，循线摸查，充分发挥侦查员丰富的侦查经验和敏锐观察力，使用科技与传统相配合的侦查手段，成功侦破了一起特大假冒国家民族品牌香烟案，摧毁了一个特大制造假烟的窝点，抓获嫌疑人9名，查获制烟机器三台（价值约30万元人民币），缴获假冒“黄鹤楼”“广州双喜”品牌香烟六千多条，涉案价值约200万元人民币。

【办案经过】

一、经验推断，嫌疑人隐瞒窝点

2014年6月30日，深圳市公安局宝安分局民警接到群众举报称：在深圳市宝安区沙井街道南亭路8号烟酒店内，有人长期销售假冒的名牌香烟。宝安分局大队民警接报后，立即联系宝安区烟草专卖局的工作人员一并赶往现场进行查处。到达现场后发现，该店铺是一家以销售香烟为主的茶烟店，主要经营者名叫张某珍，女，38岁，福建省诏安县人。经勘验现场，发现现场储存280条假冒“广州双喜”“黄鹤楼”牌香烟。随即办案民警对嫌疑人张某珍进行现场审查，但张某珍的态度很恶劣，极不配合，对民警的提问一概回答“不知道”。办案民警根据以往的办案经验，推测嫌疑人张某珍的态度恰恰反映了她必定有所隐瞒，背后隐藏更为重要的事情，要么是另外的共犯，要么是另外的储存假烟的窝点，要么是……

二、正确的判断思路因为作案分子的狡诈凸显曲折和迂回

有了方向，侦查员重新侦查现场，发现现场是位于一楼的铺面，上面是7层高的出租屋，办案民警推测，嫌疑人张某珍可能另外租用出租屋用于储存假烟，而且很有可能就在这栋楼上。于是，办案民警通知出租屋管理员到现场协助调查，通过翻查租户资料，未发现有嫌疑人张某珍的信息。侦查思路遇到困境，这时，一个名叫“张某全”的租户信息引起了办案民警的警觉，同样是福建省诏安人，同样年龄40岁左右，同样姓张，他们有没有一些联系？办案民警立即讯问嫌疑人张某珍，张某全是什么人？张某珍犹豫了一下，还是回答说不知道，但被细心的办案民警发现了，嫌疑人张某珍的犹豫显示了她的担心。

三、“笨办法”意外收获实物证据

随即，办案民警决定使用“笨办法”，拿着张某珍随身携带的钥匙，来到本栋楼的211房（张某全登记的地址），试着用张某珍的钥匙来开锁。结果，其中的一把钥匙把211房的房门打开了。211房内储有假烟，经勘验现场，共

发现1400多条假冒的“广州双喜”“黄鹤楼”牌香烟，价值约20万元人民币。

在大量的证据面前，犯罪嫌疑人张某珍交代：其从2014年年初开始销售假烟，那些假烟是一名叫“阿东”的老乡开车（银白色的微型面包车，不记得车牌号码）送货到店里面来的，阿东的联系电话是152××××××××，除此之外，没有其他更详细的信息。

至此，一个完整的销售假烟的窝点虽然成型了，但是，新的问题又接着出现了，阿东是谁？阿东的假烟又是从哪里来的？

四、循线摸查，科技导侦

此时此刻，手机号码“152××××××××”成为继续深挖下去的关键。

经调取该号码的通话清单进行分析，虽然只时隔一天，但是可以发现从6月30日之后该号码就关机了，这证明阿东很有可能意识到危险而展开反侦查了。接着，办案民警立即将该号码进行分析碰撞，发现该号码关联出一个重要的关系人“张某东”。紧接着，办案民警根据张某东所登记的地址找到张某东。张某东反映：其是一名货车司机，主要在宝安区一带代客拉货。那个手机号码“152××××××××”是其中一个客户的手机号码，他自称姓陈，外省口音，20多岁。他曾经在两个月前帮陈姓男子拉过两次货，是用一个大箱子装的，一次装几箱，里面具体装的是什么东西就不清楚了。还有，拉货的地点在宝安区沙井街道的石围村村口。每次他按照陈姓男子要求到达石围村村口，陈姓男子就已经在村口等他了。至于卸货的地点，是在松岗沙井一带，都是在城中村里面，由于卸货地点较多，具体的地址已经忘记了。办案民警经过分析研判认为，沙井的石围村极有可能是上一级的储存或制造假烟的窝点。随即，办案民警到出租屋管理站查询石围村的租户登记情况。结果却大失所望，近千名租户的信息里面居然没有“福建省诏安县”“福建省云霄县”相关人员的登记资料，也没有发现与该手机号码152××××××××的相关登记信息。

五、侦查陷入僵局，传统的“地毯式”人工清查显现蛛丝马迹

就在侦查陷入僵局之际，办案民警考虑到租户的信息有可能没有及时更

新，随即作出一个重大决定：重新对石围村的近千名租户来一次“地毯式”清查，务必查出一点蛛丝马迹。于是，两个办案民警伪装成出租屋管理员，分别与两名真正的出租屋管理员组成两组，对石围村展开了清查登记。经过两天的亲自上门清查登记，办案民警发现其中21号出租屋具有重大嫌疑。当办案民警和出租屋管理员来到21号楼敲门时，一名中年妇女过来开门，在向其表明来意后，那名妇女说这栋房子是他女婿陈某租的，陈某是广东省茂名市人，在沙井做生意，现在不在家。她自己是江西人，目前和女儿在这里带小孩。当管理员要求其出示身份证进行登记时，她表示身份证丢失了，还没有补办下来。该楼为四层高带院子独栋。随即管理员问其是否还有其他人住在这里，她回答除了他们一家四口之外，没有其他人住。他们只租住一楼，二楼以上是锁住的。当管理员要求进门进行登记时，其表示不方便，而且态度比较坚决。

六、另辟蹊径，穷追不舍终铲窝点

为免打草惊蛇，办案民警决定另辟蹊径。于是办案民警对21号出租屋的中年女妇女说：希望可以留下她的联系方式，等她补办完身份证再进行出租信息登记。最后，那名妇女给办案民警留下其手机号码“150××××××××”，管理员当面用自己的手机拨打过去予以确认。

回到大队后，办案民警把该电话号码和之前掌握的号码“152××××××××”的通话清单进行碰撞，通过比对，发现两个号码之间居然真的有通话记录。至此，21号出租屋与本案的关系非常明确，办案民警立即申请办理搜查证，对该栋楼房进行搜查。搜查结果与办案民警判断一致，在该栋楼房的二楼内，发现一个特大制造假烟的窝点，现场抓获张某都等嫌疑人9名，并现场缴获制烟机器三台（价值约30万元人民币），缴获假冒的“黄鹤楼”“广州双喜”牌香烟六千多条，涉案价值约200万元人民币。

犯罪嫌疑人张某都等9人已被作出有罪判决。

038

假冒黑莓商标第一案

【典型意义】

本案为全国首例对假冒黑莓商标行为成功起诉并获判的案件，由于福田检察院审查起诉的工作扎实到位，深圳市两级法院均采纳了其公诉意见，认定被告人的行为构成假冒注册商标罪，本案受到国内外媒体的广泛关注。加拿大政府驻广州总领事馆亦对此案的审理结果表示高度关注和重视。该案的成功办理显示了我国政府和司法机关保护知识产权的决心和信心，提升了我国在知识产权保护领域的国际形象。

【关键词】

假冒注册商标罪

【基本案情】

被告人刘某等人自2009年3月起，在深圳市福田区五邑大厦2106房、1504房和1107房收购废旧黑莓手机或主板进行维修，并购买按键板、扬声器、闪光灯、镜面（含黑莓商标）等其他零配件，在未取得RIM（Research in Motion LTD）公司授权的情况下，擅自组装成假冒黑莓手机后，贴上标签，销售牟利，涉案金额达29万余元。

【办案经过】

本案中争议最大的是“同一种商品”的认定问题。根据《中华人民共和国刑法》第二百一十三条规定，认定为“同一种商品”是构成假冒注册商标罪的前提。本案中，被侵权的商标系加拿大RIM公司在中国注册的商标，该商标的核定使用商品范围是数据处理设备、发射机和计算机软件，而本案中被告人假冒的黑莓产品能否认定为上述三种商品中的一种决定着本案的定罪。为此深圳市福田区检察院进行了以下工作：

第一，专门向移动通信技术专业人士详细了解正牌黑莓产品的技术和功能，征求了相关专业机构的意见；第二，与加拿大RIM公司方面取得联系，要求该公司提供与被假冒的黑莓产品相同型号的正品样机及说明书，查明假冒产品在功能上与正品不存在差异；第三，要求加拿大 RIM 公司提供证明其黑莓产品产生、发展的历史脉络的相关文件，查明其产品最初是作为数据处理设备销售的，并未具有手机的功能，后来才将通话、短信等手机具备的功能加入到黑莓产品中。

经多番讨论研究和深入审查，公诉部门认为，被告人组装的假冒黑莓产品具有拨打电话、发送电子邮件、与计算机同步数据及传输文件等功能，属于跟踪或处理个人信息用的手提电子数据收发器或数据处理设备范畴，而非传统意义上的仅具有通话功能的手提电话，其类型包含于黑莓注册商标的核定使用商品范围之内，可以认定为“同一种商品”。最终经福田区人民检察院依法提起公诉，深圳市福田法院及深圳市中级人民法院均最终采纳公诉意见认定被告人的行为构成假冒注册商标罪。

039

朱某某、李某假冒注册商标罪

【典型意义】

本案是在全国具有影响力的大案要案，被评为 2004 年度全国十大侵犯知识产权案件、全国检察机关“十佳公诉庭”和广东省检察机关“十佳公诉庭”，以及中国外商投资企业协会优质品牌保护委员会（QBPC）授予的“2005—2006 年度知识产权保护最佳案例奖”（全国共有 10 个案例入选）。本案的材料被刊登在《最高人民检察院公报》2006 年第 5 期，且已入选了国家保护知识产权领导小组办公室选编的《中国保护知识产权执法典型案例》。承办人撰写的《惩治商标权犯罪：立法的盲点与司法的难点——以假冒思科公司注册商标案为视角》论文获得广东省检察机关知识产权刑事司法保护研讨会一等奖。

【关键词】

假冒注册商标罪　注册商标所有人　情节严重　情节特别严重

【基本案情】

2004年3月开始，被告人朱某某、李某伙同李某某（另案处理）在没有取得思科系统（中国）网络技术有限公司的委托或授权的情况下，在深圳市及东莞市从事假冒思科公司“CISCO SYSTEMS”字样与图案组合的注册商标的犯罪活动。被告人朱某某负责组织监督生产，被告人李某负责组织包装销售。被告人朱某某委托东莞市通天鼎电子科技公司大量生产上述假冒思科公司注册商标的网络模块，并将生产好的假冒网络模块分批运往深圳市福田区福田村福安街祠堂坊33号201室，交给被告人李某。被告人李某则分别从深圳市福田区福田路30号大院3栋205房被告人卢某某处和深圳市福田区深南中路捷佳大厦617室被告人王某某处，大量购入由被告人卢某某、王某某自己制造及委托他人制造的，印有“CISCO SYSTEMS”字样与图案组合的假冒思科公司注册商标的标贴、说明书、外包装纸盒，用以包装上述假冒思科公司的网络模块，然后大量销售。被告人朱某某还在东莞市凤岗镇雁田长表村28号左侧新楼地下西面10A室及该楼505、605室设立了假冒思科公司网络模块的加工点和维修点，对上述假冒网络模块进行加工和维修。

2004年10月13日，深圳市公安局在与深圳市工商行政管理局、深圳市质量技术监督局和东莞市公安局的联合打击行动中，分别在东莞通天鼎电子科技公司的厂房、东莞市凤岗镇雁田长表村28号左侧的加工点和维修点以及深圳市福田区福田村福安街祠堂坊33号201室，现场查扣由被告人朱某某委托生产并交被告人李某销售的大量上述假冒网络模块，其中成品1708块（经鉴定，其中1622块价值人民币4805466元，其余86块因无价格信息未作估价），同时扣押作案工具小型客车1辆（车牌号为粤B3Q×××），并将被告人朱某某、李某当场抓获；在深圳市福田区福田路30号大院3栋205房，当场抓获被告人卢某某并查扣被告人卢某某委托他人印刷的假冒思科公司注册商标的标贴30000个、说明书3500本、外包装纸盒10000个；在深圳市深南中路南侧捷佳大厦617室，当场抓获被告人王某某并查扣被告人王某某自己制造及委托他人印刷的假冒思科公司注册商标的标贴50000个、说明书6500本、外包装纸盒750个。

【办案经过】

朱某某、李某涉嫌假冒注册商标罪，犯罪嫌疑人卢某某、王某某涉嫌非法制造、销售非法制造的注册商标标识罪一案，由深圳市公安局于2004年10月13日立案，侦查终结后于2004年11月11日向深圳市福田区人民检察院提请审查批准逮捕。福田检察院于2004年11月17日对犯罪嫌疑人作出批准逮捕决定；本案经退查两次，于2005年8月9日将本案向福田区人民法院提起公诉；同月24日，法院当庭判决：被告人朱某某、李某犯假冒注册商标罪，判处有期徒刑四年六个月，并处罚金50000元；被告人卢某某、王某某犯非法制造、销售非法制造的注册商标标识罪，判处有期徒刑一年，并处罚金5000元。判决后，四被告人均表示服判，未上诉。

（三）商标类行政审判案件

040

“上药牌”六神丸商标侵权纠纷案

【典型意义】

1989年12月7日，广东省工商局、深圳市工商局、深圳市卫生局、深圳市中级人民法院四方现场监督销毁一批冒牌六神丸药，至此，这宗曾经轰动一时、历时三年的深圳市18家企业销售假“上药牌”六神丸，侵犯商标专用权案也已结束。该案件是20世纪80年代深圳经济特区为数不多的以商标侵权查处的知识产权案件。

【关键词】

商标专用权　销售

【基本案情】

“上药牌”六神丸，是上海中药制药一厂经国家工商局商标局核准商标注册的产品，享有商标专用权。1986年8月，“上药牌”注册商标所有人上海中药制药一厂向深圳工商局投诉，请求查处深圳市渔村商场等单位销售冒牌“上药牌”六神丸的商标侵权行为。

【办案经过】

深圳市工商局依法立案查处中发现，1985年12月至1986年2月间，深圳市渔村商场、深圳市健群医药公司友谊药材商场分别从广东省普宁县中国旅行社、普宁县大南山草药购销站，先后购进带有“上药牌”商标标识的六神丸130多盒，进行批销和零售，深圳先后有18家药店参与经销此药，经鉴定，这批药是假冒“上药牌”六神丸。

同年9月，深圳市工商局作出处理决定，深圳市18家医药门市部销售假“上药牌”六神丸，侵犯商标专用权，并决定：（一）对已封存的412盒假六神丸全部予以没收销毁；（二）18家医药门市部负责给消费者退货，并将货药交工商局统一销毁；（三）各商店所得的非法利润全部没收。并对渔村商场罚款500元，健群医药公司友谊药材商场罚款400元。

被罚的企业中有14家不服处理，申请复议，经广东省工商局复议认为，深圳18家企业销售假冒“上药牌”六神丸，违反了《中华人民共和国商标法》[①] 第三十八条规定。

后被罚的企业向深圳市中级人民法院提起行政诉讼，1988年6月14日深圳市中级人民法院经庭审认为，被罚的企业和第三人经销的“上药牌”注册商标的六神丸，经检验确有质量问题，由上药牌注册商标专用人上海中药制药一厂提出控告，经深圳市工商局作出处罚决定，又经广东省工商局复议决定，认为属于商标侵权，可以认定，因此对深圳市渔村商场和友谊药材商场处以罚款，并责令经销侵权人员为消费者退货，符合《商标法》第三十八条和《商标法实施细则》的相关规定。但是，工商部门对各侵权人处以没收其非法利润，超越了《商标法》的规定，实属不当。因此深圳市中级人民法院以该案复议决定有部分超越法律规定的职权范围，判决予以撤销，“商标侵权”则可认可。

1989年10月，广东省工商局依法裁定深圳市渔村商场、深圳市友谊药材商场在销售假冒“上药牌”六神丸中分别获得的777元和2196元利润依法赔偿给上海中药制药一厂。同时，还给予深圳市渔村商场、深圳市友谊药材商场、深圳市特区参茸行、国际商场等18家参与销售假冒六神丸的企业分别罚款处理，罚款总额12269.8元，已上缴国库。

---

① 编者注：参照2013年《中华人民共和国商标法》。

041

深圳大学反光材料厂侵犯微软商标权案

【典型意义】

本案是一件非法印制他人商标标识构成的商标侵权案。

本案发生在 1993 年《商标法》修订前，由深圳市工商局立案。在案件调查过程中，工商局曾应投诉人请求，中止处理八个月。直至《商标法》修订后，该案于 1994 年 4 月结案。在本案中，关于如何适用法律的问题，深圳市工商局根据案件的特殊情况，选择了从旧兼从轻的法律适用原则，根据这一原则，该局依法对本案作出了处理。对本案的处理，深圳市工商局定性准确，处理适当，适用法律正确。

本案发生时正值中美知识产权谈判，深圳市工商局对本案的处理对美方在谈判桌上攻击中国政府知识产权保护不力给予了有效的回击，彰显了中国政府维护知识产权企业的决心，为中美知识产权谈判增加了砝码，从而促使两国就知识产权保护问题达成了协议。

【关键词】

商标侵权　从旧兼从轻

【基本案情】

1992 年 3 月 9 日，深圳市工商局受理中国专利代理（香港）有限公司代理商标注册人美国微软公司的投诉：深圳大学反光材料厂生产、加工“Microsoft”“MS－Dos”标识，侵犯了美国微软公司的商标专用权。

深圳市工商局对此案进行了调查，在办案过程中充分保护了两方各自的合法权益，拒绝举报人委派的调查公司进入深圳大学反光材料厂进行调查，从而有效地保护了深圳大学反光材料厂的商业秘密。深圳市工商局查明：深圳大学反光材料厂根据自称中国台湾微软股份有限公司的李某仁及其国内代理人马某（广西桂林衡量具刃具厂产品经销部副经理）提供的由“台北市政府”发给的《台北市政府营利事业登记证》复印件各一份，台湾地区“经济部”发给的《经济部公司执照》复印件一份，台湾地区“经济部中央标准局”发给的《经济部中央标准局商标注册证》复印件一份；并根据台湾微软股份有限公司任命马某接洽国内生产镭射全息“Microsoft”“MS－Dos”标识业务委托书一份，“Microsoft”标识模具一个，于1991年6月10日、7月30日、11月4日与马某分别订立了三份加工“Microsoft”“MS－Dos”标识的合同，并于同年7月24日开始生产。截止到1992年1月，共生产“Microsoft”标识282849枚，已交付269630枚，收取加工费港币55381.51元；生产“MS－Dos”标识211617枚，已交付211260枚，收取加工费港币83759.90元。同时收取模具制作费港币34000元。总计收取港币共173141.41元，折合人民币131587.47元。库存尚未交付的13576枚标识以及“Microsoft”“MS－Dos”标识的模具由深圳市工商局封存。

【办案经过】

深圳市工商局认为，使用在光盘等商品上的“Microsoft”“MS－Dos”注册商标，注册人为美国微软公司，该商标专用权受法律保护。深圳大学反光材料厂未经商标注册人许可，擅自为马某制造加工“Microsoft”“MS－Dos”标识的行为，构成了《中华人民共和国商标法》[①] 第三十八条第2项（1993年修订前）所规定的商标侵权行为。

深圳市工商局在办案过程中应投诉人请求，进行了中止处理。在中止过程中，投诉人与深圳大学反光材料厂进行了技术合作的相关谈判，但并未达成一致。

深圳市工商局根据《中华人民共和国商标法》第三十九条、《商标法实施细则》[②] 第四十三条的规定，于1994年4月对深圳大学反光材料厂的侵权行为作出如下处理：

1. 责令停止侵权行为；

2. 责令赔偿被侵权人经济损失22375.97元人民币（以侵权所获利润计算）；

3. 处以非法经营额131587.47元人民币20%的罚款，计26317.49元人民币；

4. 依法收缴被封存的标识和模具；

5. 委托加工人马某的侵权行为移交广西桂林市工商行政管理局查处。

---

① 编者注：按照2013年《中华人民共和国商标法》。

② 编者注：已失效。

在深圳市工商局作出上述处罚决定后，美国微软公司认为：1. 处罚额偏低，应以法定最高额处罚；2. 以利润赔偿法计算赔偿额偏低，而应以其实际损失额2000万美元计算。因此，该公司委托其代理人向广东省工商局申请行政复议。广东省工商局维持了原处理决定。

042

“万胜”商标侵权案

【典型意义】

本案中，深圳市工商行政管理局商标局在行政处罚程序中对于“广告宣传是否属于《商标法》中规定的‘商标使用’行为”这一问题的阐释，直接促使后续我国修订《商标法实施条例》时对“商标性使用行为”进行了列举性细化规定。并为全国其他省市在行政执法过程中界定“商标使用行为”作出了指导。

【关键词】

商标侵权　商标使用　广告宣传

【基本案情】

1992年4月30日，深圳华源磁电有限公司向中华人民共和国国家工商行政管理局商标局申请注册“万胜”中文文字商标获得批准，取得商标专用权。商标注册证号为第592880号，核定使用商品为《商标注册用商品和服务国际分类表》第9类“软磁盘”，注册有效期限为1992年4月30日至2002年4月29日。1995年8月25日第592880号商标注册人经国家工商行政管理局批准更名为华源实业（集团）股份有限公司。1996年4月7日，经国家工商行政管理局商标局核准，第592880号注册商标人变更为华源实业（集团）股份有限公司。1994年3月8日，华源实业（集团）股份有限公司许可深圳万利源电子实业有限公司在其生产的软磁盘产品上使用“万胜”注册商标，许可使用期限3年，使用费每片0.10元。

万胜亚洲有限公司是日本日立马库赛鲁株式会社（Hitachi Maxell，Ltd.）

出资在香港注册的全资子公司，负责日本日立马库赛鲁株式会社生产的MAXELL软磁盘亚洲地区销售业务。怡东电脑有限公司是MAXELL软磁盘中国和港澳地区的代理商。1994年10月至1996年1月，万胜公司以及怡东公司未经“万胜”注册商标权人的许可，在《中国计算机报》《计算机世界》《电脑商情报》《国际电子报》等中国公开出版的媒体，推销MAXELL软磁盘广告中，使用“万胜”注册商标共计63次。上述广告行为有些系万胜公司以及怡东公司共同署名，有些则由万胜亚洲有限公司委托设计制作，以怡东电脑有限公司名义发布。

【办案经过】

经商标权人华源实业（集团）股份有限公司的委托代理人举报，深圳市工商行政管理局商标局审理后认为，注册商标所有人对其注册商标享有专有使用权，未经注册商标所有人许可，任何人不得在同一种商品或者类似商品上使用与其注册商标相同或者近似的商标。商标的使用，包括将商标用于商品、商品包装或者容器以及商品交易文书上，或者将商标用于广告宣传、展览以及其他业务活动。华源公司向国家工商行政管理局商标局申请注册“万胜”商标，并被核准注册，便在核定使用的商品上取得商标专用权。万胜公司以及怡东公司未经华源公司许可，在同一种商品上连续不断地使用与其注册商标相同的商标，已构成商标侵权。

根据《中华人民共和国商标法》《中华人民共和国商标法实施细则》的相关规定，最终由深圳市工商行政管理局商标局对万胜公司以及怡东公司作出行政处罚决定。

043

IBM商标侵权案

【典型意义】

本案是新中国成立早期为数不多的涉案金额巨大的涉外商标案件之一。深圳市工商局及广东省工商局对本案的处理体现了我国保护美国企业商标专用权的公正执法行为。

1989年期间，中美两国因为知识产权保护的问题而处于关系紧张的时期，本案的公正处理使得两国关系有了一定缓解。

【关键词】

商标侵权　商标使用　广告宣传

【基本案情】

IBM计算机商标是美国国际商业机器公司于1980年向我国商标局申请注册的有效商标，依法享有该商标的专有权。1988年9月22日，美国国际商业机器公司的委托代理人中国专利代理（香港）有限公司向深圳市工商局投诉，要求处理6个企业非法生产、组装、销售冒牌IBM计算机的侵权行为。

【办案经过】

深圳市工商局收到举报后认为案情十分重要，因此立即上报了广东省工商局。广东省工商局在当日下午就决定成立省市局联合调解组，当即查封了6家被指控企业中的5家确有侵权行为的企业。

经调查核实，这5家企业在1988年5月至9月期间，从香港商人手中购进了347台假冒IBM商标的计算机和成套散件，组装销售，已经销售223台，销售总额3253850元。深圳市工商局在此次行动中查封假冒IBM商标计算机10台、主机27台、显示器49个、键盘24个及一批零部件和包装。

深圳市工商局对这5家企业作出罚款662696.5元并销毁带有IBM商标的全部物品的处罚决定。

044

罗湖东门查处假冒商标案

【典型意义】

本案涉及阿迪达斯、耐克、匡威、新百伦四个国际知名品牌的商标，且涉案金额巨大，情节严重。该案犯罪嫌疑人采取正品降价处理的方式销售假冒注册商标的商品，且多在友谊城茂业百货、沃尔玛超市、东门步行街等大型商场设销售点，具有极大的欺骗性，使消费者真假难辨，不仅侵害了商标权利人的合法权益，破坏了公平诚信的市场环境，而且侵害了消费者的合法权益。

该案是罗湖区东门片区多年来知识产权执法的一个缩影，东门片区经过多年的查处逐渐规范化，罗湖法院对该案提起公诉并成功获判，有力地打击了制假售假的犯罪活动，有效地保护了市场秩序的良好发展，推动了罗湖经济的健康可持续发展。

【关键词】

销售假冒注册商标的商品罪

【基本案情】

2013 年 11 月起，被告人周某某、潘某某等人将假冒注册商标的新百伦运动鞋、阿迪达斯运动鞋、耐克运动鞋、耐克运动服、匡威运动鞋存放在位于深圳市宝安区的仓库，每月将上述假冒注册商标的运动鞋、运动服等商品运至全国各地 30—40 多个网点，以正品降价处理的方式进行销售从中牟利。

2014 年 7 月 22 日，深圳市公安局罗湖分局经侦大队民警在一仓库缴获假冒注册商标的耐克运动鞋 1200 双、阿迪达斯运动鞋 660 双、匡威运动鞋 480 双、阿迪达斯短裤 800 条、耐克短裤 800 条、新百伦纸袋 26 箱。在二仓库缴获新百伦运动鞋 2112 双、阿迪达斯运动鞋 480 双、耐克运动鞋 864 双、耐克运动服 3600 件、匡威运动鞋 1008 双。

经核实统计，上述两个仓库未销售的产品的货值为人民币 3854318.08 元。

【办案经过】

深圳市公安局罗湖分局经济犯罪侦查大队 2014 年 7 月 23 日立案侦查，2014 年 8 月 29 日深圳市罗湖区人民检察院依法对犯罪嫌疑人周某某、潘某某作出批准逮捕决定。经上网追逃，犯罪嫌疑人周某某于 2017 年 11 月 14 日抓获归案，犯罪嫌疑人潘某某于 2017 年 9 月 12 日抓获归案，同年 11 月 28 日向深圳市罗湖区人民检察院移送审查起诉。经两次退回侦查机关补充侦查，三次延长审查起诉期限，2018 年 5 月 25 日该院提起公诉。2018 年 8 月 15 日，深圳市罗湖区人民法院判决认定被告人周某某犯销售假冒注册商标的商品罪，判处有期徒刑四年，并处罚金五十万元；被告人潘某某犯销售假冒注册商标的商品罪，判处有期徒刑一年零九个月，并处罚金五万元。

045

深圳海关隶属大鹏海关查获假冒代购手袋案

【典型意义】

本案是在2018年网络代购被普遍认可的背景下，为通过出口再进口的手段企图将侵权的商品伪装成正规的海外代购产品，侵权货物在出口前就制作虚假的购物单证，为大鹏海关首次查获该种形式的商标侵权商品。

【关键词】

备案商标权　知识产权状况确认通知书

【基本案情】

2018年3月25日，深圳市柏丽惠手袋有限公司以通关一体化方式在深圳海关隶属大鹏海关申报出口手袋一柜两票共13255个，经海关查验发现实际出口的手袋中有涉嫌侵犯路易威登马利蒂（法国）、古乔古希股份公司、香奈儿股份有限公司在海关总署备案商标权的手袋共3734个，案值人民币388465元。该案查获的侵权货物在出口前就制作虚假的购物单证，为大鹏海关首次查获。货物出口后伪装海外代购的意图十分明显，策划者应当具有细致的分工协作，团伙作案的嫌疑重大。

【办案经过】

2018年3月25日，深圳市柏丽惠手袋有限公司以通关一体化方式在大鹏海关申报出口手袋一柜两票共13255个，经海关查验发现实际出口的手袋中有涉嫌侵犯路易威登马利蒂（法国）、古乔古希股份公司、香奈儿股份有限公司在海关总署备案商标权的手袋共3734个。大鹏海关向权利人发送知识产权状况确认通知书后，4 月 3 日，权利人向大鹏海关答复出口的 3734 个手袋属涉嫌侵犯权利人在海关总署备案商标权的侵权货物，并向大鹏海关提出知识产权保护请求，请求扣留侵权货物。

2018 年 4 月 20 日大鹏海关对该案立案调查。随着案件的深入调查，发现查获的这批侵权货物与往常查获的侵权货物具有明显的不同之处，这批出口侵权货物居然在出口前就已经制作好了香港专卖店的购物凭证——发票、小票、银联签购单一应俱全。该批侵权货物在查获时均有独立包装，且部分侵权货物具有独立的纸盒包装，在纸盒包装的侵权货物中，办案人员发现了该批侵权货物的购物信息，侵权货物具有香港专卖店的购物小票、发票和银联签购单。购物信息显示该批货物的来源为香港，明显与实际不符。收发货人承认在出口货物上使用权利人的商标未获得授权，出口上述货物的行为已构成出口侵犯商标权货物的行为。

2018 年 5 月 18 日大鹏海关对该案作出行政处罚决定，对当事人作出没收侵权货物并处罚款人民币 58400 元的行政处罚。

该案当事人为深圳市生产型企业，相关涉案信息已通报深圳市公安局。

046

蛇口海关查获侵犯 2018 年俄罗斯世界杯标志案

【典型意义】

中俄海关 2018 年知识产权保护联合执法行动期间，深圳海关隶属蛇口海关从加强风险分析、对重点商品布控入手，采取多项措施重点打击侵犯国际足联 2018 年世界杯知识产权的行为。该案是深圳海关多年来主动对涉及重大赛事的商品进行布控取得成绩的缩影。

【关键词】

数字电视机顶盒　世界杯　知识产权

【基本案情】

当事人深圳市××电子有限公司申报出口数字电视机顶盒一批，货物包装上使用2018年俄罗斯世界杯标志“FIFA WORLD CUP RUSSIA 2018”，经权利人确认，该批货物为未授权产品，涉嫌侵权。

【办案经过】

2018年5月16日，深圳市××电子有限公司向蛇口海关申报出口数字电视机顶盒等货物一批到阿尔巴尼亚。经海关查验，发现实际出口货物中有标有“FIFA WORLD CUP RUSSIA 2018”标识的数字电视机顶盒28060台，案值人民币1936000元。2018年5月23日，经权利人国际足球联合会确权，该批数字电视机顶盒涉嫌侵犯权利人在海关备案的知识产权。权利人提出扣留申请并提交担保。

经调查，当事人深圳市××电子有限公司申报出口的该批数字电视机顶盒是阿尔巴尼亚电视台委托其在国内生产再进行出口，用来转播2018年俄罗斯世界杯。当事人在海关调查初期一直称该批数字电视机顶盒属于定牌加工并不在国内市场销售使用，而且阿尔巴尼亚电视台是被国际足球联合会授权的。后经查明，阿尔巴尼亚电视台只是被国际足球联合会授权转播世界杯赛事，该授权属于著作权范畴；另外，由于缺乏知识产权意识，企业失误错用了有“FIFA WORLD CUP RUSSIA 2018”标识的包装，导致了该批数字电视机顶盒侵权。

在海关调查期间，当事人和权利人达成了和解，蛇口海关依法对该案件终止调查并对涉案货物解除扣留。

该案中当事人企业虽非主观故意，但在客观上侵权事实成立，仍构成侵权行为。企业要提高知识产权意识，避免出现侵权行为以及不必要的经济损失。

047

文锦渡海关“龙腾行动”查获侵权手机案

【典型意义】

2017年9月开始，海关总署部署开展了“龙腾”行动，专门对出口知识产权优势企业开展专项保护。在为期三个月的行动中，深圳海关查获涉嫌侵权货物20多万件，案值764.9万元，案件数和案值分别占全国海关“龙腾”行动7成和5成以上。该案即为“龙腾行动”的代表。文锦渡海关依法对涉案货物作出没收及罚款决定，有力地保护了我国出口知识产权优势企业的商标专用权和国产优秀智能手机的出口秩序，为国内优秀智能手机生产品牌进一步开拓国际消费市场保驾护航。

【关键词】

运输出境　智能手机　商标专用权

【基本案情】

在2017年海关“龙腾”行动期间，深圳海关隶属文锦渡海关在货运渠道连续查获西安滴竹进出口贸易有限公司、吉安恒富隆贸易有限公司出口侵犯“龙腾”行动重点保护企业——小米科技有限责任公司“MI图形”商标专用权的手机共2441台，总计案值为人民币723360元。

【办案经过】

自2017年9月1日开展海关“龙腾”行动以来，深圳海关隶属文锦渡海关一方面以多部门联动合作方式加强对出口侵权趋势的分析研判，持续保持高压监管态势；另一方面与“龙腾”行动重点保护企业建立24小时即时沟通渠道，帮助企业充分发挥知识产权海关保护的维权效益。在“龙腾”行动期间，文锦渡海关先后于2017年10月28日、2017年11月5日查获当事人西安滴竹进出口贸易有限公司、吉安恒富隆贸易有限公司出口大批疑似侵权手机的案件两宗，涉嫌侵犯小米、三星、苹果、索尼等多个知名商标专用权。经该关查验发现，当事人将涉嫌侵权手机混藏在车辆装载货物中，试图在未向海关申报的情况下运输出境。经确认，涉案货物侵犯了多名权利人在海关总署备案保护的商标专用权，其中包括海关“龙腾”行动重点保护企业——小米科技有限责任公司在海关总署备案的“MI 图形”商标。据小米公司鉴定，该关查获的侵权小米手机为不法分子利用劣质零配件将二手手机重新组装而成的“翻新机”。上述两宗案件共查获侵权小米手机2441台，案值达人民币723360元。

048

深圳海关查获全国数量最大的假药出口案

【典型意义】

本案是深圳海关在知识产权执法中综合运用相关信息、开展针对性风险分析取得成功的典范。该关将目的国、境内货源地、企业违法记录、运输工具等要素综合运用到风险管理工作中，从蛛丝马迹中捕捉疑点，适时调整查验方向，成功查获了数量巨大的假冒药品，充分体现了该关执法人员的职业敏感性和风险分析能力。而此次查获的假冒药品数量如此巨大，在另一方面也说明假药依然泛滥，反假冒斗争依然复杂、艰巨。该关将进一步提升执法能力，加强对假冒药品的查缉，保护消费者的健康和生命安全。本案被评为“深圳市2009年十大知识产权事件”。

【关键词】

假冒药品　消费者健康

【基本案情】

2009年1月，深圳海关查获了一宗特大假药出口案，查获假药数量近300万粒（若按真品市场价格计算，该批假冒药品价值约人民币1.57亿元）。查获该案后，深圳海关立即将有关情况报告海关总署。海关总署对此案高度重视，将相关线索通报公安部。后公安部将该案作为督办案件交由广东省公安厅进行侦办。

【办案经过】

2009年1月3日，揭阳市某公司以一般贸易方式向深圳海关隶属蛇口海关申报出口电脑机箱（不带电源）1026台，申报价格18262.8美元，目的国埃及，承载集装箱为20尺集装箱。经风险分析，该票货物存在一定侵权嫌疑，遂下达了查验指令，要求查验部门查验核实货物的品名、数量和品牌。

开柜后，查验关员先是发现，该柜前端整齐堆放了电脑机箱的包装纸箱，全部挡住了柜内货物。对此，查验关员并没有被表面现象所迷惑，而是继续卸货查验，在卸下前三排电脑机箱后，开始有化妆品出现。查验部门当机立断，将查验等级提升为A级，对该柜进行彻底查验。经彻底查验，最终确定：实际出口货物除少量电脑机箱和化妆品外，其余都是药品和相应的包装纸盒及说明书、标签，其中药品数量近300万粒，侵权对象包括辉瑞产品有限公司的"VIAGRA"（俗称伟哥），拜耳股份有限公司的"LEVITRA"，史密斯克兰·比彻姆公共有限公司的"PANADOL"三个世界知名品牌。经相关权利人代表到现场确认，该批药品全部是侵权假冒产品，虽然外观"精良"，但是质量低劣，若流入市场，将可能对众多消费者的身体健康产生严重损害，甚至造成生命危险。上述权利人代表还称：这个案件不仅是中国海关查获的数量最大的假药出口案，也是目前国内各执法单位发现的单批数量最大的假药案。若按真品市场价格计算，该批假冒药品价值约人民币1.57亿元。

049

深圳海关联手地方公安破获案值最高假烟出口案

【典型意义】

本案是新中国成立以来至案发时破获的假烟成品及原辅材料价值最大的案件，具有涉及面广、情节复杂、手段隐蔽、欺骗性强等突出特点，特别是本案中存在的原辅材料由外籍人员组织进口的情况在同类型案件中尚属首次发现，充分体现了假烟制售活动集团化、网络化、国际化的发展趋势。

本案的成功破获具有以下典型意义：一是沉重打击了造假分子，有效震慑了假烟出口活动；二是引起了强烈的社会反响，对知识产权海关保护和中国政府采用刑事手段打击侵权产生了良好的正面宣传作用；三是本案中海关联手地方公安机关协同作战，摧毁了整个犯罪网络，为海关与公安机关进一步加强知识产权执法协作进行了有益的探索，堪称海关与公安机关知识产权执法协作的典范。

本案被评为“中国海关2007年保护知识产权十佳案例”。

【关键词】

伪装货物　假烟　执法协作

【基本案情】

2006年12月23日，深圳市中诺进出口有限公司向深圳海关隶属大鹏海关申报出口塑料花一批，经查，除集装箱外部86箱铁锅外，其余的901箱全部都是标有“万宝路”商标的香烟，共计45050条。经鉴定，该批香烟全部为假烟，按真品价值计市值人民币500余万元。

【办案经过】

2006年12月23日，深圳市中诺进出口有限公司向深圳海关隶属大鹏海关申报出口塑料花一批，目的地为香港。经过风险分析，认为该票货物存在侵权风险，遂下达布控指令，要求查验部门开箱查验。开箱后，查验关员发现集装箱后部的两排纸箱装的都是铁锅，但查验关员并未被表面现象迷惑，认为从常理来看，若出口铁锅完全不必伪报品名和目的地，由此判断铁锅很有可能是伪装货物，遂全部开箱检查，果然，除集装箱外部装有86箱铁锅外，其余的901箱全部都是标有“万宝路”商标的香烟，共计45050条。经鉴定，该批香烟全部为假烟，按真品价值计市值人民币500余万元。

案件查获后，该关立即根据《公安部海关总署关于加强知识产权执法协作暂行办法》的规定，将案件线索向深圳市公安局盐田分局进行了通报，并积极做好相关工作：一是主动控制涉案报关员，做好陈述笔录；二是搜集单证材料，封存样品，做好证据固定；三是及时向公安机关提供企业资信与进出口记录、报关行、运输公司、拖车司机等相关信息；四是在公安机关办案过程中积极配合并提出相关建议，为破案奠定了良好的基础。根据已掌握的线索，公安机关成立专案组，经过半年多时间，最终捣毁假烟存储窝点3个，查获假烟150万支、盘纸7000多箱、烟丝1000多吨及过滤嘴等大批原辅材料和制烟工具，加上海关查获的假烟，涉案金额高达5000多万元，抓获了两名主要犯罪嫌疑人，摧毁了制假网络。据此两人供述，该案所涉原辅材料都是一名荷兰人从国外组织运至国内的。

侦查后该案交检察院起诉。

050

市监局宝安分局审结第一宗涉外立体商标侵权案

【典型意义】

本案是深圳市市场质量监督管理局宝安分局办理的第一宗立体商标侵权案件，且属于涉外商标。本案案情复杂，为深圳市其他执法机构的类似案件办理积累了经验。

【关键词】

立体商标　混淆误认

【基本案情】

根据“8341029”号注册商标的权利人美国宝利通公司及其代理人北京律盟知识产权代理有限责任公司的举报，宝安分局依法于2015年3月30日对深圳市音络科技有限公司涉嫌制造、销售侵犯“8341029”号注册商标专用权行为进行立案调查。并扣押了当事人生产的PSTN标准型会议电话13部。

上述PSTN标准型号会议电话机由三个麦克风和一个喇叭组成基本功能，键盘和显示屏为人机交互部分，该会议电话由前述四个主要组件组成。三个麦克风在圆形喇叭的外切等边三角形的三个顶点上，显示屏和键盘在等边三角形下方，形成该会议电话外观形状，即由带有按键和显示屏的半圆弧形操作部分和大三角的扩音部分共同组成，在大三角的扩音部分的中心有一圆圈（喇叭部位），圆圈中央和大三角的每个角都有麦克风的栅格设计。当事人在电话机商品上注册有“AUCTOPUS”“图形”“图形及INNOTRIK”“音络”四个注册商标（商标注册号分别是：第10089821号、第10821315号、第9597909号、第11096850号）。其中，“AUCTOPUS”“图形”“图形及INNOTRIK”三个注册商标在当事人制售的PSTN标准型号会议电话机的机身、说明书及包装盒上均有标注。

【办案经过】

深圳市市场质量监督管理局宝安分局认为，当事人在会议电话机的显著位置（机身的正面和背面）及包装上，标明了自己的多个注册商标，虽然会议电话机的形状与举报人的立体商标相似，但不足以造成消费者对产品来源产生混淆误认。会议电话机与普通电话、手机相比，有相对特殊的技术特点和使用要求。会议电话机的三角形外观是为获得技术效果而需有的商品形状。本案属于《中华人民共和国商标法》第五十九条第二款中三维标志注册商标中含有为获得技术效果而需有的商品形状，注册商标专用权人无权禁止他人正当使用的情形。现有证据认定当事人商标侵权违法的证据不足。根据《深圳市市场和质量监督管理委员会执法案件办理程序若干规定》第三十八条第三项的规定，决定对本案作销案处理并告知举报人。

051

假冒先科案

【典型意义】

本案成为广东省2016年打击制假售假专项行动以来第一起成功发起和收网的全国集群战役，大大激发了各地公安机关开展打击制假售假工作的士气，受到各级领导的表扬和肯定。为此，公安部还专门发来贺电。

【关键词】

假冒注册商标　先科

【基本案情】

2016年3月，深圳市市场和质量监督管理局宝安分局根据群众举报的线索，破获了一起假冒“先科”品牌视频音响的假冒注册商标案，随后分局经侦大队循线摸查，发起全国集群战役。2016年4月，在公安部、省公安厅和市局的统一部署下，在广东、河北、河南、湖北、浙江等地公安机关的协助配合下，我分局联合出动95名警力，对深圳景昊科技有限公司假冒注册商标案集群战役进行了集中收网。收网行动中，共捣毁制假售假窝点7处，打掉犯罪团伙6个，抓获胡某凤等犯罪嫌疑人10名（其中刑事拘留9人，取保候审1人），查获假冒“先科”等品牌的视频音响6478部，查获涉案金额达7309万元。

【办案经过】

宝安分局经侦大队经侦查发现，该公司自2013年底开始生产假冒“先科”牌数码音箱，月销量达一百多万元，作案手法是通过阿里巴巴网站发布销售信息，各地客户通过电话联系下订单，货款直接在网上银行转账支付。由于所有的犯罪嫌疑人在进行犯罪活动时分工明确且不相互联系，为侦查打击带来了极大的困难。为了侦查扩线，进一步获取有利证据，宝安分局经侦大队决定从物流入手，扼住假冒产品流通的渠道。通过对深圳景昊科技有限公司发往全国各地的发货单据的调取、筛查，结合物流单据、收款账号交易明细核对，发现全国各地经销商自2014年1月以来从深圳景昊科技有限公司批出的假冒“先科”牌数码音箱金额达到7000万元以上，涉及地区有广东、山东、北京、湖北、江苏等十多个省市。

2016年3月24日，大队根据掌握的线索，报请公安部批准迅速发起了全省第一起打击制假售假专项行动全国集群战役。并派出多个专案组前往涉案地区协助开展打击。短短一个多星期，各地打击战果频传：

2016年4月1日，在湖北省，宝安分局经侦大队联合武汉市公安局江汉分局经侦大队等部门，在武汉市江汉分局辖区抓获涉嫌销售假冒的“先科”品牌视频音响犯罪嫌疑人刘某，现场缴获假冒的“先科”品牌视频音响211台，涉案金额约1728500元人民币。在浙江省，宝安分局经侦大队联合杭州市公安局江干分局经侦大队等部门在江干区辖区将涉嫌销售假冒的“先科”品牌视频音响犯罪嫌疑人于跃跃抓获，现场查获假冒的“先科”品牌视频音响112台，涉案价值达25万元。在河北省，宝安分局经侦大队联合石家庄市公安局经侦支队、新华分局经侦大队等部门共出动警力20人，捣毁了两处涉嫌生产、销售假冒“先科”品牌视频音响的窝点，抓获两名犯罪嫌疑人张某洋、冯某斌，缴获销售电脑两台，销售单据一批，涉案金额约95万元人民币。

4月2日，在河南省，宝安分局经侦大队联合郑州市公安局嵩山路分局经侦大队等部门在嵩山路分局辖区查获一个销售假冒“先科”品牌视频音响的窝点，抓获犯罪嫌疑人张某清，现场缴获假冒的“先科”品牌视频音响20部，涉案价值约16.9万元人民币。

4月6日，在江西省，宝安分局经侦大队联合南昌市公安局经侦支队、西湖公安分局经侦大队、西湖区工商局共出动35名警力在南昌市洪城大市场A区4栋24号经营的“鑫晓春百货”查获涉案“先科”品牌各类音箱及其他各电子音像产品共计280余台，当场抓获涉案嫌疑人谭某。缴获假冒的“先科”品牌金额达270余万元。经讯问，谭某对自己自2007年以来销售假冒“先科”品牌电子音像产品的犯罪事实供认不讳。

在公安部统一指挥下，在广东、河北、河南、湖北、浙江等地公安机关的协助配合下，行动组迅速打掉犯罪团伙6个，抓获胡某某等犯罪嫌疑人10名，查获假冒“先科”等品牌的视频音响6478部，缴获涉案物品金额达7309万元。

052

严格按照行政执法程序办理投诉案件获认可

【典型意义】

本案在案件办理过程中，严格按照案件办理程序，进行案件的延期、中止处理，确保程序合法，后经两次法院审判认定办理过程均不存在程序违法的情况，对行政执法机关的执法办理具有指导作用，且办案人员在办理过程中组织了多次案审会、邀请相关领域专家参加、参考了民事审判的意见、积极向上级请示，使得判定结果更具说服力。

【关键词】

注册商标　混淆

【基本案情】

“公仔+EQ+芝蔴”注册商标原为中国台湾台北芝麻婚姻广场所有，2008年5月21日该商标经核准转让给陈某某。2004年6月1日，陈某某与案件当事人深圳市优优儿童摄影有限公司等签署《商标许可使用合同》，共同经营“台湾芝麻开门·阿里巴巴”专业儿童摄影，有效期至2008年9月13日。合同到期后，当事人在其经营场所、营业标志及宣传材料使用“芝麻开门+专业儿童摄影+公仔”标识。2010年10月18日，陈某某向深圳市市场监督管理局福田分局投诉当事人侵犯其商标专用权。

【办案经过】

2010年10月18日，陈某某向福田分局投诉当事人侵犯其“公仔+EQ+芝蔴”商标专用权，鉴于陈某某与当事人就商标使用存在民事纠纷诉讼，为了确保案件处理的公平、公正，福田分局对案件进行中止处理，并于2013年4月17日最终作出当事人的行为不构成侵权认定，理由如下：一是投诉人持有的注册商标是以“公仔”图形和“芝蔴”汉字构成一个完整的商标，其主要部分是“芝蔴”文字，虽然被指控侵权商标包含“芝麻”文字，但“麻”和“蔴”字形不同，且“芝麻”只是一种植物名称，而“芝麻开门”指向童话典故，两者读音、含义、组成以及指向均具有明显差异，不易在相关公众中造成混淆；二是被控侵权商标是将“公仔”图形和“芝麻开门”文字分开使用，与投诉人持有的注册商标是以“公仔”图形和“芝蔴”文字整体使用明显不同；三是判断商标近似侵权，应考虑注册商标的类型、显著性以及实际使用情况等因素，认定被控涉嫌侵权的商标使用是否与他人注册商标容易造成相关公众误认或者混淆。因投诉人持有的注册商标与被控侵权商标，无论从整体比对，还是从要部比对，两者既不相同也不近似，不会导致相关消费者或相关公众产生混淆，不构成近似侵权。陈某某不服，向深圳市福田区人民法院提起行政诉讼。经审理，一审遂驳回原告陈某某的全部诉讼请求。陈某某不服继续提起上诉；深圳市中级人民法院二审判决驳回上诉，维持原判。

053

跨境“毕慈”耳机案

【典型意义】

本案作为一起涉及产供销异地进行，并利用互联网进行跨境售假的典型案例，不仅揭露了违法分子在高压打击下采用的新型制售假手法，也体现了开展互联网侵权打假工作的必要性，对今后破获跨境电商侵权案件有很好的借鉴意义，更对广大消费者有着重大的警示作用。本案入选深圳市2014年度十大年度知识产权事件。

【关键词】

注册商标　混淆

【基本案情】

2014年4月17日，深圳市市场和质量监督管理委员会罗湖市场监督管理局（原深圳市市场监督管理局罗湖分局）在清水河一路8号1栋3楼一仓库现场查获3651个侵犯商标注册专用权的beats（毕慈）耳机、音箱和51部Nokia、小米、Iphone手机，公安机关现场抓获犯罪嫌疑人7名，刑拘1人。涉案金额约500万元。

【办案经过】

2014年4月16日晚，东莞工商、公安部门为防止不法分子对物品进行转移，紧急开展专项行动，在石排镇一工厂现场查获了10万件侵权的“毕慈”耳机和音箱商标标识，公安机关刑拘1人。为了把握破案的最佳时机，4月17日，深圳市市场监管局罗湖分局和罗湖公安分局经侦大队执法人员火速出击，根据前期掌握的情况对三楼仓库进行突击检查，在该仓库的发货间，有工作人员正按照订单准备将不同型号的毕慈耳机、音箱发往各地，另根据现场的货运单据显示，这些物品销售地遍布世界各地，包括中国、美国、澳大利亚、荷兰、法国等，发货间的墙上更贴有发往各地的物流价格。执法人员随后来到仓库，仓库内的货架和地上到处堆满了各个型号的毕慈耳机和音箱，并分门别类标注了型号和颜色。而在仓库堆放的货品中，执法人员更现场揭穿了违法分子掩人耳目的把戏，其通过在侵权物品外包装使用其他品牌耳机的包装，以达到方便运输的目的。经商标权利人仔细鉴定，现场查获的毕慈耳机、音箱均为侵权商品。

随后，公安机关经过对该处的负责人的询问，掌握到该仓库根据在网店接到的订单，通过快递的方式，将侵权的“毕慈”耳机、音箱发往世界各地。

该批 beats 耳机后经商标权利人或代理人鉴定均为假冒注册商标权利人注册商标的商品。深圳市价格认证中心出具的《深圳市涉案财产价格鉴证结论书》认定该批 beats 品牌耳机、音箱价值为人民币 388080 元，当事人的行为已经涉嫌犯罪，深圳市市场监督管理局罗湖分局依法将该案移交公安机关。

054

联合执法侦破假冒饰品案

【典型意义】

本案中，侵权人以最新手段通过网络批发及零售网站为平台开设网店，还开设了独立网站，对外大量批发零售多种世界知名品牌的饰品，大肆吸纳批发商和网店代理使案件的侦查具有难度，本案通过行政与公安部门联合执法成功进行了查处，是联合执法案件的成功代表。

【关键词】

假冒注册商标　联合执法

【基本案情】

2012年6月28日，深圳市市场和质量监督管理委员会罗湖市场监督管理局（原深圳市市场监督管理局罗湖分局）联合公安部门共70余名执法人员，在深圳市罗湖区松泉山庄23栋103现场查获包括TIFFANY、GUCCI等品牌的模具72件以及相关品牌的饰品2万余件，捣毁了产供销一条龙假冒饰品产业链，公安机关刑拘8人。后经鉴定，涉案金额为1989250元，该局依法将案件移交公安机关进行处理。2012年12月24日，深圳市罗湖区人民法院依法对涉案当事人作出判决。

【办案经过】

2012年5月下旬，深圳市市场和质量监督管理委员会罗湖市场监督管理局（原深圳市市场监督管理局罗湖分局）接到Cartier等品牌商提供的线索，称在罗湖区某小区一栋住宅楼内有销售涉嫌侵犯其注册商标所有权饰品的窝点，该窝点不仅以国内知名网络批发及零售网站为平台开设网店，还开设了独立网站，对外大量批发零售多种世界知名品牌的饰品，大肆吸纳批发商和网店代理。此窝点在淘宝网上开设的一家网店已达4钻信誉级，交易量已超千笔，部分假冒商品甚至远销海外。为确保案件成功侦破，该局主动联合公安部门，多次召开案情协调会，利用网监技术对其销售情况实施监控，并借助技术手段锁定罗湖区内的两处销售窝点及龙岗区的一处加工点。经过为期近一个月的细致摸排，并利用节假日、双休日对制假售假链条上的各个黑窝点逐个踩点。经过仔细、反复的调查，6月28日，该局立即联合公安部门共70余名执法人员兵分三路，以迅雷不及掩耳之势控制了前期掌握的3处窝点，在深圳市罗湖区松泉山庄23栋103现场查获各类假冒名牌饰品，在多台电脑上发现了其销售记录并将在现场办公的8名工作人员带回调查。在维富大厦的窝点内，执法人员现场查扣用于网络交易的电脑主机3台以及销售单据一批，公安部门将现场联系业务的3名网络客服人员带回调查。在龙岗区一工业区车间，执法人员分区域作战，直奔生产加工窝点，执法人员现场看到14名工人正在加工饰品，依法查获包括TIFFANY、GUCCI等品牌的模具72件以及相关品牌的饰品2万余件。

对现场查扣的假冒饰品，执法人员联系了商标权利人进行鉴定，证实查获的 TIFFANY、BVLGARI、CARTIER、CHANEL 等品牌饰品均属假冒其注册商标商品。2012 年 7 月 4 日，深圳市价格认证中心出具价格鉴证结论书，上述假冒注册商标 TIFFANY、BVLGARI、CARTIER、CHANEL 饰品的价格为人民币 1989250 元。同时，商标权利人提供了上述假冒饰品在中国大陆市场的真品价格区间，TIFFANY 饰品的真品价格区间为人民币 1300—9200 元、BVLGARI 饰品真品的最低售价为人民币 3300 元、CARTIER 饰品真品的最低售价为人民币 3200 元、CHANEL 饰品真品的最低售价为人民币 3200 元，按照上述名牌饰品同型号的真品市场售价计算，上述假冒饰品的案值区间为 1.71 亿—8.82 亿元。该局于 2012 年 7 月 20 日将该案移送公安机关处理。公安机关对刘某等 8 名涉案人员进行刑事拘留。

2012 年 12 月 24 日，深圳市罗湖区人民法院对吐某某等 8 人作出一审判决。没收扣押清单上缴获的赃物，由公安机关销毁处理。

055

口岸片区“五假”案

【典型意义】

本案得到各大媒体的追踪报道。市委信息快报以“我市制假售假案件出现新特点应予以关注”为题，专刊编发了售假新特点以及打假工作建议。市打假办亦编发专题简报并以编者按的形式肯定罗湖区的打假办案工作。

【关键词】

假冒注册商标　新型售假

【基本案情】

2014 年 7 月 29 日，深圳市市场和质量监督管理委员会罗湖市场监督管理局（原深圳市市场监督管理局罗湖分局）根据前期摸排，在罗湖口岸片区一家仓库查获假冒 PANERAI 手表 94 只、ROLEX 表盒 108 个、PIAGET 表盒 68

个、SEIKO表盒66个、AP表盒77个、MONTBLANC表盒51个，还发现假冒购物单据一批，揭开了将仿真度极高的商品配上全套假冒票据以代购、外贸尾单的名号进行销售的新型售假手段的真面目。

【办案经过】

2014年7月29日，深圳市市场和质量监督管理委员会罗湖市场监督管理局（原深圳市市场监督管理局罗湖分局）根据前期摸排，在罗湖口岸片区一家仓库查获假冒PANERAI手表94只、ROLEX表盒108个、PIAGET表盒68个、SEIKO表盒66个、AP表盒77个、MONTBLANC表盒51个，还发现假冒购物单据一批。

该案查获的一批假冒包装盒、产品说明书和票据引起了执法人员的注意，其中包括PRADA、CHANEL、HERMES、BOTTEGA VENETA等品牌的伪造销售单据。这些发票纸质厚实、字迹清晰，商品款式、型号、数量、金额等信息记录详细，甚至印有店铺二维码信息和电子章。

在以往查处的假冒案件中，查获的大多是高仿商品，但从商品、包装、证书、发票和交易票据“五假”俱全的现象并不多见。在发现这一新型售假手段后，执法人员立即展开调查，经过对发票上的二维码分析，电子章、地址等信息的比对，证实这些记录详细、纸质厚实、字迹清晰的PRADA、CHANEL、HERMES、BOTTEGA VENETA等品牌销售单据均为伪造。

2014年10月20日，该局根据《深圳市特区打假条例》的相关规定，没收仓库查扣的物品，并对其处停业整顿六个月的处罚。

056

假冒、走私“天霸表”案

【典型意义】

“天霸表”是深圳市天海霸钟表有限公司旗下品牌。在20世纪八九十年代间，作为深圳第一个钟表品牌，“天霸表”在国内消费者中树立了高品质的形象并且获得了贸易部颁发的最畅销国内商品“金桥奖”。同时，在深圳市市场上也出现了大量冒牌的“天霸表”，严重损害企业以及消费者的权益。深圳市工商局对此果断采取措施，一次查获近300只冒牌“天霸”手表。是当时轰动一时的大案。

【关键词】

假冒　走私

【基本案情】

1990年在深圳市人民桥一带的摊档上，充斥着各式各样的“天霸”牌手表。既有标上“日本原装天霸表”者，亦有冠以“瑞士名牌天霸表”者。深圳市天霸公司生产的“天霸”石英手表以质量取胜，声誉日隆，销量激增。人民桥摊档上摆卖的冒牌“天霸”手表，以假乱真，尽管没有一只真表，但是凭借着“天霸表”的商誉，仍有不少顾客上当受骗。

真“天霸”手表主要在全国各大中城市的著名钟表、百货商店专柜销售，鉴别真假“天霸”表的标志有3个：底盖上贴有用激光全息摄影制作的图形幻彩标贴；表面12点处有注册商标“TEMPO”；每出售一只“天霸”表，均附有一张保修卡。

【办案经过】

1990年6月，深圳市工商局当时果断采取措施，对人民桥摊档上的这些冒牌手表进行突击抽查，一次查获近300只冒牌“天霸”手表。同时，工商局还查获一宗假冒、走私“天霸”手表大案，将一位假冒、走私“天霸”手表并获利数万元的香港不法商人，交由检察机关查处。

057

冒牌白酒、变质啤酒查处案

【典型意义】

本案系深圳相关部门在20世纪80年代查处的一件早期商标侵权案件。本案代表深圳经济特区早年典型的知识产权侵权案件，该类案件多为冒牌食品、酒类或香烟。当时深圳市经济特区主要的知识产权执法是由工商局进行的打假活动。

【关键词】

专卖管理部门　查处

【基本案情】

深圳市专卖管理部门根据消费者的投诉，对全市酒类市场进行了检查，发现冒牌“五加白”酒50多箱，当即查封。这些伪造哈尔滨市酿酒厂获金质奖章的“五加白”酒，由陆丰、丰顺等地的一些商贩从潮汕方面运入深圳市，再卖给湖北路一带的酒类经营者，然后通过个体户出售给消费者。

市专卖管理部门在检查中还发现一批变质的青岛崂山啤酒。经卫生部检验，这些啤酒严重沉淀，不能饮用。这些变质啤酒共有1600多箱。

【办案经过】

1986年12月18日上午，市专卖管理部门在深圳市医药大厦北面停车场等地销毁600多瓶冒牌“五加白”酒和3000多瓶过期变质的崂山啤酒。

三、著作权类案件

（一）著作权民事审判案件

058

陈某旭与深圳市腾讯公司著作权侵权纠纷

【裁判要旨】

网络用户未经许可上传音频文件构成著作权直接侵权。在音频播放平台与该上传用户之间不存在意思联络分工配合，同时音频播放平台对该用户的上传行为不存在主观过错且已及时删除该音频文件的情况下，音频播放平台既不构成直接侵权亦不构成帮助侵权。

【典型意义】

音频播放平台随着智能手机的普及以及发展于 2013 年开始兴起，新传播技术的应用总是伴随着著作权保护与著作权侵权之间复杂的利益博弈，鉴于此，为保障新传播技术的健康发展，避免因利用新传播技术而侵犯他人的著作权，研究处理音频播放平台著作权侵权案件的裁判规则，从而为该项新技术的研发者和传播者提供行为指引就显得颇为重要。本案系涉及音频文件播放平台涉嫌侵犯小说文字作品著作权的新类型案件，涉及网络用户上传音频文件的定性和音频文件播放平台行为的定性，以及如何认定音频文件播放平台构成著作权直接侵权和帮助侵权的问题。法院通过判决，为该类型案件提供裁判规则指引，从而为目前壮大的音频播放平台的法律风险防控提供了指导。

【关键词】

著作权　直接侵权　帮助侵权

【基本案情】

陈某旭是《麻衣世家》《麻衣世家2，貔貅血泪》和《麻衣世家3，咒禁迷谷》小说文字作品的著作权人。陈某旭认为深圳市腾讯计算机系统有限公司“fm. qq. com”网站中的音频播放平台以音频播放文件的方式传播上述三部作品，侵犯了其著作权，要求深圳腾讯公司停止侵权并承担赔偿责任。其公证取证如下：2015年12月30日，陈某旭的委托代理人及公证人员利用智能手机，在手机联网的状态下打开网页浏览器，进入“fm. qq. com”网站，下载并安装一款名为“企鹅FM”的软件，在该“企鹅FM”软件的搜索栏中输入“麻衣神相”进行搜索，显示“主播：星魂故事”，经比对，上述手机搜索到的音频文件的内容与陈某旭的涉案三部小说作品的内容相同。深圳腾讯公司抗辩称，涉案被控侵权的三部音频小说文件是“薛某某”上传的，且其已及时删除了三部音频小说文件，并提供证据证明该事实。在庭审中，陈某旭表示不追加“薛某某”为本案的共同被告参加诉讼。深圳腾讯公司还提交了《企鹅FM原创平台服务协议》《腾讯企鹅FM原创平台投诉指引》证据，以证明其为权利人提供了方便快捷的投诉途径。

【裁判意见】

深圳市南山区人民法院一审认为，陈某旭是涉案三部小说文字作品的著作权人。深圳腾讯公司的“企鹅FM”播放平台在性质上属于信息存储空间。涉案音频文件是薛某某以主播“星魂故事”的名义提供，深圳腾讯公司已及时删除该音频文件且在主观上没有过错，其不应承担赔偿责任，判决驳回陈某旭的诉讼请求。

一审判决后，陈某旭不服提出上诉。深圳市中级人民法院二审认为，被上诉人提供的证据证明，上诉人指控被上诉人侵权的涉案作品是由用户薛某某上传的，上诉人的涉案作品是小说作品，而薛某某上传的小说作品是通过主播

“星魂故事”朗读的方式向网络用户提供，上述以文字表现的作品和以朗读方式表现的作品是同一作品，因此，应认定是薛某某通过信息网络向用户提供上诉人的涉案作品，而上诉人并未提供证据证明，被上诉人与上传音频文件的用户（薛某某）之间存在分工合作或共同经营关系，因此，本院认定，被上诉人未单独提供、也未与他人共同提供涉案作品。鉴于此，上诉人指控被上诉人直接侵犯其涉案作品的信息网络传播权的主张，不予采信。

关于被上诉人是否构成帮助侵犯著作权的问题。行为人构成帮助侵权需满足三个条件，即有直接侵权行为存在，行为人在客观上帮助了直接侵权行为，行为人在主观上存在过错。本案中，将涉案作品直接上传到企鹅FM原创平台上的人为薛某某，被上诉人提供企鹅FM原创平台在客观上帮助了薛某某传播该作品，鉴于此，被上诉人的行为满足上述帮助侵权的前两个条件。

对本案来说，要认定被上诉人构成帮助侵权，关键在于上诉人要举证证明被上诉人在主观上存在过错，即被上诉人明知或应知薛某某存在著作权直接侵权行为而给其提供帮助。

被上诉人经营的企鹅FM原创平台，为用户提供免费的音频文件上传服务，除此之外，该平台上还有新闻、音乐等内容，该平台上的这些内容是海量的。被上诉人经营的企鹅FM原创平台为信息存储空间服务，上诉人获得涉案音频文件是通过进入企鹅FM平台以输入“麻衣神相”进行关键词搜索，并接着通过对搜索结果进行点击提示来获得。从上诉人提交的证据材料来看，不足以证明企鹅FM平台将主播“星魂故事”提供的“麻衣神相”音频文件置于网站的首页或主要页面，也没有对该音频文件进行编辑、推介。

由此可见，由于涉案作品的特点，被上诉人既不可能事先知道其平台上海量内容中哪一作品构成著作权侵权，也不太可能在企鹅FM原创平台运营过程中知道“麻衣神相”音频文件属于侵权内容，且在收到上诉人指控被上诉人侵权的起诉状等诉讼法律文书后，及时屏蔽或删除了其平台上的“麻衣神相”音频文件，被上诉人在主观上不存在明知或应知的过错。

鉴于此，深圳市中级人民法院以缺少被上诉人主观上存在过错的条件，认定被上诉人的行为不构成帮助侵权从而驳回了上述人的诉讼请求。

后陈某旭向广东省高级人民法院申请再审。广东省高级人民法院认为双方当事人对陈某旭系涉案作品的著作权人、享有对涉案作品的信息网络传播权、被诉侵权音频的内容与涉案作品内容基本一致、被诉侵权音频未经许可被置于信息网络中供公众在选定的时间和地点获得等事实并无异议，双方的争议在于腾讯公司在此过程中实施了何种行为以及对该种行为应如何认定。腾讯公司在给网络用户提供技术服务之初就明确书面告知网络用户不得上传侵权内容，在网络用户上传内容之后，在内容页面明显位置提供了便捷而清晰的侵权举报方式，在得知被诉侵权音频涉嫌侵权后立即删除了被诉侵权链接，再结合被诉侵权内容系录音制品，需要点击播放才能了解制品内容以及被诉侵权音频系通过搜索方式在企鹅FM平台上找到的事实，以上证据可以初步证明腾讯公司已采取合理、有效的技术措施，对被诉侵权音频尽到了合理的注意义务，认定腾讯公司不存在主观过错驳回了再审申请。

059

央视网络公司诉华夏电视公司著作权侵权及不正当竞争纠纷

【裁判要旨】

从我国著作权法的体系结构和各种受保护客体之间的逻辑关系角度出发，对于体育赛事的直播画面是否具有充分的独创性从而构成作品的问题进行了分析，认为涉案体育赛事直播节目不属于我国著作权法规定的“以类似摄制电影的方法创作的作品”而应认定为录像制品。

【典型意义】

本案是全国第一例对于电视台直播的体育赛事节目定性的生效判决，对于同类案件审理具有一定参考意义。本案被评为深圳法院2015年度知识产权典型案例。

【关键词】

体育赛事节目　实时转播　其他权利

【基本案情】

在央视国际网络有限公司诉华夏城视网络电视股份有限公司著作权侵权及不正当竞争纠纷案中，2014 年 6 月 13 日至 7 月 14 日期间，原告发现被告在其经营的网站“城市联合网络电视台”（网站首页：http：//www. cutv. com）之“兰州台”频道内，向网络用户提供了中央电视台制作的 2014 年巴西世界杯比赛节目的在线直播服务。经原告审查确认，中央电视台经国际足球联合会 FIFA（International Federation of Association Football）授权，邀请了众多国内知名解说及嘉宾，通过专业的节目制作播出技术，花费了大量的人力、物力、财力，将精彩纷呈、引人入胜且极具感情色彩的世界杯决赛阶段比赛以电视节目的形式传播给全国的观众。中央电视台已授权原告在全世界范围内独家行使通过信息网络（包括但不限于互联网络、移动网络等新媒体传播平台）向公众提供 2014 年巴西世界杯比赛节目的直播和点播之权利，但原告经核查确认从未授权被告以任何方式向公众提供涉案节目的在线播放服务。2014 年巴西世界杯是一场倍受国人及全世界关注的体育赛事，依据与 FIFA 达成的协议，中央电视台负有维护世界杯权益，打击社会盗版盗播行为的法律权利和义务，这次赛事在中国的播放情况，影响的不仅仅是中央电视台，而是整个中国在国际社会中的地位和形象。故为了加强赛事期间整个社会的版权意识，树立全行业尊重知识产权的良好形象，中央电视台已经在世界杯比赛前发函公告，作出权利声明，以表明其坚决打击侵犯世界杯版权的盗版盗播行为的决心。在此背景下，被告依然在未得到授权的情况下，通过其经营的网站向公众提供世界杯比赛节目的在线直播服务，其行为严重损害了原告的著作权，扰乱了正版授权市场，也是违反公平原则和诚实信用原则的不正当竞争行为。请求判令：一、被告立即停止在其经营的网站上通过信息网络向公众传播 2014 年巴西世界杯节目的在线播放服务，立即停止侵权及不正当竞争行为；二、被告赔偿原告经济损失及为调查被告侵权行为和起诉被告所支出的合理费用共计 400 万元；三、被告承担诉讼费用。被告开庭时辩称：一、原告主张被告通过网络直播的方式转播中央电视台播放 2014 年巴西世界杯决赛的行为侵犯其著作权无法律依据。1. 著作权法规定，广播权是以无线方式公开广播或者传播作品，以有线传播或者转播的方式向公众转播广播作品，以及通过扩音器或者其他传送符号、声音、图像的类似工具向公众传播广播作品的权利。本案通过计算机网络进行直播属利用光纤网络传输信号进行播放，与广播权规制的第一类及第三类直接以无线方式传播作品明显不同；第二类行为是指以有线方式转播无线广播的行为，并不包括直接以有线方式传播作品的行为，因此被告行为并未侵犯原告的广播权。2. 被告行为亦未侵犯原告的信息网络传播权。本案中被告直播系统事先公布节目时间表，用户在特定的时间登录系统后不能自己选择希望欣赏的节目，只能即时欣赏兰州电视台按照既定的节目时间表正在播放的节目。这一传播方式不能使公众在其个人选定的时间获得作品，因此并不是交互式传播。从传统技术特征上，它采用点对多模式，而非点对点模式，因为不同用户在同一时间登录服务器的同一频道，能够欣赏到的作品完全相同。3. 被告仅提供兰州电视台的链接服务，实质侵权人应认定为提供侵权视频的兰州台，原告主张要求被告承担侵权责任，无法律依据。4. 被告行为亦不应认定为侵犯原告《中华人民共和国著作权法》第十条第一款第十七项规定的“应当由著作权人享有的其他权利”，该条款是兜底条款，对该条款适用必须十分谨慎，否则会打破知识产权法定的基本原则，对著作权人过泛保护，将对网络媒体的发展带来严重阻碍。5. 即使认定被告涉嫌转播中央电视台的节目，被告行为系响应广电集团及中央宣传部的号召，如被认定为侵权，将严重打击被告的积极性，不利于被告后续宣传工作的开展。二、退一步而言，即使认定被告构成侵权，原告也遗漏了必须参与本案的共同诉讼当事人兰州电视台。本案起因系兰州电视台非法转播中央电视台节目，即使认定被告构成侵权，依照侵权责任法规定，兰州电视台均应作为本案共同被告且应当是必须进行共同诉讼的当事人与被告一起承担侵权责任。三、即使认定被告构成侵权，原告诉请的赔偿金额明显过高，原告最初起诉金额105万元，在没有任何合理事由的情况下，原告随意将诉请金额增加到400万元没有事实依据，亦无法律依据。原告提交其与新浪公司、聚力传媒公司的授权协议，考虑到上述两家公司影响力远远超过被告，其通过播放涉案节目可能获得的收益及支出的费用在本案无参考性。原告没有合理证据证明其实际损失，亦没有证据证明被告违法所得，依照著作权法

第四十九条规定，权利人的实际损失或者侵权人的违法所得不能确定的，由人民法院根据侵权行为的情节，给予50万元以下的赔偿。原告主张赔偿金额明显过高。综上，原告诉讼请求缺乏事实及法律依据，请求法院依法驳回起诉。

【裁判意见】

深圳市福田区人民法院经审理查明：一、原告主张其对涉案赛事享有权利的事实。2014年11月4日国际足球联合会向中国中央电视台出具确认函，载明：国际足联拥有2014年巴西世界杯比赛在全球的所有权利，包括但不限于版权。国际足联特此确认，中央电视台独家享有2014年巴西世界杯比赛在中国大陆地区（不包括澳门、香港和中国台北（台湾））的普通话和广东话转播权，期限为2011年1月至2014年12月31日。中央电视台拥有2014年巴西世界杯比赛的相关权利如下：1. 独家媒体权：通过电缆、卫星、地面和宽带互联网传输等方式直播、延迟播放和重播2014年巴西世界杯期间所有比赛，及基本节目、多形式节目、附加节目、单边报道、音频资料和精彩场面集锦；电台直播、延迟播放和重播比赛音频资料和精彩场面集锦；通过移动、宽带互联网、电缆、卫星和地面传输等方式提供点播视频节目。2. 公共展示权。3. 许可转授权：中央电视台有权在中国大陆地区向第三方媒体转授公共展示权（或其中一部分），期限为2011年1月1日至2014年12月31日。针对侵犯国际足联所授予中央电视台权利的行为或不正当竞争，中央电视台有权在中国大陆地区采取适当措施和提起法律诉讼，包括发通知/警告信，向执法部门提出指控作为原告在中国大陆地区向司法部门提起诉讼等。作为中央电视台的被转授权许可人，cctv. com/cntv. cn有权针对网上侵权行为和不正当竞争采取上述措施。为避免歧义，本函不作为中央电视台被授权以国际足联名义提起法律诉讼或采取其他措施的委托书。2009年4月20日，中央电视台出具授权书，将该台拍摄、制作或者广播的，享有著作权或与著作权有关的权利，或者获得相关授权的，该台所有电视频道及其所含之全部电视节目（包括但不限于现有及今后之：综艺晚会、访谈节目、体育赛事、社会活动、文化学术专栏、娱乐节目、重大事件报道、影视剧、动画片、纪录片等），通过信息网络（包括但不限于互联网络、移动平台、IP电视、车载电视等新媒体传播平台）向公众传播、广播（包括但不限于实时转播或延时转播）、提供之权利，授权央视国际网络有限公司在全世界范围内独占行使，并授权央视国际网络有限公司作为上述权利在全世界范围内进行交易的独家代理。央视国际网络有限公司作为上述权利的独占被授权许可人，可以以自己的名义，对外主张、行使上述权利，可以许可或禁止他人行使或部分行使上述权利；可以针对侵权行为，以其自己的名义或委托律师等第三方，采取包括但不限于调查取证、行政投诉、提出索赔、谈判和解、提出诉讼、申请强制执行、获得赔偿等在内的各种法律措施。前述授权内容自2006年4月28日起生效，至该台书面声明取消前述授权之日失效。2014年6月13日至7月14日期间，中央电视台向中国大陆地区电视观众实时转播由国际足联拍摄、经中央电视台制作的“2014年巴西世界杯”64场足球比赛。原告在赛后通过互联网络向公众提供全部完整赛事的电视节目在线播放服务。二、原告指控被告侵权的事实。原告向上海市静安公证处申请证据保全公证，2014年6月13日，公证员崔某霞和公证处工作人员洪某以及原告委托代理人张某超在公证处，使用公证处已连接互联网的计算机，对从互联网上浏览网页、在线播放和录制视频的过程及内容进行证据保全公证，并出具了（2014）沪静证经字第2737号公证书。公证书载明：打开IE浏览器，在IE地址栏中输入“tv. cutv. com”，按回车键进入页面，对部分页面进行截屏并粘贴至文档；点击“兰州”进入页面，对部分页面进行截屏并粘贴至文档；点击“兰州晴彩兰州”，进行视频播放，播放中使用“屏幕录像专家”软件对部分播放内容进行录像，并对部分页面进行截屏并粘贴至文档。工作人员将上述录制的视频文件刻录至空白光盘，并对截屏文档进行打印。网页截屏及录像显示：进入“tv. cutv. com”，首部为“CUTV城视网 城市联合网络电视台”“深圳台、昆明台、南京台、苏州通、兰州台”等36个地方电视台名称，首页深圳电视台时间显示“2014－06－13 04：46：02”；点击“兰州”，下方出现“兰州新闻频道、兰州公共频道、兰州晴彩兰州”等选项，点击“兰州晴彩兰州”，出现“直播世界杯小组赛A组 巴西：克罗地亚”画面，公证视频时间从04：47：25（比赛中途）至05：47：34（比赛结束）。比赛画面左上部显示“CCTV1综合”台标、右上部显示“CUTV”网站标识，中场休息插播中央电视台广告，页面下方显示“直播节目单”列表。2014年7月14日，公证员崔某霞和公证处工作人员洪某以及原告委托代理人张某杰在公证处，使用公证处已连接互联网的计算机，从互联网上浏览网页、在线播放和录制视频的过程及内容进行证据保全公证，并出具了（2014）沪静证经字第3359号公证书。公证书载明：在百度搜索页面点击“城市联合网络电视台CUTV.COM城视网”，进入页面，点击“关于CUTV”显示：“城市联合网络电视台是国家广播电影电视总局正式批准的以新兴信息网络为节目传播载体的新形态广播电视播出机构。华夏城视网络电视股份有限公司是城市联合网络电视台的运营实体。城市联合网络电视台（www.cutv.com）通过共享牌照资源、内容资源和技术资源，降低城市台新媒体建设成本和运营成本，解决城市台发展新媒体所遇到的资金、资源、人才及规模不足等共性问题，快速提升各城市台新媒体的竞争力、影响力、媒体公信力和广告价值，共同实现自身新媒体战略。”网页同时展示华夏城视网络电视股份有限公司的网络文化经营许可证、广播电视节目制作经营许可证。搜索栏内输入“icp备案查询”，显示www.cutv.com主办单位为被告，网站名称为“城市联合网络电视台”。返回www.cutv.com主页面，点击“兰州台”，出现“睛彩兰州频道、新闻综合频道、生活经济频道”等栏目，放大视频小窗，进行视频播放，使用“屏幕录像专家”录像软件对部分播放内容进行录像，对部分页面进行截屏并粘贴至文档。工作人员将上述录制的视频文件刻录至空白光盘，并对截屏文档进行打印。网页截屏及录像分两段内容显示：一段为“直播巴西世界杯闭幕式”画面，公证视频时间从1：21：05至1：30：05。一段为“直播巴西世界杯决赛德国：阿根廷”画面，公证视频时间从03：22：26（比赛中途）至05：08：26（比赛结束）。闭幕式及比赛画面左上部显示“CCTV1综合”台标、右上部显示“CUTV”网站标识，播放页面有“兰州电视台>兰州睛彩兰州”提示。原告在本案中主张保护两场巴西世界杯赛事直播节目的著作权，认为随着电视直播技术以及体育赛事节目制作思路的革新，体育赛事节目制作团队已不再是完全机械记录比赛的过程，而是能够加入自身对于比赛的理解和表达。体育赛事节目因此可以被设计、编排和糅杂进主观情感进行表现，类似电影的创作和摄制方法已经被大量运用到体育赛事直播节目中，使得赛事直播节目具有更多影视戏剧化的特征。巴西世界杯赛事直播节目是以类似电影的方式创作的作品。被告侵权方式是通过网络传播了正在直播进行的巴西世界杯足球赛事节目，侵犯的是原告享有对该作品的著作权法第十条第十七项规定的应当由著作权人享有的其他权利。原告向法院提交2014年5月原告分别与北京新浪互联信息服务有限公司、上海聚力传媒技术有限公司签订的“2014年第二十届国际足联世界杯互联网播出播放分授权协议”，证明其经济损失。协议约定原告非独家授权新浪公司、聚力公司在合作期限（2014年6月12日至2014年8月12日）内通过新浪公司、聚力公司在其运营的现有平台向用户提供中央电视台播出的2014年第二十届国际足联世界杯足球赛全部赛事、开幕式及闭幕式视频播放服务。其中授权赛事做延时播放，并且播放内容需在授权赛事直播结束90分钟后上线点播。协议还对总体合作费用进行约定（原告要求对于合作费用数额保密）。原告还向本院提交律师费发票25000元及往返开庭机票1370元，证明其为制止侵权支出的合理费用。三、其他相关情况。2010年12月国家广播电影电视总局下发“广电总局关于同意深圳市电视台与其他城市电视台联合筹备开办城市联合网络电视台的批复”，同意深圳市电视台与其他城市电视台联合筹备开办城市联合网络电视台，城市联合网络电视台采用“公共节目平台”+“各联合开办单位节目分平台”的技术架构，使用统一的互联网登录地址“cutv. com”和“cutv. cn”，实行统一运营、管理。公共节目平台的节目内容由深圳市电视台为管理责任主体，节目分平台的节目内容由相应的各联合开办单位为管理责任主体。被告确认cutv. com网站由其经营管理，原告两份公证书取证的内容来源于兰州电视台旗下的晴彩兰州频道直播。其陈述兰州电视台将广播网信号转化为互联网信号推送至cutv. com网站服务器，用户登录cutv. com网站，点击晴彩兰州频道实现涉案赛事和闭幕式实时观看。由于兰州电视台将信号转换需要时间解码，用户登录cutv. com观看赛事直播比中央电视台直播稍有延迟。根据被告流量监测，2014年7月14日3时、4时被告服务器访问数分别为11人、10人。各地方电视台推送的信号内容庞大，被告服务器无法进行存储，其根据各个电视台传输的内容向网络用户进行推送。为避免出现版权问题，播控系统要求所有成员台提供没有版权产品的播出时段，一旦接收到播出台请求，被告亦可采取技术手段将播出内容进行屏蔽或替换内容。原告庭审时陈述中央电视台未授权兰州电视台对其直播的巴西世界杯赛事进行转播，兰州电视台是否侵犯中央电视台或原告权益与本案无关，原告在本案中不向兰州电视台主张侵权责任。

深圳市福田区人民法院于2015年9月18日作出（2015）深福法知民初字第174号民事判决，判决：被告华夏城视网络电视股份有限公司于本判决生效之日起十日内赔偿原告央视国际网络有限公司经济损失及合理支出120000元。宣判后，各方当事人均未上诉，判决已发生效力。

060

北京优朋公司诉招商国旅红桂营业部著作权侵权纠纷

【裁判要旨】

域名注册人仅表明特定域名的持有人，并不代表特定域名项下网站的运营者，域名注册人与域名项下网站的运营者并不存在一一对应关系，不能仅以域名注册人来认定相关网站的运营者，更不能以域名注册人来推翻登记的ICP备案主体。

【典型意义】

本案对于互联网环境下如何确认网站的运营服务提供者的认定进行了明确，对发生于互联网环境下的著作权侵权案件侵权主体的判定具有一定指导意义。

【关键词】

互联网信息服务提供者　域名注册　ICP备案

【基本案情】

根据香港影业协会出具的注册编号为14325《发行权证明书》显示，影片《意外》于2008年10月在香港完成，2009年9月首次在香港公映。

影片的出品公司为寰××电影有限公司，发行公司为中影寰××音像制品有限公司，发行地区为中华人民共和国境内（除港澳台地区），发行期限为2009年9月17日至2024年9月16日，发行形式包括发行公司享有发行地区电视、录像及信息网络传播权的独占性权利。

2009年11月11日，中影寰××音像制品有限公司出具《著作权保护授权书》，将影片《意外》在中国境内的专有独占性信息网络传播权和网播权以及在中国大陆地区对第三方侵犯该影片信息网络传播权和网播权行为进行法律责任追究的权利转让给北京优朋普乐科技有限公司行使，北京优朋普乐科技有限公司行使专有独占性信息网络传播权和网播权自2010年1月15日至2013年1月14日，第三方侵犯该影片信息网络传播权和网播权行为进行法律责任追究的权利自2009年11月11日至2013年1月14日。www.7fee.com网站能够通过搜索获得影片《意外》。经过查询ICP备案主体信息，显示网址为“www.7fee.com”的网站名称及主办单位为深圳招商国际旅游有限公司格××天营业部，网站备案/许可证号为粤ICP备09141430号-1，审核通过时间为2009年7月27日。2012年9月4日，广东省通信管理局出具的粤通简函（2012）49号《关于调查信息的复函》显示，根据广东省通信管理局于8月17日在“工业和信息化部的ICP/IP地址/域名信息备案管理系统”的公共查询结果，“因www.7fee.com已注销备案或未备案，目前，我局暂无法通过备案管理系统的公共查询功能查出2009年至2012年期间的上述域名的备案信息”，另“根据国际惯例，申请人直接向域名注册服务机构申请域名注册，遵循‘先申请先注册’原则”。根据查询结果显示，域名7fee.com的注册商为GODADDY.COM，LLC，注册人为WTS，创建时间为2011年9月18日，更新时间为2012年9月3日，过期时间为2013年9月18日。招商国旅红桂营业部成立于2011年9月24日，为招商国旅公司的分支机构，经营范围为旅游咨询、代办本社旅游业务及提供相关订房等服务，其于2011年2月15日由深圳招商国际旅游有限公司格××天营业部变更为现在名称。

【裁判意见】

深圳市罗湖区人民法院经过审理认为，涉嫌侵权的网站域名“7fee.com”

创建的时间为2011年9月18日，注册商为GODADDY. COM，LLC，注册人为WTS。通过备案信息进行查询，显示网站的名称及主办单位为被告，但显示审核通过时间为2009年7月27日，明显早于现域名“7fee. com”的注册时间，与现域名“7fee. com”的注册情况不相同。可以判断，现注册和使用的域名“7fee. com”与原告在2012年3月28日通过“备案管理系统”查询的“www. 7fee. com”网站并非同一注册域名。因优朋普乐公司提交的证据不足以证明2012年3月28日至2012年3月29日期间，域名www. 7fee. com为招商国旅红桂营业部注册和使用，其也无法证明招商国旅红桂营业部实施了侵犯影片《意外》信息网络传播权的行为。因此，一审法院认为侵权行为与被告无关联性，驳回了原告的诉讼请求。

一审宣判后，优朋普乐公司不服一审判决，向深圳市中级人民法院提起上诉。二审法院认为，网站www. 7fee. com上提供了涉案作品的在线播放，使公众可以在其个人选定的时间和地点获得涉案作品。根据国家对经营性互联网信息服务实行许可制度，对非经营性互联网信息服务实行备案制度。未取得许可或者未履行备案手续的，不得从事互联网信息服务。所以，ICP备案主体即为法定的互联网信息服务提供者。因此，网站www. 7fee. com的运营主体是招商国旅红桂营业部，其应当就涉案的侵权行为承担责任。

虽然域名www. 7fee. com的注册人在使用过程中发生过变化，但并不影响法院对侵权行为人的认定。因为，域名注册人仅表明特定域名的持有人，并不代表特定域名项下网站的运营者，域名注册人与域名项下网站的运营者并不存在一一对应关系，不能仅以域名注册人来认定相关网站的运营者，更不能以域名注册人来推翻登记的ICP备案主体。

优朋普乐公司提交的两份公证书。其中，（2012）京中信内经证字04212号公证书显示，2012年3月28日至29日，网站www. 7fee. com上提供了涉案作品的在线播放，使公众可以在其个人选定的时间和地点获得涉案作品。（2012）京中信内经证字04211号公证书显示，2012年3月28日，通过工业和信息化部的ICP/IP地址/域名信息备案管理系统查询ICP备案主体信息，显示www. 7fee. com的主办单位名称为“深圳招商国际旅游有限公司格××天营业部”（与名称变更后的招商国旅红桂营业部系同一主体），审核通过时间为2009年7月27日。综上，深圳市中级人民法院认定招商国旅红桂营业部作为网站的经营者存在侵权行为。

本案鉴于公证书显示2012年7月24日已无法查询到涉案网站的备案信息，广东省通信管理局出具的《关于调查信息的复函》亦显示涉案网站已注销备案或未备案，表明招商国旅红桂营业部在未重新备案的情况下已不能在中国境内合法运营涉案网站，因此，判令停止侵权已无必要。但是，招商国旅红桂营业部依法应承担相应的赔偿责任。由于招商国旅红桂营业部系招商国旅公司的分公司，招商国旅公司应对上述赔偿责任承担补充清偿责任。

061

盟世奇公司诉华润万家公司、华润万家彩田店著作权侵权纠纷

【裁判要旨】

知识产权具有无形及可反复复制的特点，对于销售侵权，权利人可以针对不同的销售者主张权利，但对于同一制造侵权行为人，不能重复要求其承担侵权责任，将制造侵权行为人按照地域划分并要求侵权行为人承担赔偿责任是不恰当的。

【典型意义】

本案涉及著作权的复制侵权行为是否应当区分地域进行赔偿，著作权法中合法来源抗辩是否要区分主观故意以及维权费用是否能重复计算，在不同地域销售的行为是否能够重复起诉等与知识产权纠纷审理相关的前沿问题。本案被评为深圳法院2015年度知识产权典型案例。目前本案正在广东省高院再审期间。

【关键词】

侵权赔偿　地域范围制造侵权　销售侵权

【基本案情】

2011年11月21日，国家版权局出具登记号为2011-F-050457的《著作权登记证书》，记载：申请者华强动漫公司提交的文件符合规定要求，对李某、丁某于2011年1月25日创作完成的美术作品《光头强》，申请者以职务作品著作权人身份依法享有著作权。上述《著作权登记证书》附有美术作品《光头强》1幅。该美术作品显示，“光头强”为一穿马夹、戴毛帽、有胡须的男性，眉毛呈倒八字形，眼睛较大且眼白包围眼珠，鼻子大且呈蒜头型，嘴巴长且扁，上嘴唇有与嘴型相似的两截八字胡须，下巴大且轻微向前突出。2012年12月20日，国家版权局出具登记号为国作登字-2012-F-00078965的《著作权登记证书》，记载：申请者华强动漫公司提交的文件符合规定要求，对李某、丁某于2011年1月25日创作完成，并于2012年1月18日在北京首次发表的美术作品《光头强》（共12幅），申请者以职务作品著作权人身份依法享有著作权。上述《著作权登记证书》附有美术作品《光头强》12幅。该12幅美术作品与前述美术作品人物完全相同，只是在表情、动作、道具、有无戴帽以及头戴帽子的种类等细节方面不同。

根据国产电视动画片发行许可证记载，2011年11月7日至2013年1月25日期间，华强动漫公司制作的动画片《熊出没》（104集）、《熊出没之环球大冒险》（104集）经广东省广播电影电视局许可在全国发行。上述美术作品《光头强》（1幅）及《光头强》（12幅）均为上述动画片中的卡通人物造型。2012年，动画片《熊出没》被中共中央宣传部授予第十二届精神文明建设“五个一工程”优秀作品奖，被中共广东省委宣传部授予广东省第八届精神文明建设“五个一工程”奖。

2013年4月5日，华强动漫公司授权原告深圳市盟世奇商贸有限公司在毛绒玩具商品上使用上述作品形象以及生产经营（包括但不限于制造、销售、分销等）带有上述形象的毛绒玩具商品，原告可以进行再授权及转让委托权。对于在中国境内及互联网上存在侵犯上述版权/著作权的侵权行为，华强动漫公司授权原告以自己的名义制止侵犯上述版权/著作权的行为并要求侵权者向原告赔偿经济损失。

2013年12月16日，原告盟世奇公司在被告华润万家彩田店公证购买了狗熊形象毛绒公仔三件[①]，第一件封存物（外包装上注明“华润彩田店熊大公仔1件2013－12－16”）内有深褐色狗熊形象毛绒公仔一件，公仔后下方的标签上有“公司名：广东高乐玩具股份有限公司”“地址：广东省普宁市占陇工业区振如大厦”“电话：0663－2348056传真：0663－2348055”“产品型号：S9000－44”“产品名称：毛绒熊”字样；第二件封存物（外包装上注明“华润彩田店熊二公仔1件2013－12－16”）内有土黄色狗熊形象毛绒公仔一件，公仔后下方标签上的信息与第一件封存物一致。经比对，被控侵权商品与盟世奇公司主张权利的《熊大》（1幅）、《熊大》（12幅）、《熊二》（1幅）及《熊二》（12幅）个别部位、表情有细微差别，但整体形象、视觉效果、表现手法基本一致。华润万家有限公司彩田店提交了华润万家公司与广东高乐玩具股份有限公司（以下简称高乐公司）签订的《购销合同》、发票、《验收清单》《销售货物或者提供应税劳务清单》，证明被侵权产品来源于高乐公司，高乐公司也确认侵权商品系由其生产并提供给华润万家公司销售，华润万家公司、华润万家彩田店确认被控侵权商品系由华润万家公司购买后，再配送给各门店。

又查，业已生效的（2014）深福法知民初字第604—606号民事判决载明（2014）深罗法知民初字第601、602、609、610、613、614、616、617、619号案件中由华润万家公司统一购买配送、由涉案各门店销售的毛绒玩具同时有正品和侵权商品，且二者销售价格相差较大。华润万家公司作为专业卖场，在采购时没有对外形基本一致，但价格不一、生产厂家不一的毛绒玩具的知识产

① 编者注：另一件公仔为男性形象毛绒公仔一件，该毛绒公仔头戴毛帽、身穿马夹，呈站立姿势，眼睛较大且眼白包围眼珠，鼻子大且呈蒜头型，嘴巴长且扁，上嘴唇有与嘴型相似的两截八字胡须，下巴大且轻微向前突出。公仔后下方的标签上有“公司名：广东高乐玩具股份有限公司”“地址：广东省普宁市占陇工业区振如大厦”“电话：0663－2348056传真：0663－2348055”“产品型号：S9000－49”“产品名称：毛绒公仔”字样。该公仔由原告在此案判决作出后另案起诉。原告曾将被告高乐公司和案外人山东华润万家生活超市有限公司诉至山东省济南市中级人民法院［案号为（2013）济民三初字第960号］。该案原告指控被告高乐公司生产、销售的被控侵权毛绒公仔侵犯了原告对美术作品《光头强》享有的复制权、发行权，并要求判令被告高乐公司停止生产、销售行为，被告高乐公司在全国范围内承担50万元赔偿责任。原告在此案指控的被控侵权毛绒公仔中有一件与该另案被控侵权毛绒公仔的外观、型号（S9000－49）均相同。山东省济南市中级人民法院于2014年11月15日作出判决，判令被告高乐公司立即停止生产、销售侵犯原告著作权的（光头强）毛绒公仔产品，并赔偿原告经济损失及维权合理费用共计30万元。

权情况尽到审慎的审查和合理的注意义务，主观上存在疏忽大意的过失。华润万家公司、华润万家彩田店如审慎审查应知涉案商品为侵权商品，故即使被控侵权商品有合法来源，华润万家公司、华润万家彩田店不承担赔偿责任的抗辩主张，原审法院亦不予采纳。华润万家公司、华润万家彩田店应承担停止侵权、连带赔偿损失的民事责任。

再查，华润万家公司成立于1991年6月18日，系企业法人；华润万家彩田店成立于1998年8月19日，系被告华润万家公司依法设立并有营业执照的分支机构。被告高乐公司成立于1989年，经营范围为开发、设计、生产经营各式玩具，从事各式玩具、儿童用品的批发、零售等。

【裁判意见】

深圳市福田区人民法院认为，高乐公司未经华强动漫公司或盟世奇公司的授权，擅自生产、销售被控侵权商品，侵犯了盟世奇公司对涉案美术作品的复制权和发行权，应依法承担停止侵权，在广州、深圳范围内赔偿损失的民事责任。华润万家公司统一购买配送、由涉案各门店销售的毛绒玩具同时有正品和侵权商品，且二者销售价格相差较大。华润万家公司作为专业卖场，在采购时没有对外形基本一致，但价格不一、生产厂家不一的毛绒玩具的知识产权情况尽到审慎的审查和合理的注意义务，主观上存在疏忽大意的过失。华润万家公司、华润万家彩田店如审慎审查应知涉案商品为侵权商品，故即使被控侵权商品有合法来源，华润万家公司、华润万家彩田店也应承担赔偿责任。

高乐公司不服一审法院判决，高乐公司以侵权赔偿时将地域范围限定为广州、深圳地区缺乏法律依据为由，向深圳市中级人民法院提起上诉。

深圳市中级人民法院认为，本案系侵害作品复制权、发行权纠纷。本案的争议焦点在于：是否应当限定高乐公司侵权赔偿的地域范围。

上诉人高乐公司将涉案美术作品《熊大》《熊二》从平面形象复制成为立体形象，复制行为已经实施完毕，且复制行为并非针对某一个区域，无法将上诉人高乐公司的复制侵权行为进行割裂，分区域进行赔偿，一审法院判决上诉人高乐公司就涉案商品的生产行为在广州、深圳范围内向盟世奇公司赔偿的做法错误，予以纠正。一审法院已经认定上诉人高乐公司侵害了涉案美术作品

《熊大》《熊二》的复制权、发行权，却遗漏判决上诉人高乐公司应对其侵害涉案作品发行权的行为承担赔偿责任，予以纠正。

原审被告华润万家彩田店、华润万家公司在本案中已提交了合法来源的证据，且法律并未要求发行者对其发行的复制品具有辨别是否系正版的义务，因此，一审法院对于原审被告华润万家彩田店、华润万家公司的处理不当。

后该案被上诉人盟世奇公司不服二审判决向最高人民法院申请审判监督，最高人民法院裁定由广东省高院进行再审。

062

腾讯计算机公司与新疆广电公司著作权侵权纠纷

【裁判要旨】

权利人的举证存在局限性，无法就实际损失或侵权获利提供准确的数据导致赔偿金额难以确定时，法院在酌情确定侵权赔偿金额时应当充分考虑知识产权权利的市场价值随着时间变动而波动的客观性，在立法精神框架内根据侵权主体和侵权行为方式对知识产权市场价值减损的影响予以合理考量，使司法定价尽量准确反映知识产权的市场价值。

【典型意义】

本案判决的典型意义在于，虽然采用了法定赔偿方式，但法院充分考虑了热播的综艺类节目的特点，作品市场价值随时间变动的客观性，使用市场价值分析方法，从作品特点、原告收取的广告费、支出的许可费等方面，使司法定价客观反映了知识产权的市场定价。在立法精神框架内，突破了现行著作权法法定赔偿50万元的上限，确定侵权人单集赔偿权利人损失100万元，共计400万元。

本案被评为深圳2017年知识产权十大典型案例。

【关键词】

信息网络传播权市场价值　法定赔偿

【基本案情】

在深圳市腾讯计算机系统有限公司与新疆广电网络股份有限公司侵害信息网络传播权纠纷案中，原告腾讯公司享有《中国好声音》（第三季）独占信息网络传播权，并为此支付许可费壹亿贰仟万元。公证书证明：涉案作品的收视率及网络播放量高，观众群多，影响力较大。原告在腾讯视频播放《中国好声音》（第三季）广告收取的广告费用总计1.6亿元左右，投放时间为2014年7月至2014年11月。2014年8月1日，国家版权局公布36部重点影视作品预警名单，要求对名单内的作品采取相关保护措施，未经许可不得上传预警名单内的作品。《中国好声音》（第三季）作为名单所列的预警作品。国家版权局明确公布主体为腾讯独家授权。在该节目正在播出期间，被告新疆广电网络股份有限公司于2014年8月在其经营的网站上播放了四期节目。原告向法院提起诉讼，请求判令被告停止侵权，并赔偿损失1200万元。

【裁判意见】

深圳市中级人民法院一审认为，《中国好声音》系知名的综艺类节目，本身具有较强的时效性。被侵权作品市场价值的评估应当充分考虑其市场价值随时间波动的客观性，以侵权行为发生时的市场价值作为判断基础。在热播期间的综艺类节目所享有的知识产权权利市场价值处于其峰值，被告侵权行为发生时间正是《中国好声音》（第三季）的热播期间。综合考虑侵权作品的市场价值、侵权行为发生的时间以及侵权人的主观故意，深圳中院判决被告赔偿原告经济损失人民币400万元。

063

王某亚等诉深圳书城南山城公司、安徽音像出版社著作权侵权纠纷

【裁判要旨】

本案一审判定戏曲唱腔设计因缺乏独创性并非构成著作权法保护的作品。二审及再审法院则认为因戏曲唱腔设计并非脱离电影独立存在，发行电影

DVD、VCD的行为系对电影作品的整体使用，并非为单独使用，因此即使戏曲唱腔设计能够构成作品亦不构成侵权。

【典型意义】

本案是一宗因戏曲唱腔设计受到侵犯为由提起诉讼的著作权疑难案件，涉及戏曲唱腔设计是否能够构成著作权法保护的作品以及若构成著作权法保护的作品，在电影作品中能否独立维权等著作权法保护问题，因而总结该案的审判经验可以为类似案件的审理提供借鉴。

本案被评为广东省法院2009年度十大知识产权案例。

【关键词】

戏曲唱腔设计　戏剧作品　独创性　表演者权

【基本案情】

1955年，上海电影制片厂拍摄了黄梅戏电影《天仙配》。该电影由安徽省黄梅戏剧团协助演出，由严某英（扮演七仙女）、王某舫（扮演董永）主演，讲述了董永和七仙女的神话爱情故事。其中，严某英为七仙女唱腔的表演做出了巨大贡献。严某英于1968年4月8日去世。原告王某亚系严某英的丈夫，原告王小某和王某英分别是严某英的长子和次子。

1999年，被告安徽音像出版社出版了黄梅戏电影《天仙配》VCD光盘。2005年11月19日，原告王小某在被告深圳书城南山城实业有限公司经营的深圳南山书城购买了黄梅戏电影《天仙配》VCD光盘。该VCD光盘上标有“安徽音像出版社出版、广东杰盛唱片有限公司发行”字样。通过对比，该VCD电影光盘与上海电影制片厂拍摄的黄梅戏电影《天仙配》内容相同。

原告王某亚、王小某、王某英向法院提交了《黄梅戏艺术》总第一辑、总第71期杂志以及黄梅戏《天仙配》的编曲者时某林的录音，以证明严某英在《天仙配》中的唱腔构成著作权法保护的作品。同时，原告还提交了安徽省安庆市黄梅戏艺术研究所的戏剧工作者殷某对严某英在《天仙配》中唱腔的分析，以证明严某英在《天仙配》中的唱腔构成著作权法保护的作品。

根据上述事实，王某亚、王小某、王某英认为，严某英享有黄梅戏电影《天仙配》中的唱腔设计（曲调和表演动作）著作权以及表演者权，被告安徽音像出版社、深圳南山书城的上述行为未经严某英之著作权法定继承人的许可并支付报酬，因而侵犯了严某英法定继承人的合法权益。于是，王某亚、王小某、王某英作为原告，将安徽音像出版社、深圳南山书城作为被告起诉至广东省深圳市南山区人民法院，依据《中华人民共和国著作权法》第四十七条、第四十八条、第五十二条的规定，请求法院判决两被告停止侵权、赔偿损失。

针对原告的上述侵权指控，被告安徽音像出版社向法院提交了中宣发函（1999）2号文件以及新出音（1999）1246号文件，以证明其出版录制涉案光盘有合法依据。同时，被告安徽音像出版社还向法院提交了缴费凭证，以证明其已按规定向中国音乐著作权协会缴纳了音乐作品使用费及光盘的发行数量。被告深圳书城南山城实业有限公司向法院提交了黄梅戏电影《天仙配》VCD光盘的进货合同、发票及付款凭证，以证明其合法购进了该音像制品。

【裁判意见】

深圳市南山区人民法院一审认为，涉案音像制品中的电影作品《天仙配》由上海电影制片厂拍摄而成，上海电影制片厂在拍摄过程中进行了布景设置、道具制作、服装设计、特技处理等创作，黄梅戏电影《天仙配》具备电影作品各项要素，属于电影作品。唱腔是我国传统戏曲艺术中演唱的曲调，它不仅是剧种风格的主要标志，而且是戏剧音乐的重要组成部分。唱腔依附于具体的戏剧作品，不能离开戏剧作品而独立存在，所以，并不存在独立的唱腔作品。唱腔设计是在戏剧作品的基础上，由唱腔设计者对戏剧演唱的曲调、表演的动作等进行的二度创作，有可能凝聚了唱腔设计者具有独创性的智力活动，从而产生与原戏剧作品在曲谱、曲调等方面存在区别的新的戏剧作品，对这个新的戏剧作品中具有独创性的唱腔设计部分，创作者可以主张权利，但需举证证明其具有独创性的创作之处。本案原告提交了黄梅戏《天仙配》的编曲者时某林以及其他黄梅戏戏曲工作者对严某英在《天仙配》中的唱腔的分析，以证明严某英在黄梅戏《天仙配》的表演过程中，对《天仙配》中的唱腔进行了具有独创性的创作。因原告未能举证证明黄梅戏《天仙配》的原曲谱，故无法对比出原告所称的经过严某英独创设计的黄梅戏《天仙配》的创作之处。时某林等人对《天仙配》中若干选段的分析亦不足以证明严某英对黄梅戏

《天仙配》进行了具有独创性的创作。因此，原告关于严某英在戏剧作品《天仙配》中享有唱腔设计著作权的主张，证据不足，法院不予支持。退一步说，即使严某英享有黄梅戏《天仙配》中唱腔设计部分的著作权，但根据我国著作权法的规定，黄梅戏电影《天仙配》系上海电影制片厂拍摄的电影作品，应由上海电影制片厂享有该电影作品的著作权。电影作品中可以独立使用的作品的作者享有署名权并有权按照与制片者签订的合同获得报酬，除此以外，该作者不能就其作品在电影作品中的使用主张其他财产性权利。表演者权是指表演者依法对其表演所享有的权利。我国著作权法规定的表演者权所涉及的表演主要是指现场表演即“活表演”。黄梅戏电影《天仙配》属于电影作品，严某英在电影作品《天仙配》中并非固定在舞台上表演，而是场景多变，并运用了大量电影专有的拍摄及演出方法，专为拍摄电影作品而进行表演，电影演员对为完成电影拍摄所进行的表演，除享有获得报酬的权利以外不再享有其他经济权利，因此，原告主张严某英对电影作品《天仙配》中的表演享有表演者权缺乏依据，法院不予支持。

宣判后，王某亚、王小某、王某英不服一审判决，向广东省深圳市中级人民法院提起上诉。

深圳市中级人民法院二审认为，戏曲唱腔是我国传统戏曲艺术中演唱的曲调，是戏曲剧种风格的标志。唱腔设计是指带声乐的戏曲旋律，对于一部具体的戏曲唱腔设计来说，其只要符合我国著作权法对作品构成条件的要求，就应受到我国著作权法的保护。涉案黄梅戏《天仙配》电影作品的制片人为上海电影制片厂，其作为电影作品著作权人的合法权益受法律保护。黄梅戏《天仙配》电影的拍摄行为表明，该电影内部的剧本、音乐等可以独立作为作品使用的著作权人已授权电影制片人使用其作品拍摄电影《天仙配》。《中华人民共和国著作权法》第十五条规定：“电影作品和以类似摄制电影的方法创作的作品的著作权由制片者享有，但编剧、导演、摄影、作词、作曲等作者享有署名权，并有权按照与制片者签订的合同获得报酬。电影作品和以类似电影的方法创作的作品中的剧本、音乐等可以单独使用的作品的作者有权单独行使其著作权。”根据该规定，电影作品的整体著作权归属于制片人，制片人对外授权他人使用电影作品，或发生电影作品著作权被侵犯的情形，只能由制片人作为著作权人对外来行使权利或主张权利，电影内部作品的著作权人无权向该侵权人主张权利。由于安徽音像出版社出版发行黄梅戏电影 VCD 光盘的行为，是对黄梅戏电影《天仙配》整体作品的使用，而不是脱离黄梅戏电影《天仙配》而单独使用《天仙配》的唱腔设计，所以无论王某亚、王小某、王某英主张的严某英享有《天仙配》唱腔设计著作权的主张能否成立，王某亚、王小某、王某英均无权向安徽音像出版社主张该唱腔设计著作权被侵犯的请求权，安徽音像出版社未侵犯严某英所主张的唱腔设计著作权。

因此二审法院判决驳回上诉，维持原判。后王某亚、王小某、王某英向广东省高院提起再审，广东省高院以同样理由驳回了再审申请。

064

中影分公司诉快播公司著作权侵权纠纷

【裁判要旨】

被告播放器的搜索引擎的集成虽不直接搜索，而是将用户需要的内容导向第三方搜索网站，但该搜索网站不但将搜索对象限于特定类型文件，还将搜索范围局限于特定网站，因此，被告作为专业网站，对上述情形的甄别能力更强，注意义务也更高，但其仍放任侵权损害结果的发生，主观上具有过错；同时，客观上，被告明知及应知他人行为构成侵权，但仍然给予实质性帮助，且其帮助行为与损害结果之间存在因果关系，因此应就其造成的侵权损失承担责任。

【典型意义】

本案是涉及快播公司 qvod 产品的第一起败诉案件，随着这起案件的败诉，快播公司成为 80 余宗案件的被告，迫使快播关闭服务器进行清理，同时也促成了 2014 年全国最大的行政处罚罚单 2.6 亿元的形成。本案入选“2013 年度广东省知识产权十大典型案例”。

【关键词】

信息网络传播权　注意义务　实质性帮助

【基本案情】

中影分公司是电影作品《我愿意》的著作权人，依法享有该电影作品包括信息网络传播权在内的全部著作权利。深圳市快播科技有限公司是快播网站（首页网址为 www.qvod.com 及 www.kuaibo.com）、快玩网站（首页网址为 www.kuaiwan.com）的主办单位；快播5.0视频播放软件即快播播放器系快播公司于2011年推出的软件产品。

中影分公司诉称，快播公司通过其快播播放器的视频搜索功能为网络用户提供涉案影片《我愿意》的定向搜索服务，且在其风向标功能中推荐并传播了涉案影片。因此，其请求一审法院判令快播公司：1. 立即停止为涉案影视作品提供定向搜索服务即屏蔽快播播放器视频搜索功能中的关键字"我愿意 I do"；2. 立即停止在快播播放器风向标功能中推荐涉案电影作品《我愿意》；3. 承担原告因本案支出的合理费用人民币10000元；4. 承担本案全部诉讼费用。

快播公司辩称，其行为不构成侵权，其并没有提供任何的直接搜索、链接服务，且在接到诉讼文书之后也立即把关键字删除，因此请求驳回全部诉讼请求。

【裁判意见】

南山法院在一审阶段认为，中影分公司享有涉案影片《我愿意》的信息网络传播权；快播公司的快播播放器的搜索引擎的集成虽不直接搜索，而是将用户需要的内容导向第三方搜索网站，但该搜索网站不但将搜索对象限于特定类型文件（即均是完整的影视视频文件，并不包含片花等宣传视频），还将搜索范围局限于特定网站（即均为未获得授权的视频播放网站），因此，快播公司作为专业网站，对上述情形的甄别能力更强，注意义务也更高，但其仍放任侵权损害结果的发生，主观上具有过错；同时，客观上，快播公司明知及应知他人行为构成侵权，但仍然给予实质性帮助，且其帮助行为与损害结果之间存在因果关系，因此应就其造成的侵权损失承担责任。综上，一审法院判令快播公司立即停止相关侵权行为，并赔偿中影分公司合理开支人民币10000元（中影公司未主张经济损失赔偿）。

深圳中院二审阶段，双方达成调解，快播公司确认配合中影分公司及其关联公司的影片宣传及盗版维权事务；快播公司支付中影分公司为本案支出的合理费用人民币10000元；中影公司放弃其他诉讼请求。

065

万泉河公司诉硕联公司著作权侵权纠纷

【裁判要旨】

涉案标识是招聘网站为相关商家发布招聘信息而制作的链接其他网站或网站内板块的图形标志；为引起受众注意，该标识应当具有高度的识别性，即可使受众能立即从该标识联系到发布信息的商家，因此，其主体必然包含商家独特的标识，其独创性也因此远低于一般作品的独创性要求。

【典型意义】

本案判决详细阐述了涉案标识的独创性要求以及侵权的标准，该判决逻辑清晰、论证严密，入选“2010年度广东省优秀裁判文书”，对于随后的著作权侵权案件的判决书书写具有参考作用，促进了法院著作权侵权案件判决书的论证书写。

【关键词】

标识　独创性　实质相似

【基本案情】

原告深圳市万泉河科技有限公司诉称其系2002年经合法注册成立的从事投资管理顾问、信息咨询、经济信息查询、计算机软硬件及网络系统技术开发与销售等业务的合法经营企业，其主要经营job36行业招聘网。2006年3月，时任被告法定代表人的张某进入原告公司担任销售经理，其利用职务之便在任职期间不断窃取原告客户信息。原告经多次口头警告无效后，于2007年8月将其辞退。之后，原告发现中国专业人才网 www.cptjob.com 分页面下的机械模具人才网盗用原告在 job36 行业招聘网原创 LOGO 图像十多张；经过查证，中国专业人才网系属被告经营管理。在被告的行为给原告造成严重经济损失的情况下，原告认为被告盗用这十多张 LOGO 图像对原告所造成的影响、损失不仅仅限于设计版权部分，更为重要的是造成原告客户的流失。

被告深圳市硕联信息技术有限公司认为：一是原告提供的 LOGO 图像只有简单的图片，没有制作流程，而被告的图像则有制作流程，不能证明是被告抄袭原告的作品；二是涉案 LOGO 图像上的商家多数是知名商家，其本身有自己独创的 LOGO 标志，原告并非独创者；而被告则是参考了商家自身的 LOGO 标志进行创作的；三是原告主张的损失与被告无关，且无事实依据，请求驳回原告全部诉讼请求。

【裁判意见】

南山法院经审理认为，本案为著作权侵权纠纷，双方争议的焦点为：一、原告主张的 LOGO 是否构成著作权法意义上的作品，及著作权人身份的确定；二、被告网站上展示的 LOGO 是否侵权，以及侵权责任的承担。

关于焦点一，涉案的 LOGO 是招聘网站为相关商家发布招聘信息而制作的链接其他网站或网站内板块的图形标志；为引起受众注意，该 LOGO 应当具有高度的识别性，即可使受众能立即从该 LOGO 联系到发布信息的商家，因此，其主体必然包含商家独特的标识，其独创性也因此远低于一般作品的独创性要求。结合本案情形，原告主张的“润德精密模具”“浙江西子富沃德”“永镫科技”“西菱台钻”“睿磊专业模具”“巨力”等相关 LOGO 虽包含相关商家的标识，但均做了文字组合或色彩搭配等创作，应视为独立的作品。著作权自作品创作完成之日起产生，原告主张的上述 LOGO 由其设计师为完成工作任务创作，属职务作品，相关著作权利由原告享有。至于“明才模具制造”“宁波米勒模具制造”相关 LOGO，根据双方原稿比对，原、被告 LOGO 图像基本一致，且被告创作时间早于原告，因此，对原告关于上述 LOGO 著作权的主张，不予采信，相关诉讼请求亦不予支持。

关于焦点二，首先应对原告主张的其余创作时间早于被告的 LOGO 与被告网站上展示的相应LOGO同一性作比对；如前所述原因，被告网站作为招聘网站，其展示的LOGO与原告主张的LOGO作用相同，亦是为商家发布相关招聘信息用，其主体也难免会包含商家的标识，因此，判断二者是否相同，其标准应高于一般作品间的实质相似的认定要求。结合本案情形，被告网站上展示的“巨力”“睿磊专业模具”相关LOGO在构图或文字组合方面均与原告主张的LOGO不尽相同，系独立的作品，不构成对原告LOGO的侵权，因而南山法院对原告的相关诉讼请求不予支持。至于被告网站上展示的“润德精密模具”、“浙江西子富沃德”“永镫科技”“西菱台钻”相关LOGO，其文字组合、色彩搭配、构图与原告主张的相关LOGO基本一致，且上述LOGO原告创作时间早于被告，并且或在原告网站公开展示，或虽未公开展示但被告法定代表人张某于该LOGO（“西菱台钻”相关LOGO）创作期间内在原告处任职，有可能接触到该LOGO设计，综合上述因素，南山法院认为，可以认定被告在网站上展示的上述相关LOGO构成对原告作品的侵权，其应承担相应的侵权责任。

被告侵犯原告著作权的，除应立即停止侵权行为外，还应赔偿原告的相应损失。本案中，由于原告提交的证据不足以证明被告在侵权期间因侵权所获得的利益，或者其在此期间因侵权所受到的损失，因此南山法院依法酌定赔偿数额。综合考虑被告侵权行为的性质、后果及原告的维权合理开支等因素，酌定被告的赔偿数额为人民币5000元。至于原告要求被告赔礼道歉等，因原告并未能举证证明被告侵权行为致其商誉等受损，故对该项诉讼请求不予支持。

066

美国磊若软件公司诉朗科公司著作权侵权纠纷

【裁判要旨】

在侵害计算机软件著作权纠纷案中，原告通过Telnet命令远程访问被告网站服务器所得到的反馈信息不具有确定性、唯一性，仅凭该反馈信息不足以证明被告安装、使用了被诉侵权计算机软件。

要判断是否侵害计算机软件著作权，法院仍须遵循“接触＋实质性相似”原则，将被诉侵权软件与请求保护软件进行比对。在涉案计算机软件存在免费使用与付费使用多个版本情况下，原告还需进一步证明被告安装、使用的具体软件的版本。

【典型意义】

软件侵权案件中的取证难点主要在于证据易被修改，软件著作权权利人难以取证和举证，成为权利人维权突出的障碍之一。在这种背景下，美国磊若软件公司主要采取Telnet远程取证模式进行维权并进行公证以证明侵权行为的发生。本案在探索和创新软件著作权侵权案件的取证方式上，具有一定示范指导意义。

【关键词】

计算机软件　反馈信息　实质性相似

【基本案情】

美国磊若软件公司（RhinoSoftware，Inc.）在我国大陆地区通过系统命令Telnet指令对其他网站进行监测，当在没有被授权的情况下发现被监测网站反馈的信息含有任何一个版本的其享有著作权的Serv－U系列软件信息时，就对被监测网站登记所有者和相应的管理者提起法律诉讼，请求制止侵权行为，侵权人赔偿损失。

本案中原告美国磊若软件公司系“Serv－U”系列软件的版权所有人，2011年4月11日，原告通过系统命令Telnet监测到被告深圳市朗科科技股份有限公司享有版权的公司官方网站www.netac.com.cn正在使用原告一款“Serv－U FTP Server v6.3”的软件。原告据此认为被告侵犯其计算机软件著作权。

而被告则称，其使用的Serv－u ftp server daemon for MS windows 6.3.0.0是试用软件，可持续30天免费完全运行，试用期满后，变为免费的“个人版本”。《Serv－U Editions》及中文摘译，表明Serv－U软件对个人版本的功能限制做了具体说明，并说明个人版本可以随意使用。

【裁判意见】

南山法院审理后认为，当事人提供的涉及著作权的底稿、原件、合法出版物、著作权登记证书、认证机构出具的证明、取得权利的合同等，可以作为著作权权利的证据。本案中，根据原告提供的 Serv – U FTP 正版光盘载明版权信息，可以认定涉案“Serv – U FTP Server v6. 3”计算机软件著作权人为原告。我国与美国均属《伯尔尼保护文学艺术作品公约》的成员国，依照《中华人民共和国著作权法》第二条第二款的规定，原告对涉案“Serv – U FTP Server v6. 3”计算机软件享有的著作权依法受到我国著作权法的保护。

原告系通过在公证处的计算机上运行 Telnet 命令，远程访问 www. netac. com. cn 网站服务器，得到“220 Serv – U FTP Server v6. 3 for Winsock ready…”的回复，据此，原告认为被告在其服务器上使用了涉案“Serv – U FTP Server v6. 3”软件。对此，法院认为，通过 Telnet 命令远程访问 www. netac. com. cn 网站服务器所得到的回复并不具有确定性，仅凭该回复不能确认 www. netac. com. cn 网站服务器是否使用了名称为“Serv – U FTP Server v6. 3”的软件。

退一步讲，即使根据（2011）沪东证经字第 3383 号公证书能够确认 www. netac. com. cn 网站服务器使用了名称为“Serv – U FTP Server v6. 3”的软件，但由于无法将 www. netac. com. cn 网站服务器使用的软件与原告享有著作权的“Serv – U FTP Server v6. 3”软件进行比对，也就不能确认 www. netac. com. cn 网站服务器使用的软件是与原告享有著作权的“Serv – U FTP Server v6. 3”软件相同的盗版软件。

再退一步讲，即使根据（2011）沪东证经字第 3383 号公证书能够确认 www. netac. com. cn 网站服务器使用了与原告享有著作权的软件相同的“Serv – U FTP Server v6. 3”软件，但“Serv – U FTP Server v6. 3”软件存在“企业版”和“个人版”，而“个人版”是可以免费使用的，而根据（2011）沪东证经字第 3383 号公证书无法确认 www. netac. com. cn 网站服务器使用的是哪种版本的软件。故原告通过运行 Telnet 命令，远程访问 www. netac. com. cn 网站服务器，得到“220 Serv – U FTP Server v6. 3 for Winsock ready…”的回复，据此认为被告在其服务器上使用了涉案“Serv – U FTP Server v6. 3”软件，进而认为被告侵犯其“Serv - U FTP Server v6.3”软件著作权的主张，证据不足，法院驳回了原告的诉讼请求。

本案一审宣判后，磊若公司不服一审判决，提起上诉。深圳市中级人民法院二审的争议焦点在于采用 Telnet 命令程序能否获取被控网站复制、使用涉案 Serv - U FTP Server v6.3 软件的侵权证据。对此二审法院认为：

首先，从技术上看，网络服务器系可以利用 Telnet 命令的探视功能，监听远程主机服务器 21 端口的 FTP 信息，使 Telnet 命令成为绕开被控网站服务器后台，获取远程主机服务器中 FTP 信息的取证手段。涉案 Serv - U FTP Server v6.3 软件为网络服务器 FTP 软件，磊若公司根据 FTP 程序的技术结构和 Telnet 命令程序的特殊功能，登录被控网站服务器 21 端口，得到被控网站 21 端口中 FTP 软件的身份信息为“220 Serv - U FTP Server v6.3 for Winsock ready…”的回馈信息，采用这种远程登录命令程序进行取证的结果具有确定性。

其次，Telnet 程序通过远程登录获取的信息十分有限，回馈信息只能表明被控网站服务器中的 FTP 的表面信息。要获得被控网站服务器是否运行涉案 Serv - U FTP Server v6.3 软件的更多信息的证据，需由控制着被控网站服务器的朗科公司来完成。朗科公司未能提供这方面的相关证据，应由其承担不利后果。二审法院遂认定朗科公司侵权。

朗科公司不服二审判决，向广东省高级人民法院申请再审。广东省高级人民法院再审认为，首先，Telnet 以 TCP 链接的方式建立本地计算机与远程主机之间的连接；然后将用户从本地计算机输入的信息传送到远程计算机，同时也能将远程主机的相应输出结果通过 TCP 链接的方式返回并呈现在本地计算机屏幕上。运用 Telnet 命令登录远程服务器，反馈页面如果显示有相应软件的信息，则说明通常情况下，被探测的服务器上安装了涉案软件。

但是，技术人员可以修改服务器上的相关设置，此时反馈页面上显示的软件名称可能与实际安装的软件不一致。如果技术人员进行了上述修改，服务端口打开，则可链接成功进入 Telnet 界面，并显示被链接主机的服务器用户欢迎信息（Custom Welcome Message）。

因此，从技术层面看，这一信息是完全可以进行人为设置或修改的，即通过技术手段修改用户欢迎信息之后，既可以实现对一个安装涉案软件的主机进行 Telnet 命令操作，但获取不到任何包含涉案软件字样的用户欢迎信息，同时也可以实现对一个未安装涉案软件的主机进行 Telnet 命令操作，却获得了包含涉案软件字样的用户欢迎信息。

因此，广东省高级人民法院以通过 Telnet 命令操作获得的反馈信息有可能是不真实的，从而其与待证事实之间的关联性不具有确定性、唯一性为由驳回了二审判决，维持了一审判决。

067

乐视网诉中国电信股份有限公司深圳分公司著作权侵权纠纷

【裁判要旨】

第三人未经原告或著作权人许可，通过被告运营的媒体传输平台向被告的 IPTV 网络用户提供涉案电视剧的播放服务，侵犯了原告对该作品依法享有的信息网络传播权。被告与第三人存在 IPTV 业务合作关系，被告提供的媒体传输平台与第三人提供的内容运营平台链接，被告所提供的并非一般意义上的自动接入、自动传输服务。据此，被告与第三人构成共同侵权，应共同承担侵权责任，连带赔偿原告因涉案侵权行为遭受的损失。

【典型意义】

IPTV 著作权案件属于我国“三网融合”新技术背景下的前沿性案件，现实中侵权案件屡屡发生。法院以判决的形式，清晰界定了 IPTV 新技术传播与著作权侵权的边界，从而为 IPTV 新商业模式的发展确立了著作权保护的游戏规则，有效维护了行业的健康发展。本案被评为 2014 年最高人民法院公布的全国 50 个典型知识产权案例及广东省知识产权审判十大案例。

【关键词】

信息网络传播权　合作关系　共同侵权

【基本案情】

2011年8月4日，北京市广播电影电视局颁发了（京）剧审字（2011）第43号国产电视剧发行许可证，载明剧目《男人帮》（30集）的制作机构为北京市鑫××影视投资有限公司（以下简称鑫××公司），合作机构为上海××影视文化传媒有限公司（以下简称××公司），同意该剧在全国范围内发行、在适当时段播出。原告提交的电视剧《男人帮》的正版光盘外包装上载明“本电视剧作品版权归鑫××公司所有”；剧集片尾声明“本电视剧作品版权归鑫××公司所有”“摄制出品：鑫××公司、××公司、××世界（北京）影视文化有限公司、上海××影业有限公司”。2011年该剧在国内电视台播出。

2010年12月3日，鑫××公司出具授权书，其主要内容为将电视剧作品《男人帮》的独占专有信息网络传播权（包括但不限于互联网、局域网、广域网、城域网、网络点播、直播、轮播、下载、IPTV、数字电视、网吧等环境或电脑、机顶盒等终端的网络版权和复制权等网络信息传输范畴）授予原告，包括对上述权利有权许可第三方使用，有权对第三方进行转授权；有制止侵权的权利，有权独立以自己的名义或授权第三方以第三方名义在上述授权环境下追究非法使用授权节目侵权者的法律责任，并获得全部赔偿的权利。授权使用期限三年，从2011年10月23日至2014年10月22日。2011年9月5日××公司出具权利声明书，载明电视连续剧《男人帮》由鑫××公司、××公司联合出品。该司对于鑫××公司对该片的信息网络传播权和新媒体权利已经或者将要做出之转让、任何授权行为，均表示授权、同意并确认。

庭审时，原告乐视网认为被告中国电信股份有限公司深圳分公司未经原告授权，通过自己架设的局域网向其宽带用户提供付费或免费的《男人帮》回看服务，侵犯其就涉案影视作品的信息网络传播权。原告明确在本案中不对第三人提出诉讼请求。

2011年11月7日，原告向北京市方正公证处申请证据保全公证。同年11月7日，上述公证处公证员张某、工作人员韩某与原告代理人周某回来到位于广东省深圳市罗湖区××二路××花园×栋××室。公证员检查了证据保全所用的摄像机、照相机，经核查，摄像机的硬盘、照相机的存储卡无任何相关内容。随后，公证员检查了该房间内的电视机、机顶盒以及墙体有限电视线路接口的连接情况。经检查，上述设备均互相连接。在公证员及工作人员韩某的监督下，周某回打开该房间内的电视机及机顶盒，使用上述机顶盒的配套遥控器对电视进行操作，进入电视回看系统，观看了电视剧《男人帮》。公证处工作人员韩某使用上述摄像机进行拍摄，周某回在观看上述影视作品的过程中使用上述照相机对播放画面进行了拍照。之后，周某回使用上述照相机先后对该机顶盒配套的遥控器、上述机顶盒以及上述设备的连接情况进行了拍照，共取得照片五十三张。公证员收存上述使用的摄像机、照相机。取证结束后，公证员将拍摄取得的摄像机中的内容刻录到公证处提供的全新一次性光盘上。2011年11月22日，北京市方正公证处就上述操作过程出具了（2011）京方正内经证字第12048号公证书。

原告提交2011年11月2日被告电信服务收费发票，显示客户名称为吴某，客户号码为8392××××，预存费用1860元。吴某系××花园×栋××室房屋业主。庭审后被告向二审法院确认：吴某在2011年11月期间为中国电信股份有限公司深圳分公司IPTV业务的客户；吴某的客户号码为8392××××；吴某在2011年期间的IPTV业务的装机地址为深圳市罗湖区××二路××花园×栋××室。

法庭当庭对（2011）京方正内经证字第12048号公证书所附光盘进行播放。被告及第三人异议称，IPTV的连通环境是宽带，而公证时仅检查了有线电视线路接口，没有检查宽带网络接口；公证员于证据保全时打开了电脑，但是并未对电脑的内存及硬盘进行清洁性检查，无法证实电视上显示的内容是来源于网络还是电脑。

根据上述画面及截图（截图源自公证书所附录像光盘），可以确定，公证员在证据保全时已经对宽带的连接情况进行了检查。公证书文字记载墙体有线电视线路接口的连接情况，未记载宽带的连接情况。公证人员操作遥控器（印有“e中国电信”标识）进入电视页面，出现“中国电信宽带互联网视听”页面，依次显示“正在初始化网络，请等待；正在登录系统，请等待”提示，登录成功后出现有百视通及中国电信标识的选择页面，首部依次为“频道、回看、点播、聚场、资讯”等栏目，下方有“书签搜索”搜索栏，公证人员操作遥控器进入该搜索栏，输入男人帮，页面显示“回看－男人帮大结局111105”，下方依次“回看－男人帮29111105、28111104、27111103、24111102、20111031、12111027”共六日排序，点击页面显示的剧集，进入播放页面显示“回看－男人帮23111102时长41分钟百视通”信息，页面首部有“点播”提示，电视剧播放页面左上角显示“浙江卫视”台标。庭审时对原告提交的合法出版物所附光盘进行了播放，上述公证书所附光盘有关电视连续剧《男人帮》的视频内容与原告主张权利的《男人帮》影视作品内容一致。经原告核查，确认电视剧《男人帮》已经在涉案IPTV系统中删除。

被告于庭审中陈述，IPTV的电视播放过程为：打开modem和机顶盒，将modem与网络接口连接，机顶盒的IPTV接口与modem接口进行连接，连接完成后打开电视机即可用遥控器操作IPTV系统，整个过程不需要打开电脑。

被告辩称涉案IPTV系统播放的电视剧《男人帮》无论是点播还是回放均来源于第三人。第三人对公证书存疑。被告与第三人同时认为如果公证书真实，《男人帮》搜索页面显示标题有“回看”字样，但搜索结果是《男人帮》部分剧集依次排列，播放页面出现“点播”提示，实际播放页面是点播的内容。

被告陈述其IPTV的回看服务操作流程为，进入首页的点击“回看”选项，出现各电视台前三天及当日的节目清单，根据节目列表信息选择观看。节目清单及节目内容均由第三人提供。

2005年9月16日，广东省电信有限公司（甲方）与上海××新闻传媒集团（乙方）签订了《关于IPTV业务的合作协议》：1. 鉴于甲方作为国有基础电信运营商，拥有完备的宽带网络平台及丰富的用户资源，乙方作为国内最大的媒体集团之一，首家获得国家广电总局批准开办以电视机为接收终端的信息网络视听节目传播业务（IPTV），双方一致同意在IPTV领域加深双方合作关系，推进IPTV商业试验、推进家庭娱乐方式的变革。2. 协议约定的地区涵盖了深圳等广东省七个本地网。3. 双方确定的业务总体分工如下：（1）甲方负责 IPTV 业务支撑系统及基础网络的规划、建设、运营和管理，包括宽带接入网、城域网、内容分布系统和计费结算系统等；（2）乙方负责办理有关业务的行政许可程序和符合政策法规的播出呼号，负责 IPTV 内容集成运营平台的规划、建设、运营和管理，包括平台上节目播放系统和监管系统、收视用户管理系统、数字版权保护系统、电子节目导视系统、节目计费管理系统。4. 甲方根据网络要求及业务规划自主建设业务支撑系统，并实现与乙方内容集成运营平台对接，乙方所有视听节目通过甲方的业务支撑平台完全透传到达用户终端。5. 甲方负责基于 IPTV 系统平台上的非视听节目的业务规划、资源整合，与市场推动，并对相应的信息安全负责。6. 乙方负责 EPG 界面的设计、管理、发布，甲方参与 EPG 界面的设计，乙方应听取甲方建议，双方友好协商共同规划。7. 乙方负责基于 IPTV 系统平台上的所有视听节目内容的组织、转播、监看及统一对外内容合作签约，并通过 IPTV 内容集成运营平台直接向电视机终端用户提供 EPG 和收视内容，并对该部分所有视听节目内容的安全负责。8. 甲方负责用户开户安装、日常维护、技术支持服务，乙方负责 EPG、点播内容、直播信号源方面的故障，并协助甲方对其市场、营业、客服等相关人员进行业务培训。9. 甲方提供 IPTV 业务配套的用户计费和收费支持，乙方负责对视听节目的计费，甲乙双方同意互相向对方开放计费数据及用户基本资料，并进行定期的业务对账和结算。10. 乙方负责视听节目服务打包、服务定价和服务包装，甲方负责非视听节目业务整合、服务定价和服务包装，对于 IPTV 业务与其他电信业务的捆绑营销，由甲方负责，乙方提供捆绑建议，IPTV 业务的各项定价（包括促销）统一由甲方省级公司对口乙方进行商议确定。11. 双方共同制定 IPTV 系统平台及机顶盒的业务和技术规范。12. 双方以联合运营品牌的形式开展 IPTV 业务。13. 双方保证本方所提供的内容或技术不存在侵犯第三方知识产权的情况，若发生一方因使用对方提供的内容或技术而侵犯第三方知识产权（包括但不限于专利、版权）的情形，提供方将承担相应的法律责任，并向对方赔偿由此造成的损失；本协议有效期为三年。

2008 年 6 月 30 日，中国电信股份有限公司广东新产品新业务支撑中心（甲方）与上海百视通电视传媒有限公司（第三人、乙方）签订了《IPTV 业务合作补充协议》：1. 广东省电信有限公司与上海××新闻传媒集团2005年9月16日签订《关于IPTV业务的合作协议》《IPTV业务补充协议书》（以下简称基本协议），甲方作为中国电信股份有限公司广东分公司（原广东省电信有限公司）的直属单位，负责中国电信股份有限公司广东分公司经营的IPTV业务对外合作、内容运营和平台保障工作，代表中国电信广东公司按基本协议实际履行合同义务，承担合同权利，乙方作为上海××新闻传媒集团控股子公司，已取得国家广播电影电视总局批准，负责IPTV业务集成播出平台日常管理和经营性业务，乙方经上海××新闻传媒集团授权与甲方签订本IPTV补充协议。2. 双方经协商约定，新的合作期间自本补充协议签署之日起有效期为三年，双方合作中权利义务依照基本协议中的约定履行。3. 双方同意将广东省内的合作业务由原来的7个城市扩展到全省21个城市。

2010年8月11日，第三人向被告出具《宽带互联网视听节目版权及信息安全说明》，声明第三人已经获得双方合作的广东宽带互联网视听业务附件所列栏目下所有节目的合法授权，并保证信息（播控）安全，且符合国家政策及相关规定。上述节目可以在广东地区宽带互联网视听平台播出至授权到期日止；播出期间，凡第三人提供并出现广东宽带互联网视听附件所列栏目下的节目涉及版权纠纷的，均由第三人承担相应责任。

2012年9月17日，国家广播电影电视总局在《广电总局关于同意中国电信集团公司从事IPTV传输服务的批复》中称，同意中国电信集团公司在广东省深圳市开展IPTV传输服务；服务内容为IPTV集成播控平台与电视用户端之间提供信号传输和相应技术保障；传输网络为利用固定通信网络（含互联网）架设IPTV信号专用传输网络；中国电信集团公司在从事IPTV传输服务时，应遵守以下要求：1. 在提供服务前应当查验IPTV集成播控服务机构的许可证；2. IPTV传输内容由取得许可的集成播控平台统一集成和提供；3. 保障节目信号传输安全及质量，不得更改、插播、截留IPTV集成播控平台播出的节目信号。

被告与第三人履行上述协议至今。IPTV平台架构主要分为“内容运营平台”和“媒体传输平台”，内容运营平台完成电子节目导视系统制作和管理、内容处理与发布；媒体传输平台完成用户身份识别、流量结算、信号分发、网络运维支撑等功能。第三人经国家广电总局批复具备集成播控平台资质，负责IPTV内容运营平台管理和经营业务。被告作为IPTV业务的网络运营商负责IPTV媒体传输平台业务。IPTV用户收看视频节目具体流程如下：用户操作遥控器，遥控器控制机顶盒，机顶盒通过电信宽带网络线路将指令发到IPTV媒体传输平台的页面服务器，页面服务器根据指令搜索节目，接收内容运营平台信号，并向机顶盒下发相关的页面代码，通过机顶盒解码后在电视机上播出视频节目。

【裁判意见】

深圳市福田区人民法院一审认为，依照法律规定，在作品或者制品上署名的自然人、法人或者其他组织视为著作权、与著作权有关权益的权利人，但有相反证明的除外；当事人提供的涉及著作权的底稿、原件、合法出版物、著作权登记证书、认证机构出具的证明、取得权利的合同等，可以作为著作权权利的证据。本案中，根据涉案《国产电视剧发行许可证》记载内容及电视剧《男人帮》播放时的署名情况，鑫XX公司系该电视剧作品的制作、发行单位；XX公司系该电视剧作品的合作单位。根据上述发行单位、合作单位出具的授权书、声明书，在没有相反证明的情况下，可以认定原告依法取得电视剧《男人帮》2011年10月23日至2014年10月22日期间的信息网络传播权及有关转授权的权利。原告有权以自己名义提起本案诉讼。

IPTV业务是基于IP传输网络，利用宽带接入技术，以机顶盒等其他具有视频编辑解码能力的数字化设备作为终端，通过聚合服务商的各种流媒体服务内容和增值应用，为用户提供多种互动多媒体服务的宽带应用业务。IPTV业务融合了电信网、广电网、互联网三网技术。

被告及第三人对公证书记载取证过程持有异议。根据查明的事实和公证书记载的取证过程显示，公证员进行证据保全的地址是被告开通IPTV业务的用户地址，modem、机顶盒、电视机遥控器均有被告标识，公证员在证据保全时已对宽带的连接情况进行了检查。取证时modem处于开机状态，modem与网络接口连接，机顶盒的ITV接口与modem接口连接，公证员分别打开机顶盒、电视，使用遥控器登录“中国电信宽带互联网视听”系统完成涉案操作，该操作过程连贯、完整。公证书关于证据保全过程的文字记载虽有疏漏，但电脑是否启动、电脑是否接入互联网、是否进行清洁性检查并不影响证据保全中IPTV演示过程的真实性与合法性。被告及第三人关于公证书的异议理由不能成立，不予采纳，原告提交的证据保全公证书合法有效，依法予以采信。

本案中，被告的IPTV业务用户在机顶盒接入互联网后可收看在线播放的电视剧《男人帮》，该行为属原告对电视剧《男人帮》享有信息网络传播权的控制范围。

关于原告指控被告提供涉案电视剧回看业务是否成立。根据公证书记载的取证过程显示，公证人员操作遥控器在主页下方的“书签搜索”搜索栏输入“男人帮”，搜索结果是依时间顺序排列的《男人帮》部分剧集列表，列表中的剧集前有“回看”字样；选择观看的剧集播放时出现“点播”提示。经查，被告提供的IPTV回看业务是通过主页的“回看”栏目进入，用户根据各电视台节目清单列表选择收看节目。原告取证内容显示被告向IPTV用户提供的是涉案电视剧点播业务。原告指控被告提供涉案电视剧回看业务与事实不符，不予支持。

经国家广播电影电视总局批准，第三人可从事IPTV电视集成平台运营管理，经营范围为“以电视机为接收终端的信息网络传播视听节目业务”，被告为IPTV集成播控平台与电视用户端之间提供信号传输和相应技术保障。被告及第三人均具备IPTV业务资质。另外，根据《关于IPTV业务的合作协议》《IPTV业务合作补充协议》及庭审中当事人的陈述，被告负责IPTV媒体传输平台，第三人提供IPTV内容运营平台，涉案影视作品由第三人提供，存储于第三人的服务器。第三人未经原告或著作权人许可，通过被告运营的媒体传输平台向被告的IPTV网络用户提供涉案电视剧的播放服务，侵犯了原告对该作品依法享有的信息网络传播权。被告与第三人存在IPTV业务合作关系，被告负责用户开户、安装、收费，相关公众要成为被告的IPTV业务用户才能收看在线播放的电视剧《男人帮》，被告提供的媒体传输平台与第三人提供的内容运营平台链接，被告所提供的并非一般意义上的自动接入、自动传输服务。尽管被告与第三人分工不同，但 IPTV 业务用户实现对涉案电视剧《男人帮》在线观看，是被告、第三人分工合作、共同提供作品的结果。且被告未能提供充分证据证明其已对其合作单位本案第三人在线播放涉案电视剧是否获得相关著作权人的合法授权予以审查。据此，被告与第三人构成共同侵权，应共同承担侵权责任，连带赔偿原告因涉案侵权行为遭受的损失。原告明确在本案中不对第三人提出诉讼请求，系对其诉讼权利的自行处分，故对第三人在本案中应承担的责任不予判处。原告要求被告赔偿损失的诉讼请求，于法有据，予以支持。关于原告主张的赔偿数额，根据现有证据无法确定原告因涉案侵权行为所遭受的经济损失或被告的侵权获利，故根据涉案电视剧的知名度、市场影响以及被告、第三人的主观过错、侵权情节，以及原告为制止侵权所支付的合理费用等因素酌情确定赔偿数额。原告主张的赔偿数额过高部分，不予支持。

一审宣判后，中国电信深圳分公司提出上诉。

深圳市中级人民法院二审认为，上诉人中国电信股份有限公司深圳分公司的 IPTV 客户在机顶盒接入互联网后，通过遥控操作，可在线以点播的方式收看电视剧《男人帮》，该行为属于被上诉人对电视剧《男人帮》所享有的信息网络传播权控制的范围。上诉人上海百视通电视传媒有限公司上诉称，被上诉人乐视网信息技术（北京）股份有限公司提交的证据，无法证明涉案 IPTV 向客户提供了电视剧《男人帮》的点播服务，该上诉主张不成立，二审法院不予采信。

上诉人上海百视通电视传媒有限公司经过国家广播电影电视总局的批准，取得以电视机为接收终端的信息网络传播视听节目业务。而上诉人中国电信股份有限公司深圳分公司经过国家广播电影电视总局的批准，取得 IPTV 的传输服务。上诉人上海百视通电视传媒有限公司与上诉人中国电信股份有限公司深圳分公司通过履行《关于 IPTV 业务的合作协议》和《IPTV 业务合作补充协议》而合作共同经营 IPTV 业务，具体表现为，IPTV 平台架构主要分为“内容运营平台”和“媒体传输平台”，两者通过对接而实现 IPTV 业务功能。内容运营平台完成电子节目导视系统制作和管理、内容处理与发布；媒体传输平台完成用户身份识别、流量结算、信号分发、网络运维支撑等功能。上诉人上海百视通电视传媒有限公司经国家广电总局批复具备集成播控平台资质，负责

IPTV内容运营平台管理和经营业务。上诉人中国电信股份有限公司深圳分公司作为IPTV业务的网络运营商负责IPTV媒体传输平台业务。上诉人中国电信股份有限公司深圳分公司提供的媒体传输平台与上诉人上海百视通电视传媒有限公司提供的内容运营平台对接，该对接并非一般意义上的自动接入、自动传输服务。IPTV业务的具体运营，由上诉人中国电信股份有限公司深圳分公司与用户签订IPTV使用合同，并向IPTV用户收取使用费。IPTV用户收看视频节目的具体流程为，在设备处于开机状态下，用户操作遥控器，遥控器控制机顶盒，机顶盒通过电信宽带网络线路将指令发到IPTV媒体传输平台的页面服务器，页面服务器根据指令搜索节目，接收内容运营平台信号，并向机顶盒下发相关的页面代码，通过机顶盒解码后在电视机上播出视频节目。由上可见，从IPTV业务经营模式来看，上诉人上海百视通电视传媒有限公司与上诉人中国电信股份有限公司深圳分公司通过分工合作，共同经营IPTV业务，共同获取并分配由此获得的经济利益。

本案IPTV未经被上诉人许可，向IPTV用户提供涉案电视剧《男人帮》在线点播观赏服务，侵犯了被上诉人对电视剧《男人帮》所享有的信息网络传播权。因涉案IPTV业务由上诉人上海百视通电视传媒有限公司与上诉人中国电信股份有限公司深圳分公司合作共同经营，因此，上诉人上海百视通电视传媒有限公司与上诉人中国电信股份有限公司深圳分公司应共同向被上诉人承担该著作权侵权责任。

068

蔡某诉宜搜科技公司著作权侵权纠纷

【裁判要旨】

被告作为提供搜索、链接服务的网络服务提供者，在本案中并不存在直接侵权行为，若被告明知或应知所链接的作品侵权而提供实质性帮助，则可能构成间接侵权。

【典型意义】

2010年网络服务出现所谓三网融合的趋势。与该新技术相伴随的著作权侵权问题亦开始出现，本案即是在当时这种背景下发生的手机上网服务被控侵犯著作权的新类型案例。对该案例进行研究，有助于总结审理三网融合著作权侵权案件的经验，从而为提炼三网融合著作权侵权判定规则提供依据，同时也促进了学术界对于深度链接侵权责任认定标准的探讨，从而完善了目前的深度链接认定标准理论。

【关键词】

网络服务提供者　深度链接　实质性帮助　间接侵权

【基本案情】

原告是小说《玛格丽特的秘密》的作者。2006年1月，接力出版社出版了原告的小说《玛格丽特的秘密》，该图书版权页载明作品字数为210千字。

原告指控被告侵害了其上述小说之文字作品的著作权。在wap. easou. com网站搜索框中输入"玛格丽特的秘密　蔡某"，选择"小说"，进入"玛格丽特的秘密　蔡某——宜搜小说搜索"，在该网站上可以在线观看原告的小说《玛格丽特的秘密》。此时，手机上网阅读页面网址栏显示"wsp://b. easou. com/novel. m? id；在线观看原告的小说《玛格丽特的秘密》页面显示"书名：蔡某　玛格丽特的秘密　作者：蔡某　下载：JAR/TXT　状态：连载（共47章）来源：春雨文学　更新03－06　10：29"等信息。

基于上述事实，原告认为，春雨文学网站未经许可上传了原告的小说《玛格丽特的秘密》。被告作为手机上网服务的网络服务提供商，对原告享有著作权的文字作品进行搜索、深度链接，并通过手机上网功能向手机用户提供，其行为侵害了原告对小说《玛格丽特的秘密》之文字作品的著作权，属于直接侵权，应承担停止侵权、赔偿损失的法律责任。

2009年8月，原告在起诉前曾向被告发出停止侵害其涉案小说著作权的律师函。被告在收到原告的律师函后，即屏蔽了相关关键词并断开了与小说《玛格丽特的秘密》的深度链接。

【裁判意见】

深圳市福田区人民法院一审认为，本案的争议焦点：1. 就涉案小说阅读提供网络服务的性质如何认定；2. 被告就涉案小说阅读提供网络服务的行为是否构成侵权。

就第一个争议焦点，法院认为：在被告搜索网页上，通过在搜索框中输入关键字的方式对涉案小说进行搜索、阅读，是通过客户端链接到第三方网站上实现的，即提供小说阅读内容的是第三方网站，而非被告网站。原告提交的证据不足以证明被控侵权小说内容存储于被告服务器中，亦不足以否定被控侵权小说内容来源于第三方网站的事实。被告就涉案小说阅读所提供的服务为搜索、链接服务。

就第二个争议焦点，法院认为：原告明确其主张被告存在的侵权事实为被告作为网络服务提供商，对原告享有权利的文字作品进行深度链接、搜索，将涉案小说内容提供给网民，若第三方网站未经原告许可而传播涉案作品，则该第三方网站直接实施了侵犯原告信息网络传播权的行为，构成直接侵权。被告作为提供搜索、链接服务的网络服务提供者，在本案中并不存在直接侵权行为，若被告明知或应知所链接的作品侵权而提供实质性帮助，则可能构成间接侵权。因此，认定被告是否应当承担本案侵权责任的关键在于，被告是否明知或应知所链接的作品侵权，其主观上是否具有侵犯他人信息网络传播权的过错。搜索引擎技术是在互联网发展过程中出现的一项新技术，其服务宗旨是帮助互联网用户在浩如烟海的信息中迅速定位并显示其所需要的信息。伴随搜索引擎技术的发展，针对不同类型数据格式文件提供的专业性搜索服务应运而生，搜索范围遍及整个互联网空间中未被禁链的每个网络站点，搜索内容来源并受控于上载作品的网站。由于互联网各类信息数量巨大、内容庞杂、流转迅速，要求设链网站对所链接的全部信息内容是否存在侵权先行作出判断和筛选，无论在技术能力和经济能力上都是难以实现和不切实际的。文学作品亦不同于影视、音乐作品，基于文学作品的特性，搜索引擎对所搜索文学作品内容是否侵犯他人知识产权不具有预见性、识别性和控制性。如果被链接网站没有采取禁链措施，对于搜索引擎服务系统而言，意味着对该网站可以互联互通、信息共享。就为涉案小说阅读提供的搜索引擎服务而言，被告不存在明知或应知被链接网站构成侵权的情形，并不具有侵犯他人信息网络传播权的主观过错。在原告不能证明被告对链接作品可能侵犯他人权利系明知或应知的情况下，将可能构成侵犯原告信息网络传播权的被链接网站上载行为的法律责任交由搜索引擎服务商承担，缺乏法律依据。被告收到原告有关被控侵权行为的通知后，即采取相应措施停止被控侵权行为，其行为符合法律规定。

法院因此驳回了原告的诉讼请求。

069

美国磊若软件公司诉艺力公司等著作权侵权纠纷

【裁判要旨】

原告依授权取得的权利仅为维权权利，其并未取得涉案计算机软件著作权实体权利。因此，原告提交的证据不足以证明其为涉案计算机软件著作权人或与著作权有关的权利人，其与本案没有直接利害关系，无权单独以自己的名义提起本案诉讼。

【典型意义】

本案释明若仅取得维权权利而非著作权人或具有著作权实体权利的权利人，无权单独以自己的名义提起本案诉讼。明确了提出著作权侵权的诉讼主体仅应为著作权人或具有著作权实体权利的权利人。

【关键词】

维权权利　实体权利　授权委托书

【基本案情】

RhinoSoftware，Inc 系美国公司，该司在其提供的 Serv－U FTP Server 软件声明其拥有 Serv－U 软件的全球独家版权。2012 年 8 月 8 日，RhinoSoftware，Inc 公司授权代表向原告签署授权委托书，授权事项如下：原告有权以自己的名义在中国处理侵犯RhinoSoftware，Inc的软件著作权、商标权（涉及软件包括但不限于Serv－U软件各版本）在内的知识产权的有关事宜。包括进行法律陈述、调查取证、接受和解、向中国法院提起民事诉讼和刑事检控、接受执行标的物。委托期限自2012年1月1日至2015年12月31日。

进入工业和信息化部ICP/IP地址域名信息备案管理系统网站对于“www. elitegroup. com. cn”网址进行查询，显示该网站主办单位为被告，审核通过时间为2012年7月5日。

另查，2012年4月16日被告艺力公司与被告容大公司签订一份“容大互联虚拟主机服务合同”，约定容大公司提供368元特惠套餐包括以下产品：域名：elitegroup. comcn，空间200M（包含ACCESS数据库），主机服务时间2012年4月27日至2013年4月27日。容大公司在确认收款后一个工作日内开通虚拟主机业务，并用电子邮件的形式或与艺力公司约定的方式通知艺力公司有关远程虚拟主机的FTP账号及密码等资料，容大公司在租用合同期内保证虚拟主机的正常运行，并对艺力公司提供一定的技术支持；向艺力公司提供服务器空间的租赁，进行日常维护。艺力公司需正常使用容大公司赋予的权限来管理和维护所使用的空间，不得上传有害服务器系统安全和严重影响服务器整体性能的文件；有义务维护自己虚拟主机上的数据、口令、密码的完整性和保密性，并自行对数据定时备份。合同签订后，艺力公司依约交纳服务费，容大公司为其提供虚拟主机托管服务。合同履行至2013年3月，艺力公司变更虚拟主机托管服务商，网站域名解析IP地址同时变更。

再查，Serv－U FTP Server v6. 4软件首次发布时间为2007年1月23日。原告提交的Serv－U FTP Server v6. 4软件正版光盘封面版权信息显示权利人为RhinoSoftware，Inc，安装光盘亦显示权利人为RhinoSoftware，Inc。Serv－U FTP Server v6. 4软件中国代理商上海软众信息科技有限公司与上海科维思投资有限公司签订销售合同，约定Serv－U FTP企业版文件服务器软件销售价格为人民币200万元，该软件版权为RhinoSoftware，Inc公司所有。

【裁判意见】

深圳市福田区人民法院一审认为，依照法律规定，在作品或者制品上署名的自然人、法人或者其他组织视为著作权、与著作权有关权益的权利人，但有相反证明的除外；当事人提供的涉及著作权的底稿、原件、合法出版物、著作权登记证书、认证机构出具的证明、取得权利的合同等，可以作为著作权权利的证据。本案中，根据原告提供的 Serv - U FTP Server v6.4 正版光盘载明版权信息，法院认定涉案 Serv - U FTP Server v6.4 计算机软件著作权人为 RhinoSoftware，Inc。我国与美国均属《伯尔尼保护文学艺术作品公约》的成员国，依照《中华人民共和国著作权法》第二条第二款的规定，RhinoSoftware，Inc 对涉案 Serv - U FTP Server v6.4 计算机软件享有的著作权依法受到我国著作权法的保护。

依据 RhinoSoftware，Inc 出具的《授权委托书》，原告有权以自己的名义在中国处理侵犯 RhinoSoftware，Inc 的软件著作权、商标权（涉及软件包括但不限于 Serv - U 软件各版本）在内的知识产权的有关事宜。包括进行法律陈述、调查取证、接受和解、向中国法院提起民事诉讼和刑事检控、接受执行标的物。根据授权委托书内容显示，原告依授权取得的权利仅为维权权利，其并未取得涉案计算机软件著作权实体权利。因此，原告提交的证据不足以证明其为涉案计算机软件著作权人或与著作权有关的权利人，其与本案没有直接利害关系，无权单独以自己的名义提起本案诉讼。

法院因此驳回了原告的起诉。

070

深圳首例涉外服装花型案

【典型意义】

该案是深圳市判决的首例涉外服装花型案，该案的判决涉及跨国取证，体现了深圳市对于外国企业知识产权的高度重视，维护了深圳市在国际知识产权领域的形象，坚定了外国企业与中国企业的合作。

【关键词】

涉外　服装花型　著作权侵权

【基本案情】

沐兰是国内女装著名品牌，注册于香港，产业基地设在深圳，在国内中心城市开有80多间直营专卖店。沐兰精品女装特别之处在于，全部采用最新、最优良的欧洲面料，并买断其在中国市场的使用权。然而自2004年起市场上出现大量仿造沐兰精品女装面料花色的服装，其低廉的价格和低档的品质，对沐兰品牌造成了较大冲击和影响。2005年9月，沐兰公司发起了取证打假的维权行动。

德国KBC公司作为沐兰公司花布图案的权利人及面料生产商受沐兰法律顾问深圳版权代理中心主任陈某指导找到德国专利商标局提取了注册的权利证明，随后通过当地州法院指定的公证机关进行公证，并将这些公证材料送交到中国驻德国大使馆认证。与此同时，沐兰公司还赴全国取证。他们在深圳、浙江、东北、广西等地的服装商场，均先后发现了盗版侵权的服装。这些仿制的面料虽然花色相同，但受印染工艺及纺织技术的限制，色差、质感及透气性均存在较大差异。沐兰公司委托律师在当地商场以每件200多元的售价购买取证侵权样衣。

取证资料齐备后，2005年12月1日，沐兰公司就其经德国KBC公司独家许可的花布图案被浙江绍兴一针织印染公司、深圳某布行、深圳某服装公司等三单位复制侵权事宜，向深圳市罗湖区法院知识产权庭提起诉讼。

【裁判意见】

2006年7月31日，罗湖法院知识产权庭经历6个月的调查取证、调解、审理，依法组成合议庭，公开开庭审理了案件，最终宣判：判决三被告立即停止侵权，并销毁所有库存侵权商品。判决三被告分别赔偿原告经济损失人民币5万元、2.5万元、10万元。

071

中国音乐著作权协会诉清华深讯公司著作权侵权纠纷

【裁判要旨】

著作权集体管理组织被授权后，可以作为当事人进行涉及著作权或者与著作权有关的权利的诉讼活动。被告未经音乐著作权人及原告的许可，以商业营利为目的，将上述音乐作品以数字化的形式在互联网络上进行传播，使公众可以在其个人选定的时间或者地点获得作品，被告的行为属于使用作品的一种方式，其行为侵害了音乐著作权人对作品享有的使用权和获得报酬权。

【典型意义】

本案是2001年10月《著作权法》修订明确规定了“著作权集体管理组织”和“信息网络传播权”之前，中国音乐著作权协会作为中国大陆音乐词曲著作权集体管理组织，针对当时逐渐“发烧”的网络音乐热潮，尤其是手机铃声下载这种新颖的音乐娱乐方式，提起的第一起著作权民事诉讼。正因如此，本案审结后很快便被作为范例编入了有关法学教材，亦被产业界和法律界人士广泛引述。

本案判决的闪光点之一，是继1994年“张学友上海演唱会”案之后，又一次以判例形式确认了著作权集体管理组织的诉讼主体资格，尤其是在缺少权利人基于网络环境的维权实践的情况下，为进一步确立和发展著作权集体管理制度提供了宝贵的经验，在中国司法审判史上具有重要意义。而另一可谓“开先河”之举的，是本案判决明确了以营利为目的，将音乐作品以数字化形式在互联网上进行传播的方式，虽然与录制发行、公开播放的方式有所不同，但本质上都实现了作品向社会公众的传播，属于使用音乐作品牟利的一种方式。这一认定无疑是将当时相对滞后的法律条文与最高人民法院针对网络环境下维权需要出台的司法解释结合统一的，在审判层面上“与时俱进”的有益尝试。

【关键词】

著作权集体管理组织信息网络传播权

【基本案情】

音乐作品《心情不错》《愚公移山》的曲作者卞某念，《中国娃》的曲作者戚某波，《青藏高原》、《嫂子颂》的曲作者张某一，《珠穆朗玛》、《一二三四五六七》的曲作者藏某飞，《篱笆墙的影子》《命运不是辘轳》《苦乐年华》《不白活一回》《不能这样活》的曲作者徐某东，《相约一九九八》的曲作者肖某，《小草》《三千宠爱在一身》《两地书－母子情》的曲作者王某皆，《西北汉子的红腰带》的曲作者付某，《我为祖国献石油》的曲作者秦某诚，《小鸭子》《小蜜蜂》的曲作者潘某声，《中国，我可爱的家乡》《长城长》《想家的时候》《别挤啦》的曲作者孟某云，《人生啊，是一个海》的曲作者陆某易，《弯弯的月亮》《我的爱对你说》的曲作者李某鹰，《军营男子汉》的曲作者姜某阳，《红星照我去战斗》的曲作者傅某辰就包括本案上述音乐作品在内的作者所属音乐作品，分别与原告签订《音乐著作权合同》，合同约定：作者同意将其音乐作品的公开表演权、广播权和录制发行权授权原告以信托的方式管理；作者保证享有授权原告管理的权利；合同第一条所称的音乐作品，指作者现有的和今后将有的作品；原告为有效管理作者授权的权利，有权以自己的名义向侵权者提起诉讼，双方另有约定的除外；原告管理作者授权的权利带来的收益，应按照协会的章程每年向作者分配两次；合同不影响作者在本合同签订之日前与第三方建立的著作权关系；合同有效期为三年，至期满前60天作者未提出书面异议，合同自动续展三年，之后亦照此办理；作者有权通过终止本合同收回授权协会管理的权利，但应在协会收到作者书面通知一年后生效。双方还签订了《补充协议》，约定：作者同意在主合同约定的条件下，将其音乐作品在互联网络上载下载及传输的权利授权原告以信托的方式管理，该授权从双方签订的主合同生效之日起生效。此外，《别亦难》的曲作者何某豪，《蓝精灵之歌》的曲作者郑某枫，《唱脸谱》的曲作者姚某，《中国的月亮》《父老乡亲》的曲作者王某仁，《世界需要热心肠》《烛光里的妈妈》的曲作者谷某芬，《打起手鼓唱起歌》的曲作者施某南（已去世）的妻子洪某丁就包括本案上述音乐作品在内的作者所属音乐作品，分别与原告签订《音乐著作权转让合同》，合同约定：作者同意将享有著作权的音乐作品之公开表演权、广播权和录制发行权在合同约定的条件下转让给原告；原告保证作者转让的音乐著作权得到尽可能有效的管理；合同第一条所称的音乐作品，指作者现有的和今后将有的作品。双方也签订了《补充协议》，约定：作者同意在主合同约定的条件下，将其音乐作品在互联网络上载下载及传输的权利授权原告以信托的方式管理，该授权从双方签订的主合同生效之日起生效。另外，《山寨相亲》的曲作者徐某东，《七子之歌——澳门》的曲作者李某鹰以及《青青世界》的曲作者谷某芬在签订上述合同时未将上述三首歌曲列入合同中的作品登记表，但是合同双方在上述合同中均约定了合同第一条所称的音乐作品，指作者现有的和今后将有的作品，被告在庭审中没有就该问题提出异议，本院对原告就该三首歌曲享有的权利予以确认。关于洪某丁与原告签订的上述两份合同，洪某丁在《作品登记表》备注上注明的内容是：作者著作权人施某南于1990年5月2日突发脑溢血去世。其继承人为施某南的遗孀洪某丁及其女儿施洪蕾。施洪蕾目前在美国定居，所有有关施某南著作事宜授权洪某丁。但原告没有提供施洪蕾和其他第一顺序继承人授权洪某丁或放弃继承的相关材料。

被告公司于1999年3月30日成立。2001年2月14日，被告公司在北京市工商行政管理局登记注册了“蛙仆网”网站，网站域名为（www.168wap.com），网站注册号为0272000111700001。蛙仆网站成立后，被告将上述音乐作品的乐曲上载到蛙仆网服务器，以提供给该网站的客户作诺基亚手机铃声下载服务。2001年3月，原告发现被告未经音乐作品著作权人和原告的许可，擅自使用包含上述音乐作品在内的98首音乐作品，遂于2001年3月8日，向被告发出律师函提出警告。2001年3月14日，被告向原告复函，表示就上述音乐作品的使用许可和使用费问题愿意同原告进行协商，双方协商未果。2001年6月27日和7月4日，原告委托北京市公证处对被告公司蛙仆网站使用上述音乐作品的行为进行了公证，并将整个公证过程录制成光盘向法庭提交。被告承认其于2001年2月至2001年9月在蛙仆网站上使用了原告的上述音乐作品曲子，2001年9月以后已停止了上述音乐作品曲子的使用。双方当事人对被告公司网站使用上述音乐作品的事实和使用期限均无异议。

另查明：原审法院曾于2002年3月19日就原告起诉被告公司蛙仆网站使

用其会员雷蕾三首音乐作品的行为作出（2002）深中法知产初字第11号民事判决书。雷蕾音乐作品和本案的上述音乐作品都包含在被告公司蛙仆网站使用的原告会员的98首音乐作品之中，上述判决在认定被告公司的侵权事实后，判决被告停止侵权，赔偿原告经济损失15000元。原、被告均未对该判决提出上诉，该判决已发生法律效力。判决后，原、被告又多次就剩下的95首音乐作品进行协商，但仍未达成一致意见。

【裁判意见】

深圳市中级人民法院一审认为，本案涉及以下三个问题：

一、关于原告的主体资格。著作权人和与著作权有关的权利人可以授权著作权集体管理组织行使著作权或者与著作权有关的权利。著作权集体管理组织被授权后，可以作为当事人进行涉及著作权或者与著作权有关的权利的诉讼活动。原告是著作权集体管理组织，本案除施某南之外的20位作者，就包括本案39首歌曲在内的音乐作品与原告签订《音乐著作权合同》和《补充协议》，原告依据上述合同即经过作者明确授权，获得的对20位作者的《心情不错》《愚公移山》等39首歌曲的著作权行使管理和提起诉讼的权利，是本案适格的诉讼主体。关于原告请求保护的施某南的《打起手鼓唱起歌》音乐作品，由于作者施某南已去世，其妻子洪某丁将其音乐作品委托原告行使有关权利，原告没有出示遗嘱继承或者除其妻子洪某丁外的第一顺序其他继承人（包括父母、儿女）明确放弃继承或授权洪某丁办理委托事项的相关证据，其妻子洪某丁对原告的授权在形式上存在瑕疵，就该音乐作品，原审法院对原告的主张不予支持。

二、关于是否侵权。任何单位和个人非依法律规定未经音乐著作权人及与音乐作品著作权有关的权利人的授权，不得擅自使用音乐作品。被告未经音乐著作权人及原告的许可，以商业营利为目的，将上述音乐作品以数字化的形式在互联网络上进行传播，该传播方式虽然与著作权法意义上的公开录制发行、播放等方式有所不同，但都是向公众提供作品，使公众可以在其个人选定的时间或者地点获得作品，实现作品向社会公众的传播。因此，被告的行为属于使用作品的一种方式，其行为侵害了音乐著作权人对作品享有的使用权和获得报酬权，被告应承担侵权的民事责任。

三、关于损失赔偿。原告在本案中明确请求法院酌情判定赔偿额。本案与本院已经生效的（2002）深中法知产初字第11号判决都是被告在同一时期实施的相同侵权行为，都包括在原告为侵权所作的两份公证书之中，本院在（2002）深中法知产初字第11号判决酌情判定被告赔偿原告损失时，已考虑原告包括公证费用在内的合理调查费用，原告分别起诉，增加案件其他当事人的诉累，对前案已经考虑过的调查费用，本案不再支持，但是对原告因本案所直接发生的合理必要的调查费用，应予以支持。本案损失赔偿应综合考虑侵权行为的性质、侵权持续的时间和范围、主观过错程度以及（2002）深中法知产初字第11号判决酌情判定损失的标准等因素予以确定。

综上，原告请求被告停止侵权，赔偿损失，理由正当且符合法律规定，应予以支持。原告请求被告赔礼道歉，缺乏事实和法律依据，不予支持。

中国音乐著作权协会向广东省高级人民法院提出上诉。

广东省高级人民法院二审认为，音乐人施某南于1990年5月2日突发脑溢血去世后，其遗留的音乐作品而产生的著作权财产权益，依法应由其法定继承人继受，其第一顺序的法定继承人配偶、父母、子女，均有权实施维护施某南音乐作品免受他人侵犯的行为，本案中，洪某丁作为施某南第一顺序的法定继承人之一，其为维护施某南音乐作品免受他人侵犯，而与上诉人签订的《音乐著作权转让合同》及《补充协议》，并未侵犯施某南其他第一顺序法定继承人的合法权益，反而更有利于今后施某南音乐作品著作权财产利益的实现，故对洪某丁的积极作为应依法予以支持。至于因施某南音乐作品著作权而产生的财产利益如何分配，应由施某南的第一顺序法定继承人协商解决，或通过其他合法途径解决，属另一法律关系，与本案无关。原判认定事实基本清楚，但以洪某丁对上诉人的授权在形式上存在瑕疵为由，而对施某南的音乐作品著作权在本案中不予保护，依据不足，应予纠正。

上诉人于2002年年初第一次诉请判令被上诉人立即停止侵犯其会员雷蕾3首音乐作品的行为；并赔偿经济损失。原审法院所作的（2002）深中法知产初字第11号民事判决，是以上诉人出具的《提供网上手机振铃下载服务收费标准》为基础，即上诉人提出的每首歌曲每年的使用费不低于100元的标准，判令被上诉人对使用上诉人管理的音乐作品按每首歌高于每年100元的标准予以赔偿，另对上诉人因被上诉人的侵权行为而支付的公证费、调查费等亦予以适当赔偿。故原审法院在该案中共判令被上诉人赔偿15000元。其计算标准并非每首歌5000元。上诉人于2003年3月第二次诉请判令被上诉人立即停止侵犯作者卞某念等22人音乐著作权（40首音乐作品）的行为；并在蛙仆网站上公开赔礼道歉；赔偿经济损失及本案的合理支出20万元。上诉人在提起第一次诉讼前，已对被上诉人的侵权行为采取了一次性的调查取证行为，该部分的费用，原审法院已在（2002）深中法知产初字第11号民事判决中予以计赔，故上诉人的该部分诉请不予支持。上诉人在第二次提起诉讼后，因履行诉讼义务而相应产生的交通费、律师费，应适当由被上诉人予以赔偿，故原审法院对本案所作判决的赔偿标准，是在参照（2002）深中法知产初字第11号民事判决的基础上，对上诉人管理的音乐作品的使用费及因第二次诉讼而产生的合理费用依法酌情适当赔偿，并无不当，应予维持。

对被上诉人侵犯施某南音乐作品《打起手鼓唱起歌》著作权的赔偿标准，考虑到原判对39首歌的判赔只是酌情适当赔偿，并未具体明确每首歌的赔偿标准，故本院认为应将被上诉人对施某南该首音乐作品的赔偿款一并计入原判25000元的赔偿数额之中，不予另行计赔。至于上诉人上诉主张原判未判决被上诉人承担赔礼道歉、消除影响的责任。从上诉人分别与22位音乐人签订的《音乐著作权合同》《音乐著作权转让合同》及《补充协议》的内容分析，音乐人只是将其享有的音乐作品著作权中的部分财产权益委托或转让给上诉人管理，并未将音乐著作权中的人身权益委托或转让给上诉人管理，而民事责任中的赔礼道歉责任只适用于行为人对受害人的人身权益侵害，而不适用于对财产权益的损害赔偿。故对上诉人的此项诉请，缺乏法律依据和理由，不予支持，应驳回。

综上所述，上诉人上诉主张对施某南音乐作品著作权应予保护的理由充分，应予支持。上诉人上诉主张赔偿过低，缺乏充足的依据和理由，不予支持，应驳回。原判认定事实基本清楚，但以洪某丁对上诉人的授权在形式上存在瑕疵为由，而对施某南的音乐作品著作权在本案中不予保护，依据不足，应予纠正。

072

颖源科技公司诉深圳市婚姻介绍所著作权侵权纠纷

【裁判要旨】

双方当事人分别对对方侵犯软件著作权及企业名称权的行为互不追究法律责任并达成和解协议。

【典型意义】

本案双方当事人分别涉嫌侵犯对方的软件著作权及企业名称权，最终在法院的调解下，双方达成和解协议，互不追究对方责任。

【关键词】

软件著作权　调解

【基本案情】

1998年9月，颖源科技公司与深圳市婚姻介绍所签订《关于合作建立和运营婚姻介绍互联网站的意向书》，前者在后者配合下开发的婚介软件安装在深圳数据通信局机房，由婚介所以“情网”名义在love. org. cn域名上使用。次年，颖源公司完成交友软件并放在“情网”上使用。10月，该公司注册lov-ingnet. com域名，使用上述软件。2000年4月21日，婚介所致函颖源公司，认为其违反《意向书》约定，“情网”设计改版未征求婚介所意见，使该所无法控制数据访问权和修改权，要求终止合作关系，并注册ucanlove. com，开通新“情网”。之后，颖源公司数据库被人破坏，“情网”停止运作。4月24日，颖源公司致函婚介所，表示其没有违约，不同意终止合作关系。25日，婚介所函告颖源公司，认为其违约，该所作为“情网”主办单位，取得软件并使用完全合法。

【裁判意见】

深圳市中级人民法院作出一审判决后，深圳市婚姻介绍所不服一审判决，上诉至广东省高级人民法院。

经广东省高级人民法院调解，双方当事人达成协议：解除签订的《意向书》，婚介所停止使用颖源公司拥有著作权的婚介和交友软件；颖源公司对婚介所的侵权行为，不再请求公开赔礼道歉和赔偿侵权损失。

深圳市婚姻介绍所诉颖源科技公司未经许可擅自在lovingnet.net网站上使用其名称一案，双方亦达成协议：颖源公司在其运营的网站上停止使用深圳市婚姻介绍所单位名称；婚介所对颖源公司的侵权行为，不请求赔礼道歉、赔偿损失。

（二）著作权刑事审判案件

073

袁某某、徐某某等侵犯著作权罪

【裁判要旨】

《刑法》第二百一十七条规定，以营利为目的，未经著作权人许可，复制发行其计算机软件的，违法所得数额较大或者有其他严重情节的，处三年以下有期徒刑或者拘役，并处或者单处罚金。《最高人民法院、最高人民检察院、公安部关于办理侵犯知识产权刑事案件适用法律若干问题的意见》第十三条明确规定，传播他人作品的数量合计在五百件（部）以上的属于刑法第二百一十七条规定的“其他严重情节”。本案明确了著作权民事侵权与著作权刑事犯罪的界限，上诉人袁某某及原审被告人徐某某等人的行为既是一种侵害腾讯科技（深圳）有限公司软件著作权的民事侵权行为，同时，因其具备“其他严重情节”，亦已经构成侵犯著作权罪。

【典型意义】

本案系深圳法院实行知识产权民事、刑事、行政“三合一”审判改革（即知识产权民事、刑事、行政案件均由知识产权庭审理）后由知识产权庭审理的刑事案件，本案的主要焦点在于被告人的行为是否侵犯了权利人的著作权以及该侵权行为是民事上的侵权还是刑事犯罪。“三合一”审判改革后，由知识产权庭审理涉及著作权侵权的刑事案件，可更为准确地把握对于著作权侵权的判断。同时要求知识产权庭的法官有刑法方面的相关素养，给知识产权庭的法官提出了更高的要求。

【关键词】

著作权侵权　侵犯著作权罪　严重情节

【基本案情】

腾讯微信软件系腾讯科技（深圳）有限公司于2011年开发完成，《腾讯微信软件许可及服务协议》载明：腾讯许可微信用户在单一台终端设备上安装、使用、显示、运行该软件，该许可不可转让，且仅用于非商业目的。除非法律允许或腾讯书面许可，不得通过修改或伪造该软件的指令、数据，增加、删减、变动软件的功能或运行效果，或者将用于上述用途的软件、方法进行运营或向公众传播，无论这些行为是否为商业目的；也不得通过非腾讯开发、授权的第三方软件、插件、外挂、系统，登录或使用腾讯软件及服务，或制作、发布、传播上述工具。

2013年9月，被告人袁某某、吴某某、徐某某、高某某、颜某某五人共同成立深圳市××四海科技有限公司，上述五名被告人分别占公司股份的25%、24%、22%、21%、8%。袁某某为四海公司法定代表人，负责公司的日常管理及销售；吴某某和高某某负责公司的软件研发和技术培训；徐某某负责公司市场部。高某某、吴某某开发了微邻友、微邻友无验证、微聚友、微聚友无验证、微群友、微群友无验证、微友聊、微友聊分组发、微群聊、微聚粉、微点赞、微友备等计算机软件。在未经腾讯公司授权、许可的情况下，吴某某和高某某将上述软件连同“微信”软件一起集合成刷机包“ROM”并制作刷机软件“flashtool”。吴某某、高某某将刷机方法传授给公司技术支持人员被告人邢某，邢某再传授给彭某某，由二人将刷机包“ROM”安装于公司“搜粉智能广告机”，经测试后交由被告人郑某某等销售给客户。该广告机主要利用腾讯公司微信软件的定位、群发、添加好友等功能，通过上述软件自动添加一定范围内的微信用户好友并推送广告信息。四海公司成立后主要生产和销售“搜粉智能广告机”，2014年4月至案发，共销售“搜粉智能广告机”2076台。

经鉴定，“搜粉智能广告机”中“微邻友”可对以任意地理位置为中心的周边微信号实现自动检测和发送消息，“微邻友无验证”可对以任意地理位置为中心的周边微信号实现自动查看微信用户的详细信息，而“微邻友”必须结合微信软件才能正常使用，其余“微系列”软件无法正常工作。被告人安装于“搜粉智能广告机”中的微信软件与腾讯微信软件一致。

【裁判意见】

深圳市宝安区人民法院以侵犯著作权罪判处：被告人袁某某有期徒刑一年零六个月，被告人吴某某、徐某某、高某某有期徒刑一年零三个月，并对四被告人均并处罚金人民币100万元。被告人颜某某、邢某、郑某某、彭某某等也均被以侵犯著作权罪判处相应刑罚。原审被告人袁某某不服，以“违反《微信用户许可协议》应先给予警告、处罚，或通过民事程序解决，即便构成犯罪，亦属于单位犯罪”等为由向深圳市中级人民法院提起上诉。

深圳市中级人民法院二审认为，《中华人民共和国刑法》第二百一十七条规定，以营利为目的，未经著作权人许可，复制发行其计算机软件的，违法所得数额较大或者有其他严重情节的，处三年以下有期徒刑或者拘役，并处或者单处罚金。《最高人民法院、最高人民检察院、公安部关于办理侵犯知识产权刑事案件适用法律若干问题的意见》第十三条明确规定，传播他人作品的数量合计在五百件（部）以上的属于刑法第二百一十七条规定的“其他严重情节”。上诉人袁某某及原审被告人徐某某等以营利为目的，未经著作权人许可，复制发行腾讯微信软件，数量达2076份，情节严重，其行为均已构成侵犯著作权罪，应依法惩处。关于上诉人提出违反《微信用户许可协议》应先给予警告、处罚，或通过民事程序解决。二审法院认为，首先，犯罪本质上是性质更为严重的侵权违法行为。上诉人袁某某等复制发行腾讯微信软件以销售其“搜粉智能广告机”，系以营利为目的，且已实际大量营利；其次，其复制发行腾讯微信软件未经著作权人腾讯公司许可，且违反《腾讯微信软件许可及服务协议》的禁止性规定；最后，上诉人袁某某等复制发行腾讯微信软件，数量达2076份，属于情节严重。因此，上诉人袁某某及原审被告人徐某某等人的行为既是一种侵害腾讯科技（深圳）有限公司软件著作权的侵权行为，同时，因其具备“其他严重情节”，亦已经构成侵犯著作权罪，对其依法定罪处罚完全符合法律规定。关于本案是否应认定为单位犯罪。二审认为，根据《最高人民法院关于审理单位犯罪案件具体应用法律有关问题的解释》第二条规定，个人为进行违法犯罪活动而设立的公司、企业、事业单位实施犯罪的，或者公司、企业、事业单位设立后，以实施犯罪为主要活动的，不以单位犯罪论处。上诉人袁某某等成立四海公司的主要目的是研发、营销“搜粉智能广告机”，事实上，四海公司成立后也主要生产销售“搜粉智能广告机”以非法获利，故本案应以自然人犯罪而不以单位犯罪论处。二审判决：驳回上诉，维持一审判决。

074

陈某等侵犯著作权罪

【裁判要旨】

高科技企业员工离职创业过程中，一般会利用所离职企业的资源降低创业成本，增加创业成功概率。故在审理此类离职创业人员侵害所离职企业知识产权案件中，应注意正确区分侵权行为与正常的交易行为，真正做到疑罪从无的刑事处罚原则。另外，在侵害知识产权犯罪中，经常存在决策者不直接参与具体经营的情况，不宜将未参与具体经营的决策者认定为从犯，否则将纵容此类犯罪。

【典型意义】

随着深圳经济特区高新技术企业的发展，高新技术企业中的人员流动以及竞争纠纷矛盾日渐突出。本案发生于深圳经济特区知识产权“三合一”的大背景下，是由知识产权庭审理的刑事案件，该案件同时提升了知识产权庭审理刑事案件的专业水平，明确了高科技企业员工利用所离职企业资源的行为是否属于侵权行为，并明晰了民事侵权与刑事犯罪的界限。为此类案件的审判作出了指引，充分发挥了司法导向作用。本案被评为深圳法院2015年度知识产权典型案例。

【关键词】

侵犯著作权罪　疑罪从无　主犯　从犯

【基本案情】

在陈某等人侵犯著作权罪案中，华为技术有限公司通过受让方式取得计算机软件《盛维网络视频会议系统 V5.2》的著作权，并将该软件升级为 Espace Meeting 软件，上述软件均可以供使用者通过互联网召开视频会议。陈某、张某、邓某等人均系华为公司的管理人员，都曾经在华为统一通信部门（即负责互联网视频会议系统的部门）工作过。陈某准备从华为公司离职，于是与张某、邓某等人商议成立一个博迪投资公司，与其他人一起组建一个博迪体系。华思通公司是博迪体系中的一家公司，邓某、陈某、张某鉴于华为公司已经停止网络视频会议运营业务，共同决策华思通公司主营业务为网络视频会议运营服务，邓某负责日常经营运作，而熊某、周某协助邓某负责无锡华思通的运营并入股华思通公司。华思通公司通过申请，成为华为公司的独立软件开发合作合伙人，并在华为公司 Espace Meeting 软件的基础上，开发出 TELEUC 网络视频会议系统。但华思通公司在未购买华为公司 Espace Meeting 软件授权码的情况下，即开始提供 TELEUC 网络视频会议系统软件的租赁服务，获益 101600 元。同时，华思通公司还对外销售 TELEUC 网络视频会议系统，其中一单销售给中易创公司，金额计 48400 元，该次销售并未购买华为公司 Espace Meeting 软件授权码；另一单销售给沈阳同晟公司，合同金额 176000 元，该次销售是通过招投标进行的，华思通公司向华为公司申请了 Espace Meeting 软件的投标资料，并在安装时向华为公司的代理商申请了临时许可，最终授权码并未安装即案发。

【裁判意见】

深圳市龙岗区人民法院一审认为，被告人陈某、邓某等人未经著作权人许可，复制、发行计算机软件，非法经营数额达 326000 元，情节特别严重，构成侵犯著作权罪。同时认定陈某等人在共同犯罪中起次要及辅助作用，属从犯，依法减轻处罚。据此，一审法院判处邓某、熊某、周某三人三年以上有期徒刑，判处陈某、张某有期徒刑一年七个月，罚金若干。

深圳市中级人民法院二审认为，在对沈阳同晟公司的销售中，投标时，华思通公司向华为公司申请并获得了招投标的资料；在安装时，申请了临时许可，正式许可还未来得及申请、安装即案发。故一审认定华思通公司销售给沈阳同晟公司TELEUC网络视频会议系统软件未经权利人许可，证据不足，应当扣除，故案件非法经营数额应为15万元。邓某、熊某、周某的刑期均扣减一年。陈某、张某作为决策者，邓某、熊某、周某作为实施者，均非辅助或次要作用，故一审认定陈某、张某为从犯错误，予以纠正。但鉴于非法经营数额认定减少，故二人的刑期仍属适当。

075

燕某侵犯著作权罪

【裁判要旨】

网络游戏私服的提供者未经许可复制、修改、翻译或通过信息网络传播游戏的服务器端程序，属侵害软件著作权人的复制权、修改权、翻译权和信息网络传播权的行为。网络游戏私服的提供者，复制发行他人计算机软件，违法所得数额较大或有其他严重情节的行为，构成侵犯著作权罪。

【典型意义】

2012年正值网络游戏发展的高峰期，伴随着网络游戏的发展，私服也日益猖獗。在本案之前，对于“私服”犯罪行为的定性，学界和实务界的争议较大，对于“私服”行为究竟应该认定侵犯著作权罪，还是非法经营罪，司法实践中很难进行确定的刑法评价，导致被追究刑事责任的情况并不多。而本案判决的生效，对通过非法架设、运营网络游戏“私服”牟利的犯罪行为定性提供了有益的参考，将极大地震慑试图铤而走险架设私服的不法分子。

本案被评为广东省高院公布的2012年度十大知识产权案例。

【关键词】

“私服”　非法经营数额　侵犯著作权罪

【基本案情】

2011年10月至2012年1月，被告人燕某通过修改在网上下载的深圳第七大道科技有限公司的“弹弹堂”游戏源代码，调整了该款游戏的难易程度以及降低游戏道具价格后，以“52弹弹堂”“霸气弹弹堂”和“11弹弹堂”为游戏名分别发布在域名为www. 52175. info、www. 87ddt. com和www. 11ddt. com的服务器上进行运营。经鉴定，提取的被告人燕某电脑里的“弹弹堂”游戏服务器端中的程序Bussiness. dll、Game. Base. dll、Game. Logic. dll、Game. Server. dll和Road. Service. exe与深圳第七大道科技有限公司提供的相应程序具有同源性，相似率在99%以上。2012年1月9日，公安机关在陕西省西安市将被告人燕某抓获。庭审中，被告人燕某认可公诉机关指控的其获取非法利益人民币146401元。

【裁判意见】

深圳市南山区人民法院认为，被告人燕某无视国家法律，以营利为目的，未经深圳第七大道科技有限公司的许可，复制发行其享有著作权的计算机软件“弹弹堂”游戏，经公诉机关和被告人燕某共同确认，非法经营数额达人民币146401元，其行为已构成侵犯著作权罪，属情节严重。公诉机关指控的犯罪事实清楚，证据确实、充分，指控的罪名成立。

宣判后，燕某提起上诉。深圳市中级人民法院认为，上诉人燕某以营利为目的，未经深圳第七大道科技有限公司的许可，通过信息网络传播他人享有著作权的计算机软件“弹弹堂”游戏，非法经营数额超过五万元，其行为已构成侵犯著作权罪。公安部门统计收取非法经营收入的工商银行卡收支记录，2011年10月3日至2012年1月10日的收入共计人民币146401.96元。根据燕某在公安机关和原审庭审中的供述，据以认定非法经营收入的工商银行卡内自2011年10月以后的收入金额全部系非法经营“弹弹堂”游戏获利所得，没有其他收入来源。虽然燕某本人估算的非法经营收入与银行卡内实际收入不一致，但燕某本人估算的非法经营收入没有证据证明。因此原审法院采用2011年10月3日至2012年1月10日燕某的该工商银行卡的收入作为计算非法经营数额的依据，符合实际情况。

鉴定结论证明从燕某电脑里提取的“弹弹堂”游戏服务器端中的程序 Bussiness. dll、Game. Base. dll、Game. Logic. dll、Game. Server. dll 和 Road. Service. exe 与被害人提供的相应程序具有同源性，相似率在 99% 以上。燕某认为如果其下载的程序为被害人第七大道公司所有，那么与第七大道公司所提供的程序对比应该是完全相同而不应该是相似率在 99% 以上。根据燕某的供述，其通过网络下载“弹弹堂”游戏源代码后对游戏内容进行了修改，调整了该款游戏的难易程度并降低游戏道具价格。因此，燕某实际对被害人的游戏源代码进行了局部修改，但没有对游戏数据文件进行实质性改动，故鉴定结论认为两者相似率为 99% 符合事实。

上诉人燕某未经“弹弹堂”游戏软件著作权人的许可，通过互联网传播“弹弹堂”游戏并收取费用的事实已由证人证言、被告人本人的供述以及鉴定结论等证据证明，故上诉人认为其下载游戏的目的仅为本人学习和研究使用的上诉意见完全有悖于事实。

《最高人民法院、最高人民检察院、公安部关于办理侵犯知识产权刑事案件适用法律若干问题的意见》第十三条规定，以营利为目的，未经著作权人许可，通过信息网络向公众传播他人计算机软件，非法经营数额在五万元以上的，属于刑法第二百一十七条规定的“其他严重情节”，因此原审量刑并无不妥。

076

徐某、朱某某侵犯著作权罪

【裁判要旨】

固件程序在被固定到 ROM 之后目标程序的表达方式为通过 ROM 的存储数据的相应点位熔断，改变存储数据的点位状态从而达到存储编辑的目的。对于固定到 ROM 中的固件程序的反向提取及复制应被认定为复制计算机软件的行为。

【典型意义】

本案是深圳市首例侵犯固件软件著作权案件，该案中，犯罪嫌疑人使用反向工程技术对正品芯片逐层拍照，提取、分析其中的数据信息，最终获取芯片的整个集成电路布图构造，这是当前侵犯计算机软件著作权的一种新型手段，检察机关在侦查阶段提前介入，鉴于权利人拥有集成电路布图设计登记证书、芯片 ROM 固体软件程序著作权以及使用该芯片制成的网卡的驱动程序著作权三种权利，根据侵权链条中不同环节犯罪嫌疑人的行为和主观认识特点，检方建议公安机关以涉嫌侵犯著作权罪追究刑事责任。最终确定以涉嫌侵犯著作权罪起诉并得到支持。案件的成功办理，体现了警检双方合力打击犯罪，保障科技创新和知识产权的重大成果。本案入选了最高人民检察院发布的“2016 年度检察机关保护知识产权十大典型案例”。

【关键词】

芯片　集成电路　侵犯著作权罪

【基本案情】

深圳市久洲集翔电子有限公司法定代表人罗某某以牟利为目的，于 2014 年 4 月 11 日，以久洲公司的名义与友芯公司签署了《关于 USB 网卡芯片合作开发销售协议》，被告人罗某某先后出资约人民币 40 万元并提供和芯润德公司的正版 9700 网卡芯片，被告人徐某、朱某某组织技术人员对正版 9700 网卡芯片（含上述固件程序软件）各层电路布局进行拍照，然后提取、分析数据信息，后将提取的代码数据、电路图等提交给和舰公司生产出芯片晶圆，再切割、封装为仿冒 9700 网卡芯片成品。截至 2015 年 5 月，和舰公司先后共生产了 112 片假冒 9700 网卡芯片晶圆交付给友芯公司，每片晶圆可制作成约 6500 个假冒 9700 网卡芯片。被告人徐某将首批 5 万个封装好的成品仿冒 9700 网卡芯片交付给被告人罗某某，被告人罗某某将其中的 3000 个以每个人民币 4.5 元的价格出售给了罗某春，其余芯片则由被告人罗某某自行委托他人加工组装成成品仿冒 9700USB 网卡对外销售。2015 年 6 月 4 日，公安机关对被告人罗某某住址深圳市龙华新区民治街道春华四季园 25 栋一单元 8C 进行搜查，现场查扣到仿冒 9700 网卡成品 105 个、半成品 150 个，9700 芯片 6 包等物。

经鉴定：深圳市和芯润德公司登记号为“2015SR003215”的软件著作权的软件源代码经编译生成的ROM数据与其型号为9700芯片的ROM数据相同，两者具有同一性。从被告人罗某某处提取的芯片ROM层与和芯润德公司9700芯片的ROM层数据信息相似度99.998%，友芯公司的GDS文件中ROM层信息与和芯润德公司9700芯片的GDS文件ROM层信息相似度为99.998%，均只有4位数据不同（共计有13多万个数据信息位置）。

该案由深圳市公安局南山分局于2015年2月14日立案侦查。7月10日，深圳市南山区检察院以涉嫌侵犯著作权罪对犯罪嫌疑人罗某某批准逮捕。8月5日，公安机关抓获同案犯罪嫌疑人徐某，并在徐某配合下抓获犯罪嫌疑人朱某某，后对该两名犯罪嫌疑人取保候审。2016年2月26日，深圳市南山区检察院对该案三名被告人罗某某、徐某、朱某某提起公诉。其间，犯罪嫌疑人徐某、朱某某赔偿被害单位损失，与被害单位达成和解。

【裁判意见】

深圳市南山区人民法院一审认为，和芯润德公司研发的USB接口以太网控制器集成电路固件软件V2.0取得了计算机软件著作权登记证书，并且和芯润德公司能够提供上述软件的源程序，故认定和芯润德公司享有USB接口以太网控制器集成电路固件软件V2.0的著作权。被告人罗某某、徐某、朱某某仿制和芯润德公司的9700USB网卡的芯片中的ROM层数据信息与上述软件的相似度高达99.998%，应当认定为罗某某、徐某、朱某某对上述软件进行了复制。罗某某、徐某、朱某某以营利为目的，未经和芯润德公司的许可，复制发行和芯润德公司的软件，复制品数量超过五千份的行为已经构成侵犯著作权罪，且属情节特别严重。

077

中国网络游戏外挂第一案

【裁判要旨】

本案以涉嫌侵犯著作权罪批捕，后以非法经营罪进行判决。该案确定制造网络游戏外挂的行为属于出版非法互联网出版物的行为，因此以非法经营罪定罪处罚。

【典型意义】

随着网络游戏的兴起，私服以及外挂现象日益猖獗。早在2003年年底，国家五部委联合发文指出："私服""外挂"行为严重侵害了著作权人、出版机构以及游戏消费者的合法权益，扰乱了游戏出版经营的正常秩序，给国家、企业和消费者造成巨大经济损失，在社会上产生恶劣影响，应予以严厉打击。但是该种打击更多是指行政执法方面的打击，而并未涉及刑事犯罪。本案为"中国网络游戏外挂第一案"，法院的判决主要认定了制造网络游戏外挂的行为属于出版非法互联网出版物的行为，因此以非法经营罪定罪，为随后全国各地的外挂刑事案件提供了参考，并且表明对于网络游戏市场治理的重视，对网络游戏领域知识产权的保护给予了正面回应。

【关键词】

网络游戏外挂

【基本案情】

深圳市腾讯计算机系统有限公司自主研发了《QQ幻想》大型网络游戏软件，并对该软件享有著作权。该软件自2005年3月25日开始进行公开测试，后从国家版权局取得登记证书，并于同年12月15日开始收费。

被告人张某某、刘某某、何某某、齐某某、韩某等人在未经腾讯公司授权许可的情况下，由被告人韩某在2005年4月编写了《QQ幻想》游戏的外挂软件，在明知被告人张某某准备将此外挂软件用于在互联网上公开发布收费的情况下，将该外挂软件及其源代码提供给被告人张某某。被告人张某某获取该外挂软件后，仍将该外挂软件取名《QQ幻想助理》，并购置4台服务器，分别与北京互联时空网络技术有限公司、北京亿诺通数据通信科技有限责任公司签订协议，租用机柜并托管在中国铁通集团天津分公司机房，用于该外挂软件的经营。2005年7月至11月，被告人张某某先后找到被告人刘某某、齐某某、何某某等人，共同对《QQ幻想助理》外挂网络游戏进行经营。被告人刘某某负责“失地工作室”网站建设、数据库维护，外挂用户验证登陆系统的开发设计以及用户信息、外挂销售信息等数据库的维护和统计；被告人齐某某负责《QQ幻想助理》中新功能的程序写入、外挂更新（即针对腾讯公司《QQ幻想》游戏推出的反外挂程序的动态代码进行跟踪破解，制作出新版本的《QQ幻想助理》）、外挂测试等技术工作；被告人何某某负责《QQ幻想助理》总代理销售。2005年11月19日，被告人张某某在私设的“失地工作室”网站正式公开发布《QQ幻想助理》并收费，被告人何某某负责以电子充值卡——助理一卡通的形式在互联网上销售给其他销售商。至案发，被告人何某某共计销售电子充值卡31000张，获得人民币310000元，何某某将其中人民币58000元留给自己，并将剩余部分人民币252000元汇入被告人张某某持有的中国农业银行借记卡上。被告人张某某将该款分别付给被告人韩某人民币5000元、刘某某人民币10888元、齐某某人民币70400元，并支付了4台服务器主机的托管费人民币9276元（其中向北京互联时空网络技术有限公司支付人民币5500元，向北京亿诺通数据通信科技有限责任公司支付人民币3776元），余款人民币156436元归被告人张某某使用。上述已销售的电子充值卡金额中，实际已经充入《QQ幻想助理》的金额为人民币194534.5元。

腾讯公司于2005年11月发现“失地工作室”的网站上提供《QQ幻想》游戏外挂软件《QQ幻想助理》系列版本，并对外挂进行收费，2005年12月29日，腾讯公司向深圳市公安局南山分局报案。

【裁判意见】

深圳市南山区人民法院认为，被告张某某等人通过制造外挂非法牟利，非法经营金额已达到19万余元，情节严重，构成了非法经营罪。同时，编写的外挂属于非法互联网出版物，扰乱网络游戏市场正常秩序，遂对主犯韩某判处有期徒刑1年零6个月，其余4人判处有期徒刑1年零1个月。

078

与美国 FBI 联合办理侵犯著作权第一案

【典型意义】

本案为公安部与美国 FBI 合作，由公安部统一部署开展的“夏至”行动中根据美国 FBI 提供的线索查获的案值高达 8 亿元的特大型跨国生产销售盗版软件侵犯著作权的犯罪。在本案中，深圳公安局与美国 FBI 合作，由中国公安部直接指挥，美国 FBI 亲临深圳现场，由广东省公安厅、东莞市公安局与深圳市公安局协同行动，出动 68 名民警展开执法行动，是我市警方与美警方及他地警方联合办案的代表之作。

【关键词】

侵犯著作权罪

【基本案情】

2007 年 3 月，王某某将以美国微软公司的 Windows XP 专业版、Windows XP 家庭版和 Office 2003 为内容的 3 张节目源交给萧某某，要求萧某某为其压制 15000 张子盘，每张子盘的价格为人民币 3.5 元。萧某某表示同意，并将节目源交给经任职于深圳市紫麓科技有限公司的胡某（在逃）介绍的马某某以每张母盘人民币 330 元的价格为其制作三张母盘。后马某某违反深圳市紫麓科技有限公司的规定，在未报经广东省新闻出版局复制印刷处审批的情况下，在上述公司的母盘生产线上为萧某某制作了 3 张母盘并交给萧某某。萧某某拿到母盘后即找到吴某某，商定由吴某某以每张子盘人民币 2.5 元的价格用上述 3 张母盘各压制 5000 张共计 15000 张子盘。此后吴某某再通过廖某某以每张子盘人民币 1.5 元的价格压制子盘共计 15000 张。后上述 15000 张盗版子盘经由吴某某、萧某某交至王某某手中。

与此同时，王某某指使殷某某以美国微软公司的正版软件为原型，录入光盘的激光镭射防伪膜字母图样，通过互联网下载算号器，算出微软公司软件的产品序列号。此外，殷某某还协助王某某贩卖部分盗版美国微软公司的软件。

完成上述犯罪行为后，王某某即将殷某某打印的字母图样和算出的产品序列号及大批盗版子盘交给长期合作的张某某，张某某则将购买的激光镭射防伪膜烫印于子盘上。2006年4月起，张某某找人为其印制激光镭射防伪膜，后雇用了许某某、许某二人在本市宝安区龙华谭罗村一加工店将激光镭射防伪膜烫印在盗版美国微软公司Windows、Office等光碟上。2007年5月，张某某买下两台烫印机，将地下加工窝点转移至广东省东莞市望牛墩镇龙江工业区龙泉路三期第5栋的203室和502室及东莞市望牛墩镇望东村石一组新村22巷56号，继续为王某某送来的盗版光碟烫印激光镭射防伪膜。从2006年4月至今，许某某、许某在深圳、东莞两地的地下加工窝点共烫印了数万张盗版美国微软公司Windows、Office光碟。

王某某委托被告人张某某印制盗版软件的真品标签（COA）、包装盒、说明书、标贴、原产品配套协议书等。张某某通过自行设计、找印刷公司打印、压刀模、购买并粘贴防伪金属线等流程制作真品标签，并委托深圳某印刷厂印制包装盒、说明书等其他印刷品。王某某收到张某某的上述印刷品后，连同大量的盗版子盘分别存放在其专门租用的深圳市福田区南光捷佳大厦1303室、福田区城市主场A栋904室等仓库内。

2007年3月始，王某某指使伍某某在其租用的深圳市福田区南光捷佳大厦1303房仓库内，将盗版子盘装盒、封膜、制成成品，并出售给车某某等人。经查，伍某某包装盗版美国微软公司的软件共计8000余套。另伍某某从2006年年初开始在其位于深圳市福田区赛格电子市场3A46的柜台销售了部分盗版美国微软公司的软件。

从2004年开始，车某某向王某某等人购买盗版美国微软等公司的软件及伪造的软件真品标签，通过在互联网发布销售盗版软件广告的方式吸引购买者，与境外购买者通过电子邮件联系并洽谈价钱。接到境外客户订单后，车某某即电话联系王某某购买盗版软件和伪造的软件真品标签，洽谈好价格之后，由车某某本人或其指使的车某向王某某提货并付款。之后车某某即将盗版软件封装好并通过深圳市万通速递服务有限公司邮寄给境外客户。而境外客户通过西联汇款或者直接汇款的方式向车某某付款。经查，车某某根据客户的需要，以每套12—65美元不等的价格销售美国微软公司的各类盗版软件3666套，以每个10美元的价格销售伪造的美国微软公司各类软件的真品标签1332个，上述盗版产品主要销往美国、澳大利亚、加拿大、英国、德国、印度尼西亚、新加坡、南非、中国香港及内地，非法销售数额为人民币1061636元。经鉴定非法销售的盗版产品及伪造的真品标签共价值人民币1080756.32元。

【办案经过】

2006年10月，美国联邦调查局向中国公安部反映，美联邦调查局洛杉矶办公室在调查美国内一盗版犯罪集团的过程中，发现中国广东省深圳市王某某、车某某等人涉嫌大量生产、销售盗版软件，请求中方予以协助。根据公安部经济犯罪侦查局的命令，广东省公安厅经侦总队、深圳市公安局经侦支队开始对王某某、车某某团伙的盗版犯罪活动进行侦查。

2007年7月6日，在公安部的统一指挥下，“夏至”行动在深圳展开。广东省公安厅、深圳市公安局、东莞市公安局协同行动，抓获王某某、车某某、肖某某等14名主要犯罪嫌疑人，查处盗版光盘生产、包装、销售窝点6处。同年7月10日，公安人员抓获被告人吴某某。公安人员另从被告人王某某的住处、仓库及柜台等地查获盗版的成品软件3500套，盗版散装软件光碟49041张，伪造的真品标签（即伪造的软件授权许可证书）53358张，伪造的许可协议（“EULA”）13786份，私刻的各种软件母盘11张，大量的软件包装印刷品、说明书等以及制假工具一批；从被告人张某某的住处、仓库、东莞加工点查获到盗版的成品软件3278套，盗版散装软件光碟11160张，伪造的真品标签（即伪造的软件授权许可证书）192271张，伪造的许可协议（“EULA”）1000份，大量的软件包装印刷品、说明书以及制假工具一批，从被告人许某某、许某的地下加工窝点现场查获已加工烫印激光镭射防伪膜的盗版光碟1536张，尚未加工烫印激光防伪膜的盗版光碟3680张，防伪激光膜6080张以及用于造假的工具、机器4件；从车某某的住处查获盗版成品软件324套，散装软件光碟25张，软件真品标签105张。

经鉴定，公安人员从王某某处扣押的盗版软件、伪造的真品标签、伪造的许可协议、母盘等真品价值为人民币414853820元；从张某某处扣押的盗版软件、伪造的真品标签、伪造的许可协议、母盘等真品价值为人民币446226951

元；从车某某处扣押的盗版软件、伪造的真品标签等真品价值人民币1327944元。以上合计价值约人民币8.6亿元。

079

韦某侵犯著作权罪

【典型意义】

本案为新型侵犯著作权案件，检察机关在办案过程中就侵权产品所使用的软件是否享有著作权、犯罪数额的认定等问题深入研究、论证，最后意见被法院采纳，有效打击了犯罪。本案被评为2017年度广东省人民检察院保护知识产权十大典型案例，是深圳市检察机关唯一入选的案例。

【关键词】

侵犯著作权罪

【基本案情】

2016年9月，韦某为了扩大其所生产的精密数控电火花成型机床销量，在未征得被害人廖某友的同意下，以自己的专业技术知识及软件开发和破解能力，将廖某友历时八年之久完成的高精密CNC电火花系统V2.12私自装在自己的机床上销售。该电火花初级系统于2015年取得中华人民共和国国家版权局颁发的计算机软件著作权登记证书，V2.12升级系统于2017年2月再次取得国家版权局颁发的计算机软件著作权登记证书。截至2017年6月案发，韦某所经营的公司共对外销售侵犯被害人著作权的火花机四台，价值926000元人民币。经鉴定，两者的十六进制编码的相似率为99.9%，相似程度达到甚高同一性，设备操作界面呈实质性相似。

【办案经过】

韦某涉嫌侵犯著作权一案，由被害人廖某友于2017年6月13日报案至深圳市公安局龙岗分局，深圳市公安局龙岗分局经过审查，于2017年6月14日立案，侦查终结后于2017年8月9日向本院提请审查批准逮捕。龙岗区检察院院于2017年8月16日对犯罪嫌疑人作出批准逮捕决定；本案于2017年10月11日延长审查起诉期限，于2017年10月20日将本案向龙岗区人民法院提起公诉；2018年1月24日，法院当庭判决：被告人韦某犯侵犯著作权罪，判处有期徒刑三年六个月，并处罚金五十万元。判决后，被告人表示服判，未上诉。

（三）著作权行政查处案件

080

快播案天价行政处罚2.6亿案

【典型意义】

本案创国内互联网行业行政处罚之最。是管理部门厘清自身作为公共利益保护者的角色定位，以实际执法行动去维护良好的市场秩序的标志性案件，具有里程碑的意义。对全国各地的行政部门执法均具有参考意义。本案被评为"深圳市2014年度知识产权十大事件"。

【关键词】

信息网络传播权　在线点播

【基本案情】

当事人深圳市快播科技有限公司未经授权通过其经营的快播移动端向公众传播《北京爱情故事》等24部作品，持续时间长、社会影响大，在受到国家版权局行政处罚、限期整改后，继续实施侵权行为，给权利人造成重大经济损失，涉嫌扰乱网络视频版权秩序，损害公共利益，违反《著作权法》相关规定，深圳市市场监管局根据《著作权法实施条例》第三十六条规定，对快播公司处1倍以上5倍以下的中间档，即非法经营额3倍的罚款26014.8万元。

【办案经过】

当事人深圳市快播科技有限公司在受到国家版权局行政处罚、限期整改后，继续实施侵权行为，给权利人造成重大经济损失，涉嫌扰乱网络视频版权秩序，损害公共利益，深圳市市场监管局依法立案调查。

经查，本案权利人拥有《北京爱情故事》等24部作品的独占性信息网络传播权。快播公司未经授权，在其经营的快播移动端通过首页海报和分类列表向用户推荐影视作品并设置搜索框，在搜索框中搜索《北京爱情故事》等上述作品名称，进入定向搜索的结果，即可实现侵权作品的在线点播。这些侵权作品的播放地址，是快播公司通过网络从多个明显不可能获得授权的专门提供侵权盗版作品的网站主动采集，并经过归类、排序和推荐等编辑整理，收录进快播移动端内设的云帆搜索网站中供用户使用的。

此外，国家版权局已于2013年12月27日就快播公司侵犯乐视网信息网络传播权一事做出行政处罚，同时做出责令整改通知，称快播公司通过快播播放器软件向公众传播大量他人拥有著作权的影视作品，严重损害了著作权人的合法权益，扰乱了网络视频版权秩序，损害了公共利益，责令快播公司及时删除涉嫌侵犯“乐视”“优酷”“搜狐”“腾讯”等著作权人合法权益的侵权作品和链接，并于2014年2月15日前完成整改。本案权利人也已于2014年1月2日、1月26日、2月17日三次致函快播公司，申明权利并要求停止侵权。至案发时，快播公司未做出实质整改，继续传播侵权作品。

另查明，本案权利人已通过版权直接分销和版权等值置换的方式授权第三方播放本案24部作品中《北京爱情故事》等13部作品，该13部作品平均授权价合计为人民币8671.6万元。本案中，因快播公司传播的侵权作品没有标价、亦无法查清其实际销售价格，深圳市市场监管局依据《深圳经济特区加强知识产权保护工作若干规定》① 第二十三条，同时参照《最高人民法院、最高人民检察院关于办理侵犯知识产权刑事案件具体应用法律若干问题的解释》第十二条的规定，侵权产品没有标价或者无法查清其实际销售价格的，按照被侵权产品的市场中间价格计算，认定本案中快播公司非法经营额为人民币8671.6万元。

深圳市快播科技有限公司未经许可，通过其经营的快播移动端传播他人作品，已构成侵权，在行政机关做出处罚、限期整改后，继续实施侵权行为，严

① 编者注：已失效。

重侵犯了著作权人的合法权益，扰乱了网络视频版权秩序，损害了公共利益，违反了《中华人民共和国著作权法》第四十八条第一项的规定，属于未经著作权人许可，通过信息网络向公众传播其作品并损害公共利益的行为，根据《中华人民共和国著作权法实施条例》第三十六条规定，我局经案审会决定对快播公司处1倍以上5倍以下的中间档，即非法经营额3倍的罚款26014.8万元。

快播公司不服，向广东省版权局申请行政复议。广东省版权局于2014年9月维持行政处罚决定。快播公司起诉至法院，请求判令撤销行政处罚。深圳市中级人民法院一审判决驳回快播公司的诉讼请求。

快播公司不服深圳中院一审判决，又向广东高院提起上诉。2016年6月21日，广东高院公开开庭审理本案，广东高院经审理认为，快播公司在明知或者应知小网站不具备授权可能性的情况下，主动采集其网站数据设置链接，并对该设链网页上的内容进行分类、整理、编辑、排序和推荐，还将小网站伪装成行业内具有较高知名度的大网站，为其实施侵权行为提供帮助。

广东高院认为，在国家版权局责令整改、腾讯公司多次送达停止侵权告知函之后，快播公司仍未及时删除涉案24部作品的侵权链接。快播公司上述行为，不仅侵害了腾讯公司的民事权利，还损害了整个网络视频版权市场的秩序，损害了公共利益。深圳市市场监管局有权对其进行行政处罚。

同时，在无法直接查明快播公司非法获利情况和实际经营数额的情况下，市场监管局以涉案13部影视作品的市场中间价为依据计算出非法经营额为8671.6万元。在此基础上综合考虑快播公司的主观过错程度、侵权情节、违法行为后果等，对快播公司处以非法经营额的3倍罚款，符合相关法律的规定，并无明显不当。

此外，深圳市市场监管局在作出涉案行政处罚之前，依法全面履行了调查、收集证据、听证、集体讨论等程序，充分保障了快播公司陈述和申辩的权利。虽然深圳市市场监管局在作出行政处罚决定前未征询深圳市人民政府法律顾问室的意见，但因其未对快播公司的处罚结果产生影响，故可认定不构成程序违法。据此，广东高院判决驳回上诉，维持原判。

081

深圳市奇正电子科技有限公司侵犯软件著作权案

【典型意义】

本案是一起具有典型意义的著作权侵权案件。市场监管部门从一起普通的消费者投诉入手，深挖案源，联合公安部门果断出击，捣毁了侵权盗版窝点。本案仅深圳地区的涉案金额就高达5000余万元，是近年来深圳市知识产权侵权案件中案值最大的一宗，本案的成功告破对侵权盗版行为起到强有力的震慑作用。本案被评为“深圳市2013年度知识产权十大案件”。

【关键词】

软件版权非法复制　侵犯著作权

【基本案情】

2013年6月27日，深圳市市场和质量监督管理委员会罗湖市场监督管理局（原深圳市市场监督管理局罗湖分局）联合罗湖公安机关对深圳市奇正电子科技有限公司进行检查，依法扣押当事人生产的361部安装凯立德导航软件的导航仪。该批导航仪所装凯立德导航软件被证实全部未经授权。当事人供述，当事人至少生产销售了600—700部装有未经授权的凯立德导航软件的导航仪。当事人的行为已涉嫌犯罪，后该局依法将案件移送公安机关处理。

【办案经过】

2013年5月，深圳市市场和质量监督管理委员会罗湖市场监督管理局（原深圳市市场监督管理局罗湖分局）陆续收到举报称深圳市奇正电子科技有限公司生产的导航仪涉嫌安装盗版的凯立德导航软件。经向凯立德导航软件版权人确认当事人并非其授权使用方后，该局对当事人市内三个销售点进行暗访并确认存在侵权违法行为，并联合罗湖公安分局经侦大队进一步侦查，掌握到当事人生产的涉嫌侵权的e路航导航仪销量较大，销售区域涉及上海、河南、四川、湖北和深圳等地。6月27日，该局联合罗湖区公安分局经侦大队对当事人及其市内三个销售点进行突击检查。与此同时，罗湖公安机关在前期请示公安部协调各地公安部门和版权行政管理部门于当日在上海等五省市对当事人的经销店进行了查处。其中，该局在当事人的仓库内依法扣押其生产的361部安装了未经授权的凯立德导航软件的导航仪。经公安机关带回协助调查的当事人供述，当事人至少生产了600—700部装有未经授权的凯立德导航软件的导航仪，行动共抓获犯罪嫌疑人7人，据现场查获的销售单据，涉案金额约为2000万元人民币。上海、四川、河南、湖北、广东五个省市共捣毁侵犯著作权窝点8处，打掉犯罪团伙4个，抓获犯罪嫌疑人15名，共查获侵犯凯立德品牌著作权商品2300余件，涉案金额达8000余万元。由于当事人的行为已涉嫌犯罪，该局于6月27日将该案移交公安机关处理。

082

海关连破3宗特大盗版光盘走私案

【典型意义】

深圳海关联合广东拱北海关、湛江海关在短短的8天内就连破3宗特大光盘走私案，这是20世纪末我国查获的最大一起走私盗版光盘案。

【关键词】

盗版　走私

【基本案情】

在20世纪末，海外走私盗版光盘活动十分猖獗，这些盗版光盘严重扰乱了出版物市场秩序，对我国的音像和影视产业构成极大危害，三地海关联合执法查获当时我国最大的一起走私盗版光盘安，截获走私光盘938万张。

【办案经过】

1999年10月1日晚，广东拱北海关经过3昼夜的埋伏，在珠海市担杠岛海域一举查获“惠外运126”船走私盗版光盘4500箱，计452万张。10月5日，深圳海关在青州对开海面查获“鸿发168船”走私盗版光盘160万张。10

月9日，湛江海关又在青州附近海域查获“惠外运228”船走私盗版光盘326万张。

083

亿易公司著作权侵权案

【典型意义】

该案是一起典型的著作权侵权案件。该案件首先由行政执法机构进行处理，发现了涉嫌违反刑法的情形后移交公安侦查，体现了知识产权案件从行政执法到刑事处理的全流程。

【关键词】

无敌中考王　著作权侵权　销售

【基本案情】

深圳市亿易电脑技术有限公司出版的《无敌中考王》每个知识点的文字表达与北京科利华科技孵化器有限责任公司《科利华电脑家庭教师初中版5.0》几乎完全相同，涉案的侵权光盘近3万张。

【办案经过】

2005年9月9日，国家版权局版权管理司向深圳市版权局发来了《著作权案件委托调查函》（权司［2005］78号），委托深圳市版权局对深圳市亿易电脑技术有限公司涉嫌侵犯北京科利华科技孵化器有限责任公司著作权一案的有关事项协助调查。2005年12月，国家版权局版权管理司将全部案件材料移交深圳市版权局。深圳市版权局于2006年2月24日开始立案调查该案。

经查，2003年8月，深圳市亿易电脑技术有限公司与电子工业出版社签订《无敌中考王》电子出版物的出版合同，版号为ISBN7－89496－245－7/G036。该出版物的内容全部由亿易公司提供。该出版物光盘一套共10张，定价为880元/套，由亿易公司包销。

2003年8月28日，电子工业出版社出具电子出版物复制委托书同意复制6万张，由重庆新图多媒体发展有限公司复制，实际复制3万张。2003年8月29日由重庆世纪服务货运有限公司承运分两批发货到深圳。两批光盘共3万张均由深圳双丽科技发展有限公司提货并送货至亿易公司。

2005年7月2日，北京科利华科技孵化器有限责任公司购买上述《无敌中考王》一套，价格为1588元，并送交国家版权局，国家版权局委托中国版权保护中心版权鉴定委员对此套光盘进行了鉴定，该鉴定委员会于2005年12月15日作出鉴定结论：除个别内容外，亿易公司《无敌中考王》每个知识点的文字表达与北京科利华科技孵化器有限责任公司《科利华电脑家庭教师初中版5.0》几乎完全相同。

深圳市版权局认为，深圳亿易电脑技术有限公司未经著作权人北京科利华科技孵化器有限责任公司许可，非法复制、发行侵犯北京科利华科技孵化器有限责任公司著作权的光盘3万张，侵犯了北京科利华科技孵化器有限责任公司的著作权，并已涉嫌触犯刑法。依照国务院《行政执法机关移送涉嫌犯罪案件的规定》的有关规定，深圳市版权局已将该案于2006年7月28日移送至深圳市公安局。

084

九龙海关连续查获侵犯知识产权产品

【典型意义】

本案发生于1995年，是深圳经济特区成立后具有代表性的海关执法案例。

【关键词】

九龙海关　知识产权

【基本案情】

海关总署发布公告：不准侵犯知识产权的货物进出口。九龙海关下属口岸海关发现深圳某公司以一般贸易申报出口一批“山卡拉”牌肠胃丹，其实际产地为广东惠州罗浮山，有冒用香港公司商标嫌疑，加之货主又拿不出证明材料，对这批侵权货物，九龙海关全部予以没收并按规定作出处罚。

【办案经过】

九龙海关加紧对侵权货物的缉查工作，仅下属的文锦渡海关一个月就查获三宗侵权货物。在另外一案中，东莞凤岗毅力电子公司向海关申报出口双卡收录机 1500 台和汽车收放机 100 台，经海关官员检查发现，这批货物假冒日本某品牌，海关立即将这批货物扣留。文锦渡海关又查获混藏在芦柑中的翻版电脑软盘 3960 张，翻版 CD 2500 张。

四、不正当竞争类案件

（一）不正当竞争民事审判案件

085

腾讯公司诉深圳市微信支付公司不正当竞争纠纷

【裁判要旨】

利用商品或服务的特有名称知名度，从事搭便车的行为，构成不正当竞争侵权。

【典型意义】

本案体现了在 2018 年新《不正当竞争法》颁布前法院依法保障民营企业和企业家合法经营不受干扰，严厉打击针对民营企业的不正当竞争行为，对侵犯民营企业商标、专利、商业秘密等知识产权以及损害民营企业商业信誉、商品声誉的违法行为，及时予以纠正。本案被评为深圳 2017 年知识产权十大典型案例。

【关键词】

商号　“搭便车”　不正当竞争

【基本案情】

微信（WeChat）是原告腾讯科技（深圳）有限公司于 2011 年初推出的一款可以发送图文、语音视频信息，支持多人语音对讲等功能的移动社交软件

（计算机软件著作权登记证书号：软著登字第0395032号），作为时下热门移动社交平台，现月活跃用户数已超过5亿，在社会上具有很高的知名度。众多企业借助微信公众平台为用户提供了更加订制化和更创新的服务体验，用户可以通过微信体验更便捷的移动互联网生活方式。

原告对微信软件的文档、程序、图文、商标、专利、装潢、技术、信息等作品、标志、新方案、新设计等内容及元素享有完整的知识产权。

被告深圳市微信支付科技有限公司，成立于2013年10月22日，登记机关：深圳市市场监督管理局南山分局。其经营范围为：电子支付系统、智能卡、电子产品的技术开发与销售；经济信息咨询；系统集成；软件开发；自动缴费终端业务和移动POS业务的技术开发及上门维修服务；电子商务交易中心、网络商务服务、数据库服务、数据库管理。原、被告之间具有竞争关系。

被告未经原告授权，在其公司名称、网站网页的左上角标有“微信支付丨财付通”标志；并有“深圳微信支付公司作为腾讯财付通移动支付全国合作伙伴”的描述。易使消费者误认为被告是原告的关联公司，被告提供的服务是原告提供的服务，造成和原告知名服务相混淆。

原告遂起诉至法院，请求判令：1. 被告立即停止在其公司名称中使用“微信”字样，并向深圳市市场监督管理局南山分局申请变更公司名称中的“微信”字样；2. 被告赔偿原告损失（含合理开支）人民币50万元；3. 本案诉讼费用由被告承担。

【裁判意见】

深圳南山区法院一审认为，原告在庭审中确认被告的不正当竞争行为包括两类，即擅自使用知名服务的特有名称和虚假宣传。其中，擅自使用知名服务的特有名称是指被告在其企业名称中使用“微信”的字样，在被告网站中、公司彩铃宣传中使用“微信”字样；虚假宣传是指被告在其网站中宣传原告是其合作伙伴，是国内首批参与微信支付的运营公司。原告于2011年1月21日首次发表了“微信”软件，随后，“微信”软件被越来越多的用户选择和使用，积累了庞大的用户数量，至2013年，“微信”软件的用户数达到4亿，具有较高的知名度。而且，“微信”这一名称不是计算机软件类商品的通用名称，具有区别商品来源的显著特征，故应当认定为知名商品的特有名称。

被告的企业名称为“深圳市微信支付科技有限公司”，其中“深圳市”为区域名称，“支付”是社会经济活动所引起的货币债权转移的过程，是一种社会生活的统称，“科技”和“有限公司”均为通用名称，故被告企业名称中的核心识别部分为“微信”二字。

首先，被告成立于2013年10月22日，在这个时候，原告的“微信”软件已经具有较高的知名度，但是被告仍然选择“微信”二字作为其企业名称中的核心识别部分，违反了诚实信用原则，容易使相关消费者误认为被告企业与原告的“微信”软件存在关联。其次，被告在其网站和公司彩铃中存在突出使用“微信支付”的行为，不是规范地使用其企业名称“深圳市微信支付科技有限公司”，亦容易使相关消费者误认为被告企业与原告的“微信”软件存在关联，违反了公平竞争原则。最后，被告在其网站中使用了“深圳市微信支付科技有限公司作为腾讯财付通移动支付全国合作伙伴”的字样，虽然被告称其曾与深圳市财付通科技有限公司存在合作关系，而深圳市财付通科技有限公司是原告的关联公司，但被告对其上述陈述未提交证据予以证明，而且上述宣传用语具有导致相关消费者认为被告与原告具有某种关联的误解，故被告的上述行为构成不正当竞争。

一审判决后，被告深圳市微信支付科技有限公司不服提出上诉。深圳市中级人民法院二审认为，腾讯公司经过努力经营，其“微信支付”在电子支付服务中具有广泛的市场知名度，能够对相关公众起到识别、区分服务来源的作用。深圳微信支付公司利用“微信支付”服务的知名度，未经被上诉人授权，在其经营活动中擅自使用“微信”作为其提供经营服务的标识，包括上诉人在其企业名称中使用“微信”字样，在其网站中、公司彩铃宣传中使用“微信”字样的行为会导致相关公众误以为上诉人提供的服务来源于被上诉人，或者误以为上诉人与被上诉人之间存在着经营上的关联关系，此属于利用被上诉人“微信”知名服务特有名称的商誉，从事搭便车的行为，构成不正当竞争侵权。同时，上诉人还在其网站中宣传“上诉人是被上诉人的合作伙伴，是国内首批参与微信支付的运营公司”，由于上诉人与被上诉人之间并没有合作关系，故上诉人的该行为属于虚构事实的虚假宣传行为，亦构成不正当竞争侵权。

086

惠尔讯公司诉深圳市有害生物防治协会不正当竞争纠纷

【裁判要旨】

被告与其会员签订的《深圳市有害生物防治服务诚信自律公约》对于价格的限定是为遵守深爱卫办〔2003〕31号的规定以及保证会员企业向消费者提供的消杀服务质量，避免恶性竞争，具有合理性和正当性，不属于垄断协议。

【典型意义】

本案属于行业协会公约引发横向垄断协议纠纷的典型案例。禁止横向垄断协议制度是反垄断法规制的一项重要制度，其对于保护公平的市场竞争秩序、维护消费者的利益、增进社会福祉具有重要意义。在司法实践中妥善处理横向垄断协议纠纷，必须正确把握横向垄断协议成立的条件，这也是正确适用该制度的关键所在，值得深入研究。

本案为深圳法院2012年度十大知识产权案例，是《反垄断法》公布之后深圳市受理的第一宗反垄断案件。

【关键词】

横向垄断协议　竞争关系　正当性

【基本案情】

被告深圳市有害生物防治协会系经深圳市民政局合法登记的社团法人，业务范围包括有害生物防治行业的政策研究、技术鉴定、推广应用和行业资质评定等。一审审判时，被告深圳市有害生物防治协会拥有会员单位268家。深圳市注册登记有除“四害”经营范围的企业共838家。深圳市除深圳市有害生物防治协会之外，另有深圳市南山区有害生物防治协会，该协会会员也均从事有害生物防治业务。

被告深圳市有害生物防治协会与取得深圳市有害生物防治服务资格等级证的所有会员单位均签订了深圳市有害生物防治服务诚信自律公约。该自律公约第五条规定："本公约适用范围为深圳市内招投标承包的有害生物防治协会工程，对于在防治工程承包竞投中，为达到承揽工程的目的，报价低于深物价[1997] 55号的除'四害'消杀服务收费标准及其他相关收费标准80%以下者，视为不正当竞争行为。"自律公约第六条对报价低于前述标准的行为规定了处罚措施。2010年10月18日，深圳市有害生物防治协会对参与深圳市龙岗区坂田街道办"四害"防治服务政府采购项目的三家公司（深圳市升阳升清洁服务有限公司、深圳市大兴清洁服务有限公司和深圳市正立业卫生服务有限公司）违反自律公约第五条的行为进行处罚，吊销了三公司的服务资格等级证书。

2010年8月23日，原告深圳市惠尔讯科技有限公司与深圳市正立业卫生服务有限公司签署深圳市除"四害"有偿服务合同书，合同书第七条约定，"根据惠尔讯公司的实际消杀服务面积，按照市物价局《关于除'四害'消杀服务收费标准的批复》《深圳市有害生物防治服务诚信自律公约》计算，按每平方米0.1元的80%的价格计算消杀服务费"。根据该约定，原告深圳市惠尔讯科技有限公司向深圳市正立业卫生服务有限公司支付2010年8月23日至2011年2月22日期间的消杀费336元。原告深圳市惠尔讯科技有限公司认为，由于深圳市有害生物防治协会与其会员公司（包括深圳市正立业卫生服务有限公司）签订自律公约固定服务价格，致使原告失去了本可以获得更低廉消杀价格的机会，多支付了服务费，造成其损失。

根据上述事实，深圳市惠尔讯科技有限公司将深圳市有害生物防治协会起诉至深圳市中级人民法院，请求确认深圳市有害生物防治服务诚信自律公约属垄断协议，该自律公约无效。

经进一步审理查明，广东省政府印发的《广东省定价目录》明确规定，授权市、县人民政府在省规定的国家指导价范围内制定包括除"四害"服务费的具体标准，制定除“四害”服务费。深圳市物价局于1997年颁布了深物价［1997］55号《关于除“四害”消杀服务收费标准的批复》，对机关和企事业单位除“四害”的消杀服务收费标准确定为每月每平方米0.1元。

广州市物价局2000年颁发的《广州市物价局关于除“四害”有偿服务收费的通知》，按照室内面积分为不同级别，除“四害”服务的最低价格为每月每平方米0.15元，高于深物价［1997］55号的规定。深圳市爱国卫生运动委员会办公室发布的深爱卫办［2003］31号《关于建立有害生物防治有偿服务不正当竞争举报制度的通知》明确：在防治公证承包竞争中，为达到承揽工程的目的，报价严重偏离深物价［1997］55号文的除“四害”、深价联字［2003］8号文的防治收费标准规定，以低于市场成本价承揽除虫灭鼠、白蚁防治业务的行为属于不正当竞争行为。

【裁判意见】

深圳中院一审认为，原告深圳市惠尔讯科技有限公司作为本案垄断纠纷的诉讼主体适格。本案首先需要明确相关市场的范围，并在此基础上判断被告深圳市有害生物防治协会的行为是否构成垄断。法院认定本案所涉及的相关服务市场系提供除“四害”有偿服务市场，相关地域市场为深圳市。

被告深圳市有害生物防治协会与其会员签订的自律公约第五条虽规定会员提供除“四害”服务的价格不得低于深物价［1997］55号规定的每平方米0.1元的80%，但在已有政府规定的指导价基础上做出的限制过低折扣规定，并没有完全固定或统一除“四害”服务的市场价格，价格空间仍然有灵活调整的幅度。截至一审审判时，深圳市注册登记有除“四害”经营范围的企业共838家，被告深圳市有害生物防治协会的会员单位为268家，占全市提供该类服务的32%。除深圳市有害生物防治协会之外，深圳市另有深圳市南山区有害生物防治协会为同一类别的行业协会，因此深圳市有害生物防治协会与268家会员在深圳市防治消杀市场的影响力是有限的。

根据民事诉讼“谁主张、谁举证”的举证责任分配规则，原告没有提供因自律公约的签订而导致深圳区域内提供同类消杀服务的组织减少或出现市场价格增加或者服务质量降低的证据，即未能证明因为自律公约的签订，产生了限制或排除市场竞争的目的与效果。根据深圳市有害生物防治协会会员的数量，也难以得出其具有限制市场竞争影响力的结论。原告主张因为自律公约的签订而致使其遭受损失，但其未能举证证明在深圳地区存在低于其签订的服务价格，因此原告认为其遭受损失的主张没有事实依据。

即使因为自律公约的签订限制了市场竞争，被告深圳市有害生物防治协会的行为亦具有一定的正当性。反垄断法设立的目的在于保护公平竞争，维护社会公共利益和消费者利益。反垄断法并不支持为争取市场而牺牲社会公共利益的单纯低价行为。构成垄断协议的前提是排除、限制竞争，如果经营者之间的协议具有正当目的，则该协议不应被认定构成横向垄断协议。提供除“四害”消杀服务有别于普通服务，有害生物防治工作涉及大量的有毒有害药物，无论是消杀过程中药物的使用，还是消杀效果，都涉及人民群众的生命健康安全，同时对使用消杀服务的企业员工、周边居民的身体健康以及环境保护等具有重大影响，也与当地卫生防疫等紧密相关，是一项事关社会公共利益的服务。深圳市物价局出具的［1997］55号文对除“四害”服务的指导价格从1997年规定出台后一直未再出具新的指导性意见，而从1997年到本案起诉之日已过13年，这期间提供除“四害”服务的人工成本早已上涨。如果企业为争取市场而肆意降低收费标准，必定会在提供消杀服务的产品上降低成本，如此也只会导致提供的除“四害”服务达不到规定标准，从而影响环境和人体健康，并在卫生防疫方面产生负面影响。作为参考，广州市与深圳市属于同一消费水平的城市，广州市物价局2000年出台的除“四害”有偿服务收费的指导价格已远远高于深圳市有害生物防治协会与其会员签订的自律公约的价格。深圳市爱国卫生运动委员会办公室发布的深爱卫办［2003］31号关于建立有害生物防治有偿服务不正当竞争举报制度的通知，也明确禁止报价严重偏离深物价［1997］55号文的以低于市场成本价承揽除“四害”消杀业务。因此，被告深圳市有害生物防治协会与其会员签订自律公约对价格进行限定的目的，是为遵守深爱卫办［2003］31号的规定，以及保证会员向消费者提供消杀服务的质量，避免恶性竞争，具有合理性和正当性。

综上，被告深圳市有害生物防治协会与其会员签订的自律公约涉及除“四害”服务的价格约定，不属于垄断协议。

一审宣判后，原告深圳市惠尔讯科技有限公司不服一审判决，向广东省高级人民法院提出上诉。广东高院二审判决驳回上诉，维持原判。

087

西门子公司诉庞某侵犯商业秘密纠纷

【裁判要旨】

判定实施侵犯商业秘密的唯一证据为电子信息时，应判定是否属于电子数据的一种。电子数据作为证据形式的一种，应结合其来源形成的过程，审查其作为证据的客观性。这种客观性包括对电子数据原件的识别和完整性的认定。如该电子数据存储于原告处则无法证明其客观性。

【典型意义】

本案判决对商业秘密纠纷案件中的争议问题，如商业秘密的构成要件、侵害商业秘密的行为认定、电子证据的效力认定等作出了详尽的分析，为今后类似案件的审理提供了一定的参考价值。

本案被评为深圳2013年十大知识产权案件。

【关键词】

商业秘密　电子证据　DLP记录

【基本案情】

庞某于2008年4月1日入职担任西门子（深圳）磁共振有限公司系统工程部的系统工程师一职，并与原告西门子公司签署《SMMR员工保密信息和发明转让协议》。2010年10月9日，庞某提出辞职，并于2010年10月31日离职。西门子公司提交了载有其所主张的商业秘密的文本，因为涉密，西门子公司提出不能将副本送达给被上诉人，并且提交给法院的相关文本均处于密封状态。西门子公司提交了DLP系统的记录信息以及相关资料，称DLP系统可以记录被上诉人在办公系统软件SAP中的行为，以证明被上诉人庞某违反公司规定在办公系统软件SAP中实施了下载、打印、向私人邮箱发电邮等不正当行为，并获取了西门子公司的商业秘密。西门子公司主张的商业秘密内容包括：（1）产品的设计概念、功能需求及具体设计文件及测试报告，包括系统控制部件、主机、MARS计算机、数据重建成像系统等核心系统或部件的设计信息；（2）产品的风险分析及规范文件，对产品可能存在的风险进行分析、评估，并提出避免及解决方案；（3）技术图纸，西门子设备部分部件的结构、形状、尺寸及技术参数；（4）产品部件版本状态表：某一部件中各个结合的具体子部件的版本，属于西门子公司根据设计及生产进程确定的独特信息组合。本案所涉的商业秘密，西门子公司以电子文档形式存放于西门子公司内部用于文档储存及共享的数据系统SAP内。由于SAP系统中的诸多文件涉及西门子公司的核心商业秘密，西门子公司严格限制文件的接触范围，西门子公司主张本案所涉SAP系统中的文件有权访问主体的范围包括西门子总公司、西门子磁体、西门子上海三家公司。就上述商业秘密的价值西门子公司称在医用磁共振成像系统的技术开发和产品领域一直处于领先地位，并据此在该领域的相关市场占有一定份额。而这种领先地位及市场份额的核心依靠，即为西门子公司所掌握的技术秘密。西门子公司向法院提交了与被告签订的《劳动合同》和《保密信息和发明转让协议》。西门子公司的员工在与西门子公司签署保密协议后才能由公司批准开通访问SAP权限，接触到权限范围内的西门子公司商业秘密信息。西门子公司提供了由被告庞某签名的《SAP使用者申请单》，证明庞某进入SAP系统的登录号码为panghe96。

《保密信息和发明转让协议》第2.1条列明了属于公司保密信息的范围。第2.3条规定，未经公司事先许可，员工不得将保密信息以纸面或电子形式带出或传播至公司营业场所之外，也不得未经授权进行任何的拷贝（包括但不限于将电子形式的保密信息打印，拷贝含有保密信息的文件，或在USB存储器、DVD、软盘或CD中储存保密信息），或以与公司及关联公司无关的任何职能、职位或业务使用这些信息。西门子公司提供的（2011）京长安内经证字第17381和17382号公证书证明，西门子公司在公司网站中用DLP系统进行了公告，告知了DLP系统使用守则等。DLP系统，即数据外泄管理系统。西门子公司陈述DLP系统用于监测、保护储存文件和资料的SAP系统。DLP系统首先对需要检测、管理的行为作出界定，然后对被安装了DLP运行脚本的电脑进行监测。若发现被监测的电脑终端对SAP系统文件的使用行为属于被界定为需监测、管理的行为，则DLP系统立即进行记录、警告或禁止。而对于文件在西门子公司内部进行流转的行为，DLP系统不予记录。

根据西门子公司的陈述，DLP系统记录的均为违反DLP界定的违规行为，及对外传输数据的具体方式方法的行为。此类违规行为包括：FileWrite（外接硬盘拷贝），Exchange Client Email（Attachment）发送邮件到外部电子邮箱，Print（打印）。通过公证书证明公证员进入DLP记录查询系统，取得DLP记录记载了被告实施了外发邮件、打印及外接硬盘拷贝等侵犯西门子公司商业秘密的行为。第17379号公证书记录了2010年4月1日至2010年10月29日使用"panghe96"登录号码进入SAP系统的记录。指控被告庞某实施非法获取原告商业秘密行为表现为打印及向他人邮箱外发邮件。公证书显示在此期间DLP系统记录了多达上千个行为，包括打印和外发邮件行为。指控被告庞某实施侵害其商业秘密的行为共有8次，其中7次外发邮件行为发生在2010年10月24日，以压缩文件格式发送到gmail. com邮箱，DLP系统直接解读压缩文件后得到文本文件的名称，如"EPH－10130574－GRC－05－P41－101. doc"；1次为打印文档行为，发生在2010年6月4日，打印的文档名称为"10352671－ETP－ICS－03. pdf"。西门子公司没有提供DLP系统记录的上述打印或通过邮件发送文档的具体内容。

查阅整个公证书，DLP系统记录的以"panghe96"身份登录SAP系统进行外发邮件及打印行为均有多次，如2010年10月23日、24日记录的除上诉人指控的行为外，发送邮件到gmail. com邮箱的行为就有33次。自2010年4月至10月，DLP记录到打印和外发邮件的行为，每月均有发生，但西门子公司并未对DLP系统记录的其他行为指控。同时，该公证书还多次记录了以外接硬盘拷贝（DLP系统记录显示为"filewrite"）方式拷贝SAP系统文档的行为。

西门子公司提交了由趋势科技（中国）有限公司提交的《趋势科技DLP

系统功能及工作原理说明》。该说明指出，DLP系统是趋势科技（中国）有限公司的产品，并在中国取得《软件产品等级证书》。西门子公司于2010年3月正式使用DLP系统对对外传输数据的行为进行监测和管理。DLP系统包括两部分，即服务器和终端。服务器是趋势科技公司提供的一台物理机器，包括DLP系统的控制系统、操作平台及数据库等部分；终端是具体每台电脑上安装运行的DLP脚本。安装了DLP脚本的电脑行为将受到DLP系统的实时监测、记录和管理。其中，服务器存放于西门子公司。DLP系统对于通过终端电脑使用SAP系统中的文件、资料的行为进行实时监测，当SAP数据对外传输的情况下，不管数据的对外传输是通过打印、电子邮件或外接数据存储介质等任何方式进行，DLP系统都会记录。西门子公司DLP系统的所有原始数据都保存在趋势科技（中国）有限公司提供的服务器数据库中，西门子公司无权也不能对DLP系统中的原始数据进行任何修改。被告提供了由中国科学院深圳先进技术研究院李某出具的《关于SAP系统的情况说明》和《关于DLP系统的情况说明》，两份说明均加盖了中国科学院深圳先进技术研究院的印章及李某的签名。《关于SAP系统的情况说明》认为，SAP系统是一种用于企业资源计划管理的软件。SAP系统的安装和控制均在单位内部实施，用户名可以被单位冒用、修改等，SAP不能说明更不能证明访问、下载相应文件的人为用户名对应的本人。此外，SAP系统适用于企业一般的日常内部管理，对应的文件不一定是企业的重要或秘密信息。《关于DLP系统的情况说明》认为，DLP系统是一种数据丢失防御系统，系统的历史记录可以被使用单位修改，例如通过Symantec DLP中的Data Insight模块，可以对NAS和Windows File Server中文件的使用历史记录由管理员进行创建、读取、修改、删除。DLP系统记录的修改方式还包括修改硬盘数据。

【裁判意见】

南山区人民法院认为，本案的案由系侵犯商业秘密纠纷。本案同其他商业秘密纠纷案件不同的是，双方首先争议的不在于商业秘密本身，而是西门子公司提交的证据能否证明被告庞某实施了侵权行为，即通过不正当手段获取了西门子公司的商业秘密。

西门子公司除了劳动合同之外的证据均是从其计算机系统打印下来形成的视听资料。关于此类视听资料的真实性，被告庞某提出了质疑。计算机软件系统记录的客观真实性由其不可更改性或不可否认性所决定，不可更改性指其不能被修改，不可否认性指这个记录确认就是针对某个用户的。西门子公司提交的从其计算机系统打印下来形成的视听资料不能保证其具有不可更改性，也不支持其具有不可否认性，所以无法保证其客观真实性。原审法院就此依法进行了释明，西门子公司无法提交其他证据。因此经原审法院审判委员会讨论决定，判决驳回西门子（深圳）磁共振有限公司的诉讼请求。

西门子公司不服一审判决向深圳市中级人民法院上诉。深圳市中级人民法院二审认为，本案系侵害商业秘密纠纷，本案的争议焦点为：一、根据《中华人民共和国反不正当竞争法》及相关规定，上诉人西门子公司请求保护的秘密是否构成法律意义上的商业秘密。二、如果构成商业秘密，被上诉人是否实施了《反不正当竞争法》所规定侵害权利人商业秘密的行为。三、原审法院在审理中是否存在违反法定程序的情形。

一、根据《反不正当竞争法》及相关规定，上诉人请求保护的秘密是否构成法律意义上的商业秘密。《反不正当竞争法》规定，受法律保护的商业秘密，须是不为公众所知、能为权利人带来经济利益、具有实用性并经权利人采取了保密措施的信息。上诉人西门子公司在原审中已向法院提交了载有其所主张的商业秘密的文本，并且提供证据证明了对接触上述信息的相关人员的范围进行了限定，对涉密信息载体采取通过限定的号码登录方式的防范措施，以及与员工签订《保密信息和发明转让协议》等方式采取了保密措施。本院认为，符合《反不正当竞争法》[①] 第十条规定的保密措施应当表明权利人保密的主观愿望，并明确作为商业秘密保护的信息的范围，使义务人能够知悉权利人的保密愿望及保密客体，并在正常情况下足以防止涉密信息泄漏。故本案上诉人已就其商业秘密采取了法律所要求的保密措施。

就本案上诉人请求保护的商业秘密的价值，虽然上诉人并未提供具体的证

---

① 编者注：参照2017年《中华人民共和国反不正当竞争法》。

据证明其实用性和价值，但鉴于上诉人在医用磁共振成像系统的技术开发和产品领域一直处于领先地位正是依靠其所掌握的该领域的商业秘密，故本院推定上诉人在本案请求保护的信息具有实用性并为权利人带来了经济利益。在被上诉人未能提供证据否定上诉人请求保护的信息是否被公开的情况下，本院认定上诉人在本案中请求保护的信息符合《反不正当竞争法》规定的商业秘密的构成条件，属于上诉人独有的、具有实用性并为上诉人带来经济利益的商业秘密。

二、被上诉人是否实施了《反不正当竞争法》所规定侵害权利人商业秘密的行为。

上诉人在本案中提供的证明被上诉人实施侵害其商业秘密行为的证据为公证书公证的DLP系统记录的违规行为数据，故本案的核心问题是公证书公证的DLP系统记录的数据能否证明被上诉人实施了《反不正当竞争法》所规定的侵害权利人商业秘密的行为。

上诉人认为，DLP系统对电脑上使用SAP系统的行为进行实时检测，如发现有西门子公司禁止的行为，DLP系统立即进行记录、警告或禁止。因此通过公证书证明的DLP系统记录的数据作为电子证据能够证明被上诉人实施了侵害上诉人商业秘密的行为。被上诉人认为，上诉人西门子公司提供DLP系统记录属于电子数据，但由于该系统物理存储器存放在上诉人处而非第三方，其该系统数据理论上是可修改的，故上诉人提供的该证据不应被采信。

《中华人民共和国民事诉讼法》（2012年）第六十三条将电子数据作为民事诉讼证据种类之一。本案中，上诉人指控被上诉人实施侵害其商业秘密行为的唯一证据为上诉人提供的DLP系统的记录的电子信息，属于电子数据的一种。电子数据作为证据形式的一种，应结合其来源形成的过程，审查其作为证据的客观性。这种客观性包括对电子数据原件的识别和完整性的认定。

由于电子数据的无形性、技术依赖性和易破坏性的特点，使得在电子数据的审查中应该更加慎重。电子数据以电磁介质为载体，产生于计算机并以数字方式存储于计算机磁盘之上，当其作为证据向法庭提交时，必须通过转换、复制而显示在显示屏或者打印到其他介质上转换为被当事人及法官可以阅读的形式。因此，电子数据原件，应当指最初生成的电子数据及其首先固定所在的各种存储介质。当它以某种方式显示出来时，已经失去了原件的属性，只有具有最终完整性和可用性等功能的电子数据复本才能具有与电子数据原件相同的证明力。就本案而言，上诉人提交的DLP系统生成的电子数据仍然需要考察其是否具备证据所需的完整性和可用性。

首先，上诉人提交的DLP系统记录的产生及保存的服务器均在上诉人处而不是由第三方服务提供者的存储记录，因而难以避免被上诉人对该数据信息客观性的合理怀疑。从上诉人提供的公证书来看，公证员是在上诉人办公场所内，利用上诉人提供的电脑进入内部系统的，公证员对于进行公证所使用的电脑的清洁程度与网络环境的审查均是受限的。虽然上诉人提供了趋势科技（中国）公司证明上诉人不可能修改DLP系统电子数据的证明，但被上诉人就此提供了由中国科学院深圳先进技术研究院作出的与趋势科技相反的说明，认为DLP系统数据有被删改的可能，甚至通过特定身份号码和密码进入上诉人SAP系统也有被修改和冒用的可能。从两份证据的证明力判断，作为DLP系统的提供者，趋势科技（中国）公司关于DLP系统信息能否被删改所提供的证言不如作为无利害关系的第三方——深圳先进技术研究院的证言的证明力强。

其次，从证据内容的完整性看，上诉人提交的DLP系统记录的仅仅是被外接硬盘拷贝、打印或外发邮件文档的文件名称，文件名称与文档内容是否相同，上诉人西门子公司没有提供证据予以佐证。本院认为，法律所保护的权利人的商业秘密系商业秘密所蕴含的、有经济利益和实用价值的具体秘密内容而不是商业秘密的名称。上诉人西门子公司提供的DLP系统数据记录的仅仅是使用了分配给被上诉人进入SAP系统的登录号码进入系统后被监测的相关行为，即使DLP系统记录的行为如上诉人所称系违规行为，但由于无法看到被打印文档、外发邮件文件的具体内容，因而无法与上诉人请求保护的具体商业秘密内容相比对。在无法比对具体内容的情况下，本院不能据此得出被上诉人实施了上诉人所称的通过打印或外发邮件的不正当行为侵害了权利人商业秘密的结论。

最后，当事人行为是否具备合理性。合理性分析有助于法院对案件的客观事实得出正确的判断。上诉人提供的DLP记录显示，针对被上诉人庞某的记录自2010年4月至10月。上诉人正式使用DLP系统的时间是2010年3月中旬。庞某于2010年10月9日提出辞职，并于2010年10月31日离职。被上诉人称，上诉人西门子公司的员工在正常工作期间需要下载、打印和电邮SAP系统内工作文件。从上诉人指控被上诉人不正当行为的发生时间来看，指控庞某打印行为发生在2010年6月4日，这期间庞某尚未提出辞职，仍处于正常工作的时间。而对于被上诉人在提出辞职到正式离职期间的打印和外发邮件行为，从公证书公证的所有DLP系统记录来看，被上诉人自有DLP记录的工作期间均多次发生相同行为。若按照上诉人所称，DLP系统记录的均为上诉人西门子公司禁止的不正当行为，上诉人完全有能力在被上诉人尚未离职期间予以制止或核实。上诉人在此期间并未予以禁止也未对记录的其他“不正当的违规”行为予以指控，表明上诉人公司员工在正常工作中需要发生此类行为。在二审庭审中，上诉人也确认，即使被上诉人在提出辞职到正式离职期间，仍然有权接触涉案的商业秘密。据此，被上诉人提出认为员工在西门子工作期间需要下载、打印和外发邮件进行正常工作的解释具有合理性。

基于上述分析，本院认为上诉人西门子公司提供的证据尚不足以证明被上诉人实施了不正当获取西门子公司商业秘密的行为。

因此深圳市中级人民法院判决驳回上诉，维持原判。

088

朗琴公司诉创客隆公司商业诋毁纠纷

【裁判要旨】

商业诋毁案件的赔偿金额的确定存在判决难点，本案综合考虑原告公司的经营时间及其产品的知名度，被告侵权行为的性质、情节、原告所支出的合理维权费用等因素而酌情确定了赔偿金额。

【典型意义】

本案是对网上诋毁商誉行为的判决。在网络时代诋毁商誉行为的损害后果往往更加严重，影响力更加广泛而且更正该种诋毁的成本更高。本案确立了网上诋毁商誉时法院酌定赔偿标准应考虑的相关因素，对其后判断诋毁商誉案件的赔偿金额具有参考作用。同时该判决金额为近年来诋毁商誉案件中最高的赔偿金额，也对企业规范经营起到一定的指导作用。

【关键词】

商誉　竞争者关系　商业诋毁

【基本案情】

2015年1月19日，案外人张某作为专利权人向深圳市中级人民法院起诉朗琴公司涉嫌侵犯其实用新型专利（专利号为ZL201420150315.X，专利名称“一种多彩灯光音像结构”），深圳市中级人民法院于2015年1月23日立案受理，案号（2015）深中法知民初字第175号，2015年10月26日深圳市中级人民法院对该案作出一审判决，驳回张某的诉讼请求。

原告深圳市朗琴音响技术有限公司指控被告深圳市创客隆电子有限公司在未经法院判决之前，在其网站上公然宣称原告侵犯其专利权，属于诋毁商誉的不正当竞争行为。为证明其主张，原告朗琴公司向法院提交了（2015）京海诚内民证字第05001号《公证书》，该公证书记载了2015年5月9日，原告委托代理人在公证人员的监督下，使用公证处的计算机，登录阿里巴巴网站，被告创客隆公司在其阿里巴巴官方旗舰店平台宣传蓝牙音箱产品时，对外宣称“万德仕、朗琴侵犯了我司这款音箱专利权”，并附上《广东省深圳市中级人民法院诉讼费用交纳通知书》，被告创客隆公司擅自将诉讼费用交纳通知书上通知的缴费人“张某”更改为“深圳市创客隆电子有限公司”，根据该通知书的内容显示，深圳市中级人民法院于2015年1月23日立案受理“张某”诉深圳市朗琴音响技术有限公司等侵害实用新型专利权纠纷一案。另查明，朗琴公司成立于2009年5月13日，经营范围为音响设备，无线通讯设备及电脑周边外设的研发与销售等。创客隆公司成立于2014年6月18日，经营范围为电子产品的研发、销售等。

【裁判意见】

深圳市中院人民法院一审认为，本案是商业诋毁纠纷。《中华人民共和国反不正当竞争法》[①] 第十四条规定，经营者不得捏造、散布虚伪事实，损害竞争对手的商业信誉、商品名誉。原告朗琴公司与被告创客隆公司同为生产、销售音响设备的公司，在市场经营中属于竞争关系。经营者在市场交易中应当遵循自愿、平等、公平、诚实信用的原则，遵守公认的商业道德。本案中，被告创客隆公司在其阿里巴巴官方旗舰店平台上，在宣传蓝牙音箱产品时对外宣称“万德仕、朗琴侵犯了我司这款音箱专利权”，并附上法院的诉讼费用交纳通知书，擅自将通知的缴费人“张某”更改为“深圳市创客隆电子有限公司”。虽然被告创客隆公司提交了证据证明“张某”为其聘任的技术顾问，实际缴纳诉讼费为被告创客隆公司，但是即使另案是被告创客隆公司起诉原告朗琴公司侵害其实用新型专利权，在法院尚未判决侵权的情况下，被告创客隆公司径直在其官方旗舰店上散布原告朗琴公司侵犯了其音箱专利权的虚伪事实，足以造成消费者误认，损害了原告朗琴公司的商誉，被告创客隆的行为构成商业诋毁。

我国《最高人民法院关于审理不正当竞争民事案件应用法律若干问题的解释》第十七条规定，商业诋毁的损害赔偿额可以参照确定侵犯注册商标专用权的损害赔偿额的方法进行。根据《中华人民共和国商标法》第六十三条规定，可以看出我国目前关于商业诋毁损害赔偿的计算方式主要有以下三种：一、原告实际损失；二、被告侵权所获利益；三、法定赔偿，即当权利人的损失或侵权人获得的利益难以确定时，直接由人民法院根据侵权行为的情节判决给予三百万元以下的赔偿。原告朗琴公司未向法院举证证明其实际损失及被告创客隆公司所获利益，请求法庭酌情判决。本院综合考虑原告朗琴公司的经营时间及其音响产品的知名度，被告侵权行为的性质、情节、原告所支出的合理维权费用等因素而酌情确定为人民币50万元。

被告创科隆公司不服一审判决向广东省高级人民法院上诉。广东省高级人

① 编者注：参照2017年《中华人民共和国反不正当竞争法》。

民法院认为深圳市中级人民法院的一审判决认定事实清楚，适用法律正确，驳回了上诉。

089

恩智浦公司等诉晶源公司等擅自使用知名商品特有名称纠纷

【裁判要旨】

使用行业上形成的如代表类型、工作温度范围、封装形式等惯用代码命名的为通用模式，该模式命名的型号不宜认定为法律规定的“特有名称”。企业在编制型号时加入代表自己企业的特定代码或自行编制代码，且该特有规则命名的型号经使用具有区别来源和指代商品名称特征的，可认定为知名商品“特有名称”。在生产、销售的同种商品上擅自使用他人知名商品特有名称，造成相关公众混淆或误认的，将受到法律的制裁。本案判决旨在规范集成电路型号命名，防止通过型号命名攀附他人商誉及混淆市场的行为。

【典型意义】

本案是产品型号认定为知名商品特有名称的典型案例，该案例对产品型号在何种条件下可认定为知名商品特有名称进行了详细阐述，对此类案件的审理具有指导意义。本案被评为2017年中国法院50件典型知识产权案例之一。

【关键词】

知名商品的特有名称　商誉　混淆

【基本案情】

一、当事人的基本情况

恩智浦半导体公司成立于2006年8月2日，是跨国集团公司，总称为NXP家族，总部位于荷兰，NXP全球各个工厂制造最终都向其负责，系NXP产品的制造者。NXP以全球化标准管理NXP家族及其知识产权。NXP公司成立于1991年1月31日，是恩智浦半导体公司的全资子公司。作为NXP家族成员，其代表NXP拥有和管理NXP家族的知识产权，并根据NXP的知识产权全球战略将获取的知识产权许可给NXP家族成员。

恩智浦半导体荷兰公司成立于1991年1月31日，是NXP公司的全资子公司。作为NXP家族成员，其从NXP公司获得商标等知识产权许可，并负责代表NXP进行全球产品销售和服务提供。恩智浦中国公司成立于2006年8月22日，为NXP公司的全资子公司，其注册资本为500万美元，经营范围包括：研究、设计、开发和测试半导体技术软件、集成电路、电子元件配件和其他电子产品，销售自产产品，研发成果转让；上述产品的批发、进出口和佣金代理(拍卖除外)；提供相关的技术咨询、技术服务、售后服务、仓储服务及其他相关配套服务；受母公司及其所投资企业委托向其提供投资管理咨询服务、市场营销服务、技术支持和研究开发服务。作为NXP家族成员，其从NXP公司获得商标等知识产权许可，并负责代表NXP进行全球产品销售和服务提供，尤其是中国地区的产品销售和服务提供。

晶源公司成立于2003年4月22日，注册资本为1280万元，一般经营项目包括：电子元器件的生产，半导体分立器件、集成电路的设计、测试及制造，计算机辅助设计、测试，销售自产产品及提供技术服务，经营本企业自产产品及技术的出口业务和本企业所需的机械设备、零配件、原辅材料及技术的进口业务。友达公司成立于2000年10月25日，注册资本为300万美元，股东包括友顺科技有限公司与被告晶源公司，一般经营项目包括：新型电子元器件生产，半导体分立器件、集成电路的设计、测试及制造，计算机辅助设计、辅助测试。亿达公司成立于2003年2月24日，注册资本为50万元，一般经营项目包括：集成电路、三极管、仪器仪表、电子产品的销售。

二、关于涉案产品型号是否构成知名商品的特有名称的相关事实

(一) 恩智浦半导体公司、NXP公司、恩智浦半导体荷兰公司、恩智浦中国公司主张其产品型号“TEF”“TEF66某某”“TEF6621T”构成汽车音频/收音集成电路芯片产品的知名商品特有名称，主要依据为：

(1) 网址www. cn. nxp. com项目“查找和购买产品”中的子项目“音频/收音机”项下“单芯片调谐器/ASP(汽车收音机)”，产品列表中含有多款型

号为TEF66某某系列的产品；再点击“音频/收音机”项下的“调幅/调频收音机和音频”，产品列表中含有多款型号为TEF66某某系列的产品，点击其中型号为“TEF6621T”的模拟调谐器，进入页面对该型号产品进行了介绍，产品说明为“恩智浦低中频模拟汽车无线电”“在恩智浦的TEF660x和TEF661x系列获得成功后，TEF662x采用了低中频架构，确保能够高度集成低复杂性，从而简化了设计，并实现了最佳的性价比”，应用于“汽车无线电零件、消费类无线电”，并对其特性和优势进行了介绍；在搜索栏输入关键词“tef”，搜索结果显示有160款产品，并未有“TEF6621”型号的产品。(2)“百度百科”的“NXP”词条载明：NXP（恩智浦半导体）是一家新近独立的半导体公司，由飞利浦公司创立，已拥有五十年的悠久历史，主要提供工程师与设计人员各种半导体产品与软件，为移动通信、消费类电子、安全应用、非接触式付费与连线，以及车内娱乐与网络等产品带来更优质的感知体验。(3)“维基百科”的“恩智浦半导体”词条载明：其是一家半导体公司，由荷兰企业飞利浦在五十多年前创立；目前可以提供半导体、系统解决方案和软件，使用在电视、机顶盒、智能识别应用、手机、汽车以及其他电子设备上；全球二十大半导体厂商。

百度网搜索“tef6621t”，搜索结果约88100个，分别点击搜索结果第1页、第2页所列的每项链接，进入的页面大部分为tef6621t芯片的销售信息，该型号芯片对应的品牌为NXP，销售商分布于北京、深圳、广州、汕头。

网站www.alldatasheetcn.com首页显示为“最大的在线电子元件数据的搜索引擎”；搜索含有“TEF”的电子元件，搜索结果显示有226个；搜索以“TEF”开头的电子元件，搜索结果显示有85个。

“中电网www.eccn.com”刊登的文章《车载AM/FM收音机的精简型设计》，该文称：TEF6621为NXP（恩智浦）公司极为成功的RFCMOS单芯片车载收音机解决方案系列。作为业界广泛应用的TEF6601和TEF6606的升级版本，TEF6621调谐器能让我们确保在汽车收音机系统中很小的空间里安装更加令人激动的特色功能。调谐器的创新特色在于全部关键射频组件——包括：压控振荡器，陶瓷滤波器，中频变压线圈，低噪声放大器和自动增益控制，只需要32个低成本的无源外围器件。此外，通过特殊的大信号处理功能，这款低中频调谐器能很好地支持汽车收音机应用的高性能需求。基于TEF6621设计的车载收音机系统将因为更加完善的弱信号处理、FM噪声消隐、对环境干扰噪声更强的多路径抑制能力、按压噪声抑制等功能而成为理想的收音机解决方案。网站《品佳集团力推NXPCarTuner（TEF66××）方案……大联大控股》一文称：恩智浦半导体（NXP）推出TEF6606，TEF6621，TEF6624针对汽车收音机FM/AM调谐器目前已经得到市场上广大客户的认可和使用。TEF66××系列调谐器采用了突破性的整合设计，在单一芯片上集成了全部关键射频组件，并省去了对手动调节的需求。因此，整机厂可以容易的将调谐器应用在主板上，不再需要调谐器模块，从而在主机中节省了很大空间并减低了系统成本，整个系列完全兼容，只需更换不同型号的芯片，无须对主板硬件做任何修改就可以满足全球不同地区各个客户的需求。论文《基于单片机汽车收音机的硬件系统设计》称：目前国内的汽车收音机大多利用集成芯片，使用单片机控制的调谐收音方式。在国内大多不带RDS功能，采用TEF6621芯片……TEF66系列芯片是恩智浦半导体公司针对汽车收音机主机设计的一款包含PLL调谐系统的低中频调谐器在单一芯片上集成了全部关键射频组件，只需少量的外围元件应用。

《EDN电子设计技术》2009年第4期第78页刊载了EDNChina执行主编陆楠撰写的《绿色技术推动市场回暖》论文，该文有如下论述：目前，NXP全球17%的销售额来自汽车电子业务，销售总额已超过10亿美元。过去三年，NXP汽车电子的研发投入已经翻倍，从2005年到2009年，其“零缺陷”计划研发投资增长了90%；负责大中华区汽车电子的十余位技术工程师已先后设计出引擎防盗、遥控钥匙和CMusic等解决方案。这些方案涉及的新产品或方案包括低成本汽车收音机芯片TEF6621等。恩智浦半导体公司、NXP公司、恩智浦半导体荷兰公司、恩智浦中国公司称“TEF6621”为业内对其产品型号“TEF6621T”的简称。

恩智浦（NXP）品牌经销商广州周立功单片机科技有限公司、易达电子有限公司（香港）、威特高国际有限公司（香港）、安富利电子（上海）有限公司、分别出具《证明函》称：其一直代理诸多业内知名厂商的半导体芯片产品销售；在半导体芯片行业，正规企业的半导体芯片产品都有其特有型号，且彼此都不相同，所以知名的半导体芯片产品型号具有区别产品来源和指代商品名称的功能。比如“TEF”是恩智浦半导体荷兰公司以及恩智浦中国公司在汽车音响领域在全球以及中国知名的半导体芯片产品的特有型号，其中如“TEF6621T”是NXP公司多年来在中国该类芯片产品中的畅销产品，行业内看到“TEF”“TEF6621T”等，都会知道其指的是NXP公司的哪些半导体芯片产品；其最早于2009年或2010年从NXP公司收到TEF6621T的说明书。恩智浦半导体公司、NXP公司、恩智浦半导体荷兰公司、恩智浦中国公司提交了其自身及其经销商易达电子有限公司（香港）、广州周立功单片机科技有限公司销往中国内地的TEF6621T芯片的多张发票，上述发票显示的最早销售时间为2009年7月。

StrategyAnalytics公司出具的《2013年汽车半导体供应商市场份额报告》，显示：恩智浦作为汽车半导体供应商其2013年销售收入占全球车用半导体市场份额的6.5%，排名全球第五；占中国车用半导体市场份额的10.4%，排名全球第一；作为汽车处理器供应商其在2013年汽车处理器市场份额为4.0%，排名全球第五。

NXP系列商标的注册人为NXP公司，核定使用商品为第9类的集成电路、芯片、二极管、晶体管、半导体、半导体元件等，上述商标均处于注册有效期内。NXP被《中国电子报》评为2007—2014年度十大最受中国市场欢迎的半导体品牌。根据相关网站记载，恩智浦半导体公司、NXP公司、恩智浦半导体荷兰公司、恩智浦中国公司获得过以下奖项：艾睿电子2013年亚洲供应商最佳成长奖、比亚迪汽车2013年度最佳供应商奖、中国领先的汽车电子制造商之一天派2013年度供应商奖、汽车电子产品领域的国内领先企业深圳航盛发展有限公司2013年度最佳供应商、全球半导体联盟（GSA）颁发的EMEA地区杰出半导体公司奖、DensoManufacturing公司授予的供应商优良表现证书、在Celestica2012年总拥有成本供应商奖励计划中荣获表彰、中国电子市场颁发的2012年中国半导体行业最佳技术贡献编辑选择奖、中国唯一聚焦汽车制造技术和产品的行业媒体AutomobileIndustry颁发的2011年杰出汽车电子供应商奖、TCL多媒体2011—2012年度技术创新供应商奖、恩智浦中国汽车技术中心获得GlobalSources颁发的2012年最佳设计团队奖、三度荣获华为杰出核心合作伙伴奖、博世公司授予2011年“电子和机电元件”类供应商奖、中国电子报社评为2006、2010年度十大最受中国市场欢迎的半导体品牌、华硕最佳供应商奖、华阳通用电子2010年度杰出供应商奖、延锋伟世通汽车2010年最佳合作伙伴奖和杰出供应商奖、全球发展最快的电子元件经销商之一Digi-Key授予的2010年杰出销售成就奖、韩国现代摩比斯公司（现代汽车集团子公司）2010年度最佳供应商奖、《中国电子报》颁发的2009年度CEN优秀HPMS供应商奖、《中国电子商情》颁发的2012年度半导体行业中国最佳技术贡献奖。

《集成电路型号速查手册》（主编：许振江、张立新，人民邮电出版社2008年5月第1版）中《国外集成电路生产厂商及器件命名方法》前言记载：每个集成电路生产厂商都有自己独特的集成电路型号命名方法，但一般集成电路的型号基本上由三大部分组成，即前缀、器件标号和后缀，每部分又可细分，分别用来表示集成电路的功能、使用温度范围、封装形式等。

中国半导体行业协会网站刊登的《CSIA关于半导体芯片知识产权的公告》，主要内容为：在半导体芯片行业，正规企业的半导体芯片产品都有其特定型号，彼此不相同，正规企业的半导体产品型号具有区别产品来源和指代商品名称的功能，在同类产品上使用他人知名半导体芯片的特有型号易引起混淆误认；该网站刊登的《中国半导体行业协会简介》称：该协会成立于1990年11月17日，是由全国半导体界从事集成电路、半导体分立器件、半导体材料和设备的生产、设计、科研、开发、经营、应用、教学的单位、专家及其他相关的企事业单位自愿结成的行业性的全国性的非营利性的社会组织。

上海市集成电路行业协会于2014年8月18日出具《证明函》，主要内容为：该协会成立于2001年，是一家由上海地区从事集成电路设计、制造、封装、测试、智能卡及其设备材料和其他直接相关的企事业单位自愿参加并组织起来的，不以营利为目的的社团组织；该协会证明：在半导体芯片行业，正规企业的半导体芯片产品都有其特定型号，且彼此都不相同，所以正规企业的半导体芯片产品型号具有区别产品所属企业和按企业标准确定产品名称的功能，比如“TEF”是恩智浦半导体荷兰公司、恩智浦中国公司的汽车音响集成电路在全球以及中国大陆知名的半导体芯片产品的特有型号，其中如“TEF6621”“TEF6621T”是公司多年来在中国大陆该类芯片产品中的畅销产品，行业内只要看到“TEF”“TEF6621”“TEF6621T”，就会知道其指的是恩智浦的上述半导体芯片产品。根据该协会的社会团体法人登记证书记载，该协会的业务范围为：行业调研、产品评测、会展，技术培训、交流、合作，编辑出版、咨询服务，承担政府授权的职能。

中华人民共和国商务部优质品牌保护委员会网站刊登的《关于集成电路行业产品型号的说明》，主要内容为：集成电路企业对其芯片产品通常以型号进行命名，且各企业芯片产品型号命名都有各自不同的规则是行业惯例。对于具有一定知名度的特定型号的芯片产品，能够通过该产品型号确定产品来源。滥用他人芯片的特有型号容易导致混淆和误认，对集成电路行业的正常竞争秩序造成不利影响。

（二）晶源公司、友达公司、亿达公司认为恩智浦半导体公司、NXP 公司、恩智浦半导体荷兰公司、恩智浦中国公司的产品型号“TEF”“TEF66 某某”“TEF6621T”不构成知名商品的特有名称，主要依据为：

2015 年 3 月 28 日，上海市集成电路行业协会出具《证明函》，证明：晶源公司为中国知名的集成电路设计公司。该公司的产品品质优、价格廉，深受国内外客商的青睐。其设计并生产的车载影音系统的集成电路 TEF6621T 为业内优质产品，享有较高知名度。

2015 年 4 月 15 日，中国半导体行业协会和江苏省半导体行业协会分别出具《证明函》，主要内容为：因会员单位晶源公司的申请，我协会对有关行业内半导体集成电路产品是否存在通用型号/名称事项，出具下列证明意见：在半导体芯片行业，通常具有相同功能的芯片可以采用相同的名称/型号，这是约定俗成的行规，业内普遍认同。以 TEF 类芯片为例，在市场上使用 TEF 名称/型号的企业不仅限于 NXP 公司，还包括：意法半导体公司（ST 公司）的

TEF3718等和瑞士的TRACOPOWER公司的很多芯片，如TEF0511、TEF0510等。因此TEF是某类半导体芯片的通用名称，客观上作为通用名称已被业内广泛认可和使用。在半导体行业，显然“TEF6621T”并不是某特定公司的专用名称。

网站www.alldatasheetcn.com，搜索名称“TEF3718”，显示部件名为“TEF3718”电子元件的制造商为STMicroelectronics；搜索名称“TEF0511”，显示部件名为“TEF0511”电子元件的制造商为TRACOElectronicAG；搜索名称“MC34063A”，显示有多家制造商的产品型号中含有“MC34063A”。

在网站www.alldatasheetcn.com搜索名称“TDA”，显示有多家制造商的产品型号中含有“TDA”；搜索名称“TDA7377”，显示有两家制造商的产品型号中含有“TDA7377”；搜索名称“TDA7388”，显示有两家制造商的产品型号中含有“TDA7388”；搜索名称“MS6502”，显示制造商FairchildSemiconductor有两款产品型号分别为“FMS6502MTC24”“FMS6502MTC24X”，制造商AdvancedPowerTechnology和MicrosemiCorporation各有一款产品型号为MS652、各有一款产品型号为MS652S；搜索名称“DRV”，显示有多家制造商的产品型号中含有“DRV”。

“安森美半导体ONSemiconductor”“德州仪器”“仙童”网站，可以查找到三家公司各有一款运算放大器的型号中含有“LM358”，有两家公司各有一款产品的型号为MC34063A。

晶源公司确认其于2013年下半年开始生产销售型号为“TEF6621T”的上述芯片，销售金额共计20多万元。晶源公司、友达公司、亿达公司于庭审时提交了恩智浦半导体公司、NXP公司、恩智浦半导体荷兰公司、恩智浦中国公司生产的芯片产品TEF6621T及晶源公司生产的芯片产品TEF6621T及产品的外包装盒。经比对，恩智浦半导体公司、NXP公司、恩智浦半导体荷兰公司、恩智浦中国公司的产品本体上印有“NXP”商标及“TEF6621T”字样；晶源公司产品本体上印有“TEF6621T”字样，未印有任何商标标识，产品外包装盒上亦未印有任何商标标识，标贴上印有“半导体器件品名：TEF6621T”字样。

【裁判意见】

深圳市福田区人民法院一审认为，《中华人民共和国反不正当竞争法》[①]第五条第二项规定，经营者不得擅自使用知名商品特有的名称、包装、装潢，或者使用与知名商品近似的名称、包装、装潢，造成和他人的知名商品相混淆，使购买者误认为是该知名商品。根据上述规定，本案争议焦点为：一、恩智浦半导体公司、NXP公司、恩智浦半导体荷兰公司、恩智浦中国公司的型号为TEF6621T汽车音频/收音芯片是否构成知名商品；二、恩智浦半导体公司、NXP公司、恩智浦半导体荷兰公司、恩智浦中国公司的产品型号TEF6621T是否具有特有性；三、晶源公司、友达公司、亿达公司的行为是否构成擅自使用知名商品特有名称的不正当竞争行为。

关于争议焦点一，恩智浦半导体公司、NXP公司、恩智浦半导体荷兰公司、恩智浦中国公司型号为TEF6621T的汽车音频/收音芯片是否构成知名商品。

根据《最高人民法院关于审理不正当竞争民事案件应用法律若干问题的解释》第一条第一款的规定，所谓知名商品是指在中国境内具有一定的市场知名度，为相关公众所知悉的商品。知名商品的认定应当考虑该商品的销售时间、销售区域、销售额和销售对象，进行任何宣传的持续时间、程度和地域范围，作为知名商品受保护的情况等因素综合判断。

从本案的具体情况看，第一，恩智浦半导体公司、NXP公司、恩智浦半导体荷兰公司、恩智浦中国公司自2009年起开始生产、销售TEF6621T汽车音频/收音芯片产品，并通过其自身和经销商在国内进行销售，销售时间较长；百度搜索结果显示该芯片销售商分布于全国各地，销售区域覆盖较广。第二，“为相关公众所知悉“的“相关公众”应指与该商品有关的消费者和与该商品的营销有密切关系的其他经营者。结合涉案产品特点分析，汽车音频/收音芯片的销售对象主要是汽车电子厂商和专业经营者，是专业性和技术性较强的产品，与上述产品相关的公众范围主要是该领域的专业人士和相关经营人员。恩

① 编者注：参照2017年《中华人民共和国反不正当竞争法》。

智浦半导体公司、NXP公司、恩智浦半导体荷兰公司、恩智浦中国公司提交的多篇国内专业论文均对该款产品进行了推荐性介绍，这反映了该款产品在国内相关领域的专业人士内具有一定知名度。第三，晶源公司、友达公司、亿达公司辩称，NXP/恩智浦品牌在市场上获得的知名度或美誉度不能证明TEF6621T汽车音频/收音芯片具有市场知名度或美誉度。虽然不能将企业、品牌的知名度当然等同于具体商品知名度，但商品的知名度以及企业、品牌的知名度并非孤立存在，而是密切相关。因此在判断具体商品的知名度时，企业、品牌的知名度可以成为考量因素。本案中，恩智浦2013年在全球汽车半导体市场销售收入排名第五，在中国车用半导体市场份额排名全球第一，恩智浦或NXP品牌在国内半导体领域荣获了多项荣誉和奖项，而且恩智浦半导体公司、NXP公司、恩智浦半导体荷兰公司、恩智浦中国公司是将“NXP”商标与型号“TEF6621T”共同使用在该商品上，因此，恩智浦或NXP企业、品牌的知名度可以进一步证明恩智浦半导体公司、NXP公司、恩智浦半导体荷兰公司、恩智浦中国公司TEF6621T汽车音频/收音芯片的知名度。综合考虑上述各因素，恩智浦半导体公司、NXP公司、恩智浦半导体荷兰公司、恩智浦中国公司的TEF6621T汽车音频/收音芯片可以认定为知名商品。

关于争议焦点二，恩智浦半导体公司、NXP公司、恩智浦半导体荷兰公司、恩智浦中国公司型号“TEF6621T”是否构成特有名称。

根据《最高人民法院关于审理不正当竞争民事案件应用法律若干问题的解释》第二条的规定，反不正当竞争法第五条第二项所称知名商品的特有名称是指具有区别商品来源的显著特征的商品名称。一般情况下，其不能是商品的通用名称、图形、型号，不能仅仅直接表示商品的质量、主要原料、功能、用途、重量、数量及其他特点。商品特有名称的显著特征是指相关公众能够通过该商品名称将其他相同或者类似商品区分开来，起到区别商品来源的作用。

恩智浦半导体公司、NXP公司、恩智浦半导体荷兰公司、恩智浦中国公司主张其产品型号“TEF6621T”作为知名商品特有名称予以反不正当竞争法的保护。一般情况下，产品型号的主要功能在于标示产品的品种、性能、规格和尺寸等，从而为相关公众在选购产品时提供必要的信息。因此，产品型号常常被企业用来区分自己不同规格的产品，不具有区别商品来源的功能，也不具有指代商品名称的功能。但是，如果某个企业产品型号或型号的组成部分并非国家或行业通用，且经过企业的长期使用，具有了显著性，对相关公众能够起到识别商品或服务来源的作用，则在其具有了一定知名度的情况下，可以作为知名商品特有名称获得反不正当竞争法的保护。

结合本案具体情况，对于恩智浦半导体公司、NXP公司、恩智浦半导体荷兰公司、恩智浦中国公司主张的产品型号“TEF6621T”是否具有特有性，分析如下：首先，根据恩智浦半导体公司、NXP公司、恩智浦半导体荷兰公司、恩智浦中国公司提交的书籍《集成电路型号速查手册》以及商务部优质品牌保护委员会的公告可知，集成电路企业对其芯片产品通常以型号进行命名，且各企业芯片产品型号命名都有各自不同的规则是行业惯例。虽然晶源公司、友达公司、亿达公司提交的证据显示某些集成电路的型号有超过一家厂家使用，但这些特例不足以否定上述行业惯例。其次，目前并没有证据证明除双方当事人外还有其他厂商使用“TEF6621T”作为汽车音频/收音芯片的产品型号，可见该型号并非汽车音频/收音芯片商品的通用型号。再次，晶源公司、友达公司、亿达公司并未举证证明“TEF6621T”具有特定的含义，能直接表示商品的质量、主要原料、功能、用途、重量、数量及其他特点。最后，根据百度搜索结果显示，搜索“TEF6621”第1、2页的搜索结果均指向恩智浦半导体公司、NXP公司、恩智浦半导体荷兰公司、恩智浦中国公司的产品，可见，型号“TEF6621T”在汽车音频/收音芯片产品上已与恩智浦半导体公司、NXP公司、恩智浦半导体荷兰公司、恩智浦中国公司产生了特定的联系，足以发挥识别商品来源的作用。

综合上述分析，认定恩智浦半导体公司、NXP公司、恩智浦半导体荷兰公司、恩智浦中国公司汽车音频/收音芯片产品型号“TEF6621T”构成知名商品的特有名称。恩智浦半导体公司作为该知名商品的生产制造者，NXP公司经恩智浦半导体公司授权享有该知名商品特有名称的知识产权，均有权以自己名义主张该知名商品特有名称项下的知识产权。恩智浦半导体荷兰公司、恩智浦中国公司作为该项知识产权的普通被许可人，与恩智浦半导体公司、NXP公司共同起诉，可视为取得了权利人的明确授权，亦可以以自己名义提起诉讼。

恩智浦半导体公司、NXP公司、恩智浦半导体荷兰公司、恩智浦中国公司同时主张其产品型号“TEF”“TEF66某某”为知名商品的特有名称，证据不足，不予认定。

关于争议焦点三，晶源公司、友达公司、亿达公司的行为是否构成擅自使用知名商品特有名称的不正当竞争行为。

晶源公司、友达公司、亿达公司均确认晶源公司系被控侵权商品TEF6621T芯片的生产者和销售者，亿达公司系被控侵权商品TEF6621T芯片的销售者。被控侵权商品在友达公司经营场所购买，友达公司亦出具过销售单据，可以认定亿达公司亦是被控侵权商品的销售者。虽然恩智浦半导体公司、NXP公司、恩智浦半导体荷兰公司、恩智浦中国公司公证取证时获取的《产品手册》上印有友达公司的名称，但该手册系多款产品的汇集，且其显示的产品型号为CSC6621，故恩智浦半导体公司、NXP公司、恩智浦半导体荷兰公司、恩智浦中国公司主张被控侵权商品TEF6621T芯片系友达公司所生产，不予认定。晶源公司是被控侵权商品的生产者，其当属被控侵权商品名称的使用者。至于友达公司、亿达公司的销售行为是否属于“使用”行为，根据《最高人民法院关于审理不正当竞争民事案件应用法律若干问题的解释》第七条规定，在中国境内进行商业使用，包括将知名商品特有的名称、包装、装潢用于商品、商品包装以及商品交易文书上，或者用于广告宣传、展览以及其他商业活动中，应当认定为反不正当竞争法第五条第二项规定的“使用”。由此可见，使用知名商品特有名称中的“使用”并不限于制造，还包括在商业活动中的使用，友达公司、亿达公司销售被控侵权商品，并在交易文书中使用了“TEF6621T”的行为亦应属于在商业活动中的使用行为。

关于恩智浦半导体公司、NXP公司、恩智浦半导体荷兰公司、恩智浦中国公司的芯片与晶源公司、友达公司、亿达公司的芯片是否会造成混淆。首先，双方商品是同款产品，晶源公司、友达公司、亿达公司在庭审时亦认可两者可以互相兼容；其次，两者型号的名称完全相同；最后，晶源公司、友达公司、亿达公司辩称其向用户销售产品时明确告知其不提供NXP的芯片，而是销售自己生产的自有芯片。但是，商品的混淆不仅包括售中混淆，还包括售后混淆。经营者负有在其商品来源的标示性文字上与他人产品相区别，避免使相关公众对商品来源产生混淆或误认的义务。即使晶源公司、友达公司、亿达公司在销售时已告知购买者其销售的并非恩智浦的产品，但晶源公司、友达公司、亿达公司在其产品本体及外包装上均未使用任何标示商品来源的信息，而仅是单独使用了与恩智浦半导体公司、NXP公司、恩智浦半导体荷兰公司、恩智浦中国公司的“TEF6621T”完全相同的名称，这种使用方式极有可能造成之后流通环节和售后的混淆。

恩智浦半导体公司、NXP公司、恩智浦半导体荷兰公司、恩智浦中国公司早于晶源公司在其汽车音频/收音芯片中使用型号“TEF6621T”，经过多年的经营，该型号产品已经具有一定的知名度。晶源公司与恩智浦半导体公司、NXP公司、恩智浦半导体荷兰公司、恩智浦中国公司为同业经营者，均从事集成电路行业，在集成电路行业各企业芯片产品型号命名有各自不同的规则，而且根据《产品手册》显示晶源公司明知恩智浦半导体公司、NXP公司、恩智浦半导体荷兰公司、恩智浦中国公司“TEF6621T”芯片的存在，却不作合理避让，仍在同一种产品上使用与恩智浦半导体公司、NXP公司、恩智浦半导体荷兰公司、恩智浦中国公司商品相同的名称，晶源公司对其命名亦无法提供合理依据，可见晶源公司主观上是为了利用他人知名的商品名称，攀附他人的声誉，为自己获取市场竞争优势以及更多的市场交易机会，具有明显恶意，客观上会造成混淆，违反了诚实信用原则和公认的商业道德，扰乱了正常的竞争秩序，构成擅自使用他人知名商品特有名称的不正当竞争行为，应承担停止侵权、赔偿损失的法律责任。晶源公司为友达公司的股东，亿达公司与晶源公司法定代表人相同，股东亦相同，可见晶源公司、友达公司、亿达公司为关联公司，友达公司、亿达公司知道或应当知道晶源公司生产的被控侵权商品可能构成擅自使用他人知名商品特有名称的不正当竞争行为，却仍销售被控侵权商品，亦具有恶意，构成不正当竞争行为，应承担停止侵权、赔偿损失的法律责任。恩智浦半导体公司、NXP公司、恩智浦半导体荷兰公司、恩智浦中国公司主张晶源公司、友达公司、亿达公司立即停止在其汽车音频/收音芯片上使用

“TEF6621T”名称，理由成立，予以支持。

关于赔偿损失的数额问题，因恩智浦半导体公司、NXP公司、恩智浦半导体荷兰公司、恩智浦中国公司未能提供晶源公司、友达公司、亿达公司因侵权所获利益或者恩智浦半导体公司、NXP公司、恩智浦半导体荷兰公司、恩智浦中国公司因侵权行为所受损失的证据，综合考虑涉案商品的知名度、侵权行为性质、情节以及本案维权所支付的合理费用等因素，酌情确定晶源公司赔偿恩智浦半导体公司、NXP公司、恩智浦半导体荷兰公司、恩智浦中国公司经济损失及为制止侵权的合理开支共计15万元，友达公司与亿达公司连带赔偿恩智浦半导体公司、NXP公司、恩智浦半导体荷兰公司、恩智浦中国公司经济损失及为制止侵权的合理开支共计5万元。恩智浦半导体公司、NXP公司、恩智浦半导体荷兰公司、恩智浦中国公司诉请的经济损失及合理开支过高部分，不予支持。恩智浦半导体公司、NXP公司、恩智浦半导体荷兰公司、恩智浦中国公司诉请晶源公司、友达公司、亿达公司公开登报以消除影响，因其未举证证明其商誉因晶源公司、友达公司、亿达公司的侵权行为受到损害，不予支持。

判决后晶源公司不服一审判决向深圳市中级人民法院上诉。深圳中院二审认为，本案为擅自使用知名商品特有名称纠纷。根据晶源公司、友达公司、亿达公司上诉理由及请求，晶源公司、友达公司、亿达公司对其生产、销售的电子芯片上使用了“TEF6621T”名称不持异议，本案二审争议焦点仍为：恩智浦半导体公司、NXP公司、恩智浦半导体荷兰公司、恩智浦中国公司主张的“TEF6621T”是否构成知名商品特有名称，晶源公司、友达公司、亿达公司的行为是否构成擅自使用知名商品特有名称的不正当竞争行为。对于该争议焦点重点评述如下：

恩智浦半导体公司、NXP公司、恩智浦半导体荷兰公司、恩智浦中国公司一审提交的易达电子有限公司、威特高国际有限公司出具的《证明函》、StrategyAnalytics公司出具的《2013年汽车半导体供应商市场份额报告》未经公证、认证程序，不得直接采信。然而即使不采信上述证据，根据恩智浦半导体公司、NXP公司、恩智浦半导体荷兰公司、恩智浦中国公司提交的现有证据亦可证实，其自2009年起研发、生产、销售TEF6621T汽车音频/收音芯片，在中国境内经销商众多，销售区域广，销售量大，该芯片在半导体集成电路领域具有一定影响与知名度，一审考量时结合了恩智浦企业与品牌的知名度，认定恩智浦半导体公司、NXP公司、恩智浦半导体荷兰公司、恩智浦中国公司的TEF6621T汽车音频/收音芯片为知名商品并无不当。需要指出的是晶源公司、友达公司、亿达公司上诉多次提出的百度搜索结果作为证据的采信问题。恩智浦半导体公司、NXP公司、恩智浦半导体荷兰公司、恩智浦中国公司提交的百度搜索证据形成过程经公证，搜索结果中只有极少部分是“推广链接”内容，一定程度上能反映出该搜索关键词的受关注程度以及与搜索结果之间的关联性，一审结合其他证据对该证据予以采信亦无不当。

“TEF6621T”为恩智浦半导体公司、NXP公司、恩智浦半导体荷兰公司、恩智浦中国公司生产、销售的汽车音频/收音芯片的型号，一般只具区分企业自己不同规格产品的功能，判断该芯片的型号是否符合法律规定的知名商品“特有名称”，关键在于该型号经过使用是否具有区别商品来源和指代商品名称功能的显著性特征。集成电路商品种类繁多，各企业对不同商品型号命名时除了代表类型、工作温度范围、封装形式等行业惯用代码，企业一般会在编制型号时加入代表自己企业的特定代码或企业自行编制的商品类别代码，使得商品的型号具有一定区别来源的“特有”性。“TEF6621T”系恩智浦半导体公司、NXP公司、恩智浦半导体荷兰公司、恩智浦中国公司根据企业自己商品型号命名规则命名，非国家或行业的通用型号名称。晶源公司、友达公司、亿达公司上诉称“TEF6621T”为通用名称，依据不足。“TEF6621T”经过恩智浦半导体公司、NXP公司、恩智浦半导体荷兰公司、恩智浦中国公司的长期使用，相关公众已将“TEF6621T”与恩智浦半导体公司、NXP公司、恩智浦半导体荷兰公司、恩智浦中国公司生产、销售的涉案汽车音频/收音芯片建立起特定的联系。如恩智浦半导体公司、NXP公司、恩智浦半导体荷兰公司、恩智浦中国公司提交的证据显示，百度搜索“TEF6621T”结果前两页的信息包括经销商的商品信息、网络销售平台的商品信息等均指向恩智浦半导体公司、NXP公司、恩智浦半导体荷兰公司、恩智浦中国公司的涉案芯片，结合行业对该芯片介绍的相关文章、该芯片知名度等证据，“TEF6621T”已在相关公众中起到识别商品或服务来源的作用，一审认定其构成知名商品特有名称的事实清楚，证据充分。晶源公司、友达公司、亿达公司关于一审认定“TEF6621T”构成知名商品特有名称认定事实错误、证据不足的上诉意见不成立，不予采纳。

晶源公司、友达公司、亿达公司为关联公司，其与恩智浦半导体公司、NXP公司、恩智浦半导体荷兰公司、恩智浦中国公司为同业经营者。晶源公司、友达公司、亿达公司明知恩智浦半导体公司、NXP公司、恩智浦半导体荷兰公司、恩智浦中国公司生产、销售的“TEF6621T”汽车音频/收音芯片具有一定的知名度，仍在其生产、销售的同种商品上使用了与“TEF6621T”相同的名称，且其对该命名无法提供合理解释，攀附他人知名商品美誉的意图明显，这也使相关公众对晶源公司、友达公司、亿达公司生产、销售的涉案芯片来源产生混淆或误认，扰乱了市场竞争秩序，其行为构成擅自使用他人知名商品特有名称的不正当竞争，应承担停止侵权、赔偿损失的法律责任。晶源公司、友达公司、亿达公司关于其行为不会构成购买者误认、没有实施不正当竞争行为的上诉意见不成立，不予支持。

综上深圳市中级人民法院以一审判决认定事实清楚，适用法律正确为由驳回了上诉。

090

大班公司诉百佳超场深圳分公司、百佳超市太阳广场分店等不正当竞争纠纷

【裁判要旨】

产品外包装在长期的推广、宣传和销售中已经具有了商业标识意义，已经成为公众辨别的标准之一，但这不能直接推导出产品的内包装装潢就具有商业标识意义。

【典型意义】

本案中，法院对知名商品的何种包装、装潢可以构成反不正当竞争法意义上的知名商品包装装潢的认定，折射出反不正当竞争法为市场竞争者预留的空间，也体现出法院在审理此类案件认定不正当竞争行为时所持的审慎态度。本案为2013年深圳法院知识产权经典案例。

【关键词】

知名商品包装、装潢　不正当竞争

【基本案情】

原告大班面包西饼有限公司于1988年在中国香港注册成立，1991年在中国香港市场推出“冰皮月饼”。1993年起，原告开始在中国内地宣传销售“冰皮月饼”。原告亦是“大班”系列商标的权利人，其核定使用的商品范围包括月饼、面包和糕点等多种食品。原告的长期推广、宣传使得“大班冰皮月饼”早在2000年被深圳市中级人民法院认定为知名商品。而原告推出的系列冰皮月饼使用了特殊的颜色、图形和材质，这些特有元素成为原告的大班冰皮月饼与其他同类商品区别的主要特征。

被告广州市六合食品有限公司答辩称其使用的“SNOWY”是描述商品的通用词语，且与原告使用的SNOWY有显著差别，原告申请注册商标“SNOWY”已经被商标局驳回，而原告在复审过程中将商标变更为“NOWY+图形”。同时被告在商品包装上体现了与“大班”公司不同的产品来源信息，不存在误认可能。

其他被告均答辩其销售的“大班冰皮”月饼有合法来源，不承担审核销售产品是否存在违反《中华人民共和国反不正当竞争法》[①] 第五条第二项的法律义务，且三被告在收到起诉状后已经停止销售涉嫌侵权商品。

【裁判意见】

深圳市罗湖区人民法院认为，原告在庭审中明确了其请求保护的客体是直接包装冰皮月饼的内装塑料袋包装装潢。知名商品的包装装潢保护的是具有商

① 编者注：参照2017年《中华人民共和国反不正当竞争法》。

业识别意义的包装装潢，原告“冰皮月饼”铁盒外包装在长期的推广、宣传和销售中已经具有了商业标识意义，已经成为公众辨别原告“冰皮月饼”的标准之一，但这不能直接推导出原告“冰皮月饼”的内包装装潢就具有商业标识意义，即使原告当初是秉承识别商品的目的而设计的内包装装潢。另外，从原被告的销售形式、销售价格来看，相关公众也不会将原、被告生产的“冰皮月饼”混淆，故被告在经营过程中并不存在违反公平、诚实信用，扰乱社会经济秩序的行为，其行为不构成不正当竞争，据此驳回原告全部诉讼请求。

(二) 不正当竞争刑事审判案件

091

汪某侵犯商业秘密罪

【裁判要旨】

违反权利人有关保守商业秘密的要求，披露其所掌握的商业秘密，给商业秘密权利人造成重大损失，其行为已构成侵犯商业秘密罪。

【典型意义】

随着深圳经济特区高新科技企业的增加，高新科技企业之间的人员流动成为日常。尤其是深圳经济特区高新科技企业的两大行业巨头华为和中兴在人才上的竞争尤为激烈。然而在人员流动的过程中可能产生侵犯原就职企业商业秘密的行为。本案明确了侵犯商业秘密罪的构成要件，对相关案件构成的民事与刑事犯罪界限具有一定示范指导意义。保护了高新科技企业的商业秘密。是高新科技企业人员离职可能涉及的知识产权侵权的代表案件。

【关键词】

侵犯商业秘密罪　非公知信息　非法披露

【基本案情】

在汪某侵犯商业秘密罪案中，被告人汪某大学毕业后于2001年6月入职中兴通讯股份有限公司，2005年8月至被捕前在中兴通讯公司第四营销事业部驻美国销售处工作。被告人汪某在美国的工作签证即将于2010年9月到期，其考虑到中兴通讯公司不会为其办理延期签证，以及华为公司较高的薪酬，所以主动联系华为美国公司人事部员工沈某，并在沈某的引荐下认识了该公司干部主管徐某某。徐某某以入职华为美国公司并办理工作签证为条件，要求被告人汪某提供中兴通讯公司有价值的内部信息资料。

2010年10月29日至2011年1月20日间，被告人汪某在美国通过互联网利用自己的用户名登录中兴通讯公司的内部系统服务器，拷贝了“北美片区10月经营分析报告”等8篇中兴通讯秘密文件，后将上述文件更名为“f1-10. doc”“syqyjy2010. xls”“sy201010. xls”“Desktop. rr的压缩包（内含r. doc，s1. pdf，s2. pdf，s3. pdf四个文件）”、“z. doc”，用其电子邮箱多次通过互联网将上述文件发送到徐某某的电子邮箱。2010年9月7日，沈某通过华为公司的电子邮箱给被告人汪某邮箱内发送了一份华为公司的聘书，被告人汪某将该聘书打印、签名后，交给徐某某带回华为公司为其办理签证。

经北京国科知识产权司法鉴定中心对中兴通讯公司送检的“北美片区10月经营分析报告”“第四营销事业部2010年10月份经营业绩数据（精确到国家）”“第四营销事业部2010年10月份经营业绩数据（精确到片区）”“ZTE USA Inc. BUDGETARY SERVICES PROPOSAL”“ZTEOFFER for SI Wireiess - summary”“COMMERCIAL PROPOSAL”“CUSTOMER CARE SERVICES”“Executive Summary for AT&T UMTS Roaming Project”8篇文档进行鉴定，上述8份文档包含中兴通讯的非公知信息。通过对从被告人汪某的电子邮箱提取并发送的“北美片区10月经营分析报告”等电子文档打印而成的书面文档与中兴通讯股份有限公司提供的“北美片区10月份经营分析报告”等8份文档的对比分析，汪某发送的“北美片区10月经营分析报告”等8篇对应的电子邮件文档与中兴通讯提供的8篇文档相同。

经深圳市中衡信资产评估有限公司对“北美片区10月经营分析报告、中兴通讯第四营销事业部2010年10月份经营业绩数据（精确到国家）、中兴通讯第四营销事业部2010年10月份经营业绩数据（精确到片区）”商业秘密部分成本价值评估，前述文档商业秘密部分研发成本价值为人民币126万元整。另查明，前述3份文档属于中兴通讯公司受著作权保护的作品。

【裁判意见】

深圳市南山区人民法院一审判定，被告人汪某违反权利人有关保守商业秘密的要求，披露其所掌握的商业秘密，给商业秘密权利人造成重大损失，其行为已构成侵犯商业秘密罪。被告人汪某不服向深圳市中级人民法院上诉。深圳市中级人民法院综合上诉人的上诉意见，提出以下几个焦点：

一、涉案3份文档“北美片区10月经营分析报告、中兴通讯第四营销事业部2010年10月份经营业绩数据（精确到国家）、中兴通讯第四营销事业部2010年10月份经营业绩数据（精确到片区）”是否属于商业秘密

所谓非公知信息，是指不为其所属领域的相关人员普遍知悉和容易获得的有关信息。首先，中兴通讯公司驻美国办事处设置了专门的服务器储存涉案8份文档，该服务器仅对办事处的成员开放。因此，涉案8份文档是任何第三方都无法通过公共渠道获取的信息。其次，根据《司法鉴定意见书》，涉案8份文档包含中兴通讯公司的非公知信息，《司法鉴定意见书》进一步证明“北美片区10月经营分析报告、中兴通讯第四营销事业部2010年10月份经营业绩数据（精确到国家）、中兴通讯第四营销事业部2010年10月份经营业绩数据（精确到片区）”3份文档属于中兴通讯公司受著作权保护的作品，因此，涉案8份文档是不为公众所知悉，能为中兴通讯公司带来经济利益，具有实用性并经权利人采取保护措施的商业秘密。

二、上诉人汪某是否实施了侵犯商业秘密的犯罪行为

上诉人汪某在公安机关多次供述因中兴通讯公司工资较低，其在美工作签证即将到期，欲跳槽华为公司，经联系华为公司的徐某某之后，徐某某要求其提供中兴通讯公司的内部资料作为办理工作签证的条件，于是其通过登录中兴通讯公司驻美国办事处的文档服务器，将不是其工作范围的3份含有中兴通讯公司经营信息的数据文档，变更文件名之后发送给徐某某，而后上诉人汪某收到了华为公司通过邮件发来的聘书。归案后，上诉人汪某在侦查人员的监视下，登录互联网进入其邮箱，显示了汪某邮箱内容和徐国才往来邮件信息，公安机关将该过程进行了全程录像并刻录成光盘作为视听资料。其次，上诉人汪某在入职中兴通讯公司时签订了《保密协议》，亦参加了中兴通讯公司的保密

测试，其主观上应当知道涉案3份文档属于公司的商业秘密，汪某在公安机关及庭审中亦承认其发送给徐某某的文档属于公司的保密文件且不在其工作范围内。据此，上诉人汪某违反公司的保密要求，向中兴通讯公司的竞争对手华为公司非法披露了其掌握的商业秘密。

三、如何认定汪某的犯罪行为给中兴通讯公司造成的重大损失

虽然现行法律及司法解释对如何认定重大损失均没有明确规定，但在司法实践中主要是根据侵犯商业秘密的行为方式认定损失数额。在本案中，上诉人汪某的犯罪行为表现为违反有关保守商业秘密的要求，向权利人中兴通讯公司的竞争对手非法披露公司的商业秘密。商业秘密具有保密性，即不为公众所知悉，上诉人汪某将公司的商业秘密予以披露，即将商业秘密予以公开，且其披露的对象是中兴通讯公司的同行竞争对手，从而丧失了商业秘密的价值，对此，应当按照商业秘密的价值计算权利人的实际损失。涉案3份文档“北美片区10月经营分析报告、中兴通讯第四营销事业部2010年10月份经营业绩数据（精确到国家）、中兴通讯第四营销事业部2010年10月份经营业绩数据（精确到片区）”是中兴通讯公司的经营信息，也是中兴通讯公司投入人力物力获得的智力成果，属于中兴通讯公司受著作权保护的作品，因此，侦查机关依法委托深圳市中衡信资产评估有限公司，对前述3份文档的研发成本价值进行评估，该评估标准与上诉人汪某的犯罪行为造成上述3份文档秘密性丧失相一致，且该评估程序合法、评估机构及评估师具有合法资质，因此，原审法院根据该评估结果认定上诉人汪某的犯罪行为给权利人中兴通讯公司造成的损失为人民币126万元，合法有据。

综上所述，深圳市中级人民法院认定深圳市南山区人民法院的原判认定事实清楚，证据确实充分，定罪准确，量刑适当，适用法律正确，程序合法，依法应予维持。

092

薛某某侵犯商业秘密罪

【裁判要旨】

商业秘密是一种具有特殊属性的无形财产，犯罪行为给权利人造成的损失不能机械地等同于无形财产本身的价值、权利人账目上的损失、行为人的非法所得。商业秘密能为权利人带来经济利益依赖于其“不为公众所知悉”即秘密性。如商业秘密未进入公知领域，商业秘密的成本价值和使用价值还没有全部丧失，因此，权利人因侵权行为所受的损失具体表现为市场份额减少、收入和利润的降低以及未来潜在经济利益的减少，即可以通过评估商业秘密的市场交换价值来确定权利人的经济损失。

【典型意义】

本案确立了侵犯商业秘密的案件中，在被侵犯的商业秘密并未进入公知领域的情况下，侵犯商业秘密罪涉及的侵权金额如何计算，对侵犯商业秘密罪的构成要件即给权利人造成的损失的计算具有一定示范指导意义。

【关键词】

侵犯商业秘密罪　不正当手段　秘密性

【基本案情】

在薛某某侵犯商业秘密罪案中，被告人薛某某自1993年10月入职深圳市波顿香料有限公司，2007年1月被波顿公司任命为副总经理、兼食用香精事业部总经理。

2007年8月8日，被告人薛某某与原波顿公司调香技术部经理余某某（已判刑）等五人签订股东协议书，发起设立深圳美德联合香料有限公司，股东协议书约定被告人薛某某出资60万元，占公司20%的股份，委托出资人系其儿媳赵某。后因被波顿公司发觉，被告人薛某某等五人于2008年5月将深圳美德联合香料有限公司的产权转让给他人。

2008年3月23日，被告人薛某某与余某某、波顿公司原食用香精事业部营销副总监肖某签订股东协议书，筹备成立另一公司生产经营香精、香料等产品，约定注册资本1000万元，其中被告人薛某某以人民币90万元及市场资源作为出资额，占公司30%股份，余某某以人民币75万元及技术资源作为出资额，占公司25%。2008年6月，被告人薛某某与余某某、肖某合资成立湖南美德联合香料有限公司，为避免波顿公司发现，被告人薛某某、余某某分别以肖某、董某某的名义出资并进行工商登记，并制定出《应急预案》以应付波顿公司可能对其采取的措施。2008年8月，余某某催促被告人薛某某尽快从波顿公司辞职，到美德公司履行董事长一职。2008年9月23日，波顿公司召开公司中层以上干部会议。会议通报了余某某利用职务之便窃取了公司的技术配方数百个，严重损害了公司的利益。被告人薛某某参加了上述会议。此后，波顿公司多次告诫被告人薛某某不得到余某某和肖某开办的美德公司工作。2008年10月29日，被告人薛某某与余某某、肖某某签订补充协议，约定“鉴于薛某某与原工作单位的合同到2008年底到期的特殊情况，薛某某应于2008年底前从原工作单位辞职……在辞职之前应按时出资和参与有关幕后操作”。随后，被告人薛某某从波顿公司离职至湖南美德公司，担任董事长。

罪犯余某某于1994年大学毕业后即入职波顿公司，在波顿公司长期从事香精配方的研发工作。余某某在波顿公司工作期间共为公司研制了274个香精配方。2006年8月，波顿公司制订了保密制度，规定了秘密事项、密级分级及确定、保密措施、责任处罚等内容。波顿公司还规定，任何人不能擅自复制、抄录或泄露配方，因工作需要复制时，必须填报《配方使用申请表》，经授权人员批准后办理借阅手续，由保管部门提供配方的复印件，借阅完毕后及时归还并由保管部门销毁复印件。波顿公司严格按照有关规定对配方采取了保密措施。2008年4月28日，余某某写下保证书，称“本人自愿与波顿公司解除劳动合同，离聘后壹年内不从事食用香精的研发工作”，并在未办理辞职手续的情况下离开波顿公司，随即到美德公司任职副总经理，负责香精配方的研发和香精产品生产。余某某利用在波顿公司工作期间的便利，通过复印、拍照、抄写等方式获取了波顿公司的234个香精配方，并将香精配方带到美德公司，保存于其在美德公司办公室的办公电脑中。余某某在美德公司工作期间，或者直接使用波顿公司的香精配方，或者在波顿公司的香精配方基础上进行修改使用。2009年6月4日，美德公司向广州市馨盛香料有限公司销售了6种香精产品即黑加仑香精、绿茶香精、甜橙油香精、美国香橙油香精、番石榴香精、哈密瓜香精。

2009年3月3日，深圳市波顿香料有限公司向公安机关报案。2009年7月28日，余某某在湖南长沙被抓获归案，同日，公安机关对余某某住处及湖南美德公司进行搜查，现场扣押了102页标有“深圳冠利达波顿香料有限公司”或“深圳波顿香料有限公司”的配方单复印件、110张标有“深圳冠利达波顿香料有限公司”或“深圳波顿香料有限公司”的配方单卡片、储存了234个波顿公司香精配方的文件的电脑主机两台、笔记本十一本、内有一批波顿公司香精配方单的档案袋一个、85张标有“湖南美德联合香料有限公司”的配方单、103张标有“湖南美德联合香料有限公司”的生产配方单、股东协议书、补充协议等书证、物证。2010年4月7日，被告人薛某某在湖南长沙被抓获归案，同日，公安机关在湖南美德公司董事长办公室及财务部办公室现场扣押了《董事会工作报告》《中外合资经营企业合同》、湖南美德公司销售统计表一张及美德公司的《产品出库单》、明细分类账、47页标有“湖南美德联合香料有限公司”的配方单（复印件）等书证、物证。

2009年3月20日，深圳市公安局南山分局委托广东省专利信息中心知识产权司法鉴定所对波顿公司的24种香精配方是否属于技术秘密作出鉴定，2009年4月7日，知识产权司法鉴定所出具粤知司鉴所［2009］鉴字第11号司法鉴定意见书，认定波顿公司的24种香精配方属于商业秘密中的技术秘密。2009年6月10日，深圳市公安局南山分局调取了湖南美德公司销售给广州市馨盛香料有限公司的6种香精，委托知识产权司法鉴定所对该6种香精与波顿公司的6种香精进行关联性鉴定，2009年7月10日，知识产权司法鉴定所出具粤知司鉴所［2009］鉴字第17号司法鉴定意见书，认定湖南美德公司的6种香精产品与波顿公司对应香精产品是同一配方调制而成。波顿公司的6个香精产品配方是上述波顿公司24个香精配方中的6个。关于波顿公司6个配方的价值，深圳市中衡信资产评估有限公司出具深衡评［2009］050号资产评估报告书，采用市场价值对黑加仑香精等6个香精配方的价值评估为人民币139万元。

2010年6月18日，深圳市公安局南山分局委托知识产权司法鉴定所对波顿公司的15种香精配方是否属于技术秘密作出鉴定，2010年7月8日，知识产权司法鉴定所出具粤知司鉴所［2010］鉴字第24号司法鉴定意见书，认定波顿公司的15种香精配方属于商业秘密中的技术秘密。2010年6月18日，深圳市公安局南山分局将2009年7月28日扣押的85张标有“湖南美德联合香料有限公司”的其中23个配方单，委托知识产权司法鉴定所对该23个香精配方与波顿公司上述15个香精配方进行同一性或实质相似性鉴定，2010年7月9日，知识产权司法鉴定所出具了粤知司鉴所［2010］鉴字第25号司法鉴定意见书，认定湖南美德公司23个香精配方中的20个配方与波顿公司的15个香精配方中的12个配方或相同，或基本相同，或总体相似，具有实质相似性；波顿公司相应的12个香精配方分别是1250菠萝香精、80982101黄瓜粉末香精、850982101黄瓜基料、20222121甜橙油香精、21062101蓝莓油香精、20301511留蓝香油香精、30032106草莓香精、31021102蔗糖香精、20032106C草莓油香精、20032104B草莓油香精、30251101菠萝香精、20611101A雪碧香精。其中，80982101黄瓜粉末香精与850982101黄瓜基料是同一配方。中衡信资产评估公司接受委托对上述波顿公司的11个香精配方的价值进行评估，出具了深衡评［2010］065号资产评估报告书，采用市场价值对80982101黄瓜粉末香精等11个香精配方的价值评估为人民币150万元。经与扣押的湖南美德公司的《产品出库单》比对，有8种香精配方已经进行生产销售，该8种香精配方是上述20个美德公司香精配方的其中8个，该8种香精配方分别是310304B草莓油香精、316202B蔗糖香精、212503菠萝油香精、212504菠萝油香精、210306D草莓油香精、212204甜橙油香精、210304B草莓油香精、210306F草莓油香精。

【裁判意见】

深圳市南山区中级人民法院认为，被告人薛某某明知他人以不正当手段获取、使用权利人的商业秘密，仍然获取、使用权利人的商业秘密，给商业秘密权利人造成特别严重后果，其行为已构成侵犯商业秘密罪。被告人薛某某不服向深圳市中级人民法院提起上诉。

对于上诉人及其辩护人提出的意见，深圳市中级人民法院总结本案焦点如下：

一、被告人薛某某主观上是否明知“余某某违反波顿公司有关保守商业秘密的要求，以不正当手段获取、使用其所掌握的商业秘密”

首先，从被告人薛某某在波顿公司的工作年限、职务看，薛某某应当知道波顿公司的香精配方属于商业秘密；其次，被告人薛某某在波顿公司任职期间，两次与余某某设立公司生产与波顿公司相同的产品，成立湖南美德公司时余某某是以技术资源作为出资额，被告人薛某某也供述“余某某拥有的香精配方，都是在波顿公司工作期间研发的配方”，证明被告人薛某某应当知道余某某掌握了波顿公司的商业秘密；再次，从被告人薛某某、余某某成立湖南美德公司后即制定的《应急预案》来看，薛某某应当知道余某某使用波顿公司的商业秘密会受到波顿公司揭发，其使用他人名字进行出资及工商登记也是避免被波顿公司发现。最后，综合本案的证据，波顿公司2008年9月23日召开的中层以上干部会议纪要以及多名证人证言，均证实被告人薛某某参加了该次会议，会议通报了余某某窃取公司技术配方的情况；波顿公司多次告诫其不得到湖南美德公司与余某某一起工作，有证人证言证实，被告人薛某某在笔录中也供述了这一事实。综上，被告人薛某某主观上为“明知”。

二、上诉人薛某某客观上是否实施了获取、使用商业秘密的行为

本案中，上诉人薛某某不是直接从权利人即波顿公司处获取、使用商业秘密，而是从侵权行为人即余某某处获取、使用权利人的商业秘密，其犯罪行为是间接侵犯商业秘密的行为。上诉人薛某某的“获取”行为在间接侵犯商业秘密中，是因直接侵权人即余某某向其披露或允许其使用该商业秘密而知悉、了解该商业秘密。根据本案查明的事实，上诉人薛某某与余某某、肖某三人在2008年3月签订股东协议，明确余某某是以其技术资源出资，随后余某某即擅自离开波顿公司并带走大量波顿公司的香精配方，而上诉人主观上明知余某某的技术资源是如前所述来源于波顿公司，仍然与余某某、肖某三人在2008年6

月成立湖南美德公司，并任董事长，与余某某分工合作，余某某负责生产技术，上诉人薛某某负责财务和行政管理，共同将获取的权利人的商业秘密使用在生产经营之中，以获取共同的非法利益。其中，余某某将其非法获取的波顿公司的香精配方或直接使用，或在波顿公司香精配方上进行修改使用，并形成“湖南美德联合香料公司”配方单、生产配方单，经查，与波顿公司香精配方同一性或实质相似性的26个香精配方中，美德公司已生产销售了14种香精产品。因此，上诉人的犯罪行为属于《中华人民共和国刑法》第二百一十九条第二款规定的情形。

三、涉案17种香精配方的评估价值能否认定为商业秘密权利人的经济损失

商业秘密是一种具有特殊属性的无形财产，犯罪行为给权利人造成的损失不能机械地等同于无形财产本身的价值、权利人账目上的损失、行为人的非法所得。商业秘密能为权利人带来经济利益依赖于其“不为公众所知悉”即秘密性。本案中，上诉人薛某某明知余某某窃取波顿公司的商业秘密，仍然获取、使用波顿公司的商业秘密，已对波顿公司的商业秘密造成破坏，无证据证实上诉人薛某某已将商业秘密披露，即商业秘密未进入公知领域，商业秘密的成本价值和使用价值还没有全部丧失，因此，权利人即波顿公司因侵权行为所受的损失具体表现为市场份额减少、收入和利润的降低以及未来潜在经济利益的减少，即可以通过评估商业秘密的市场交换价值来确定权利人的经济损失。经深圳市公安局南山分局委托，深圳市中衡信资产评估有限公司采用市场价值类型对涉案的17种香精配方进行评估，确定该17种香精配方在评估基准日公开市场上最佳使用状态下最有可能实现的交换价值，并以此价值认定权利人波顿公司因被侵犯商业秘密而造成的经济损失，客观合理；且深圳市中衡信资产评估有限公司是接受深圳市公安局南山分局的委托作出资产评估，程序合法。综上，涉案17种香精配方共价值289万元认定为商业秘密权利人的损失合法有效。

综上所述，深圳市中级人民法院认定深圳市南山区人民法院的原判认定事实清楚，证据确实充分，定罪准确，量刑适当，适用法律正确，程序合法，依法应予维持。

093

刘某、秦某、王某侵犯商业秘密罪

【裁判要旨】

三名被告人构成侵犯商业秘密罪，判处各被告人两到三年的有期徒刑。

【典型意义】

本案是发生于2001年的与信息技术相关的商业秘密犯罪，于2004年作出判决。该案是1997年侵犯商业秘密罪入刑后发生在深圳市乃至全国较早的案件，该案在当时因涉及较新的信息技术以及多次开庭和多次补充侦查引起了强烈的社会关注和社会反响。该案判决中对于证据的鉴定、管辖权、商业秘密的构成及违法所得数额等主要问题具有详尽的认定分析，对后续认定类似案件的审理具有参考和借鉴作用。

【关键词】

侵犯商业秘密罪　保密协议　窃取

【基本案情】

华为公司于1987年成立，主要从事通信产品的研究、开发、生产与销售。华为公司于1995年开始研发高科技项目光网络设备，投入了巨额的研发经费及大量的专职科研力量，截至2001年已开发完成并生产出光网络设备，包括155/622M、2.5G、10G系列。在此基础上，华为公司于2001年5月启动开发2.5G光网络设备Metro1100技术并形成产品，于2002年开始销售。上述系列产品均系华为公司为适应市场发展而研制，其给华为公司带来巨大的经济效益。经深圳市公安机关委托的北京同力和资产评估有限责任公司暨北京九州世初知识产权司法鉴定中心评估，华为公司光网络设备的专有技术在2001年6月30日的许可使用费为人民币18400万元。为保护其光网络技术的商业秘密，华为公司针对员工、供应商、客户等不同对象相应采取了一系列严格、完善的保密措施。

被告人王某、刘某于1997年5月被华为公司聘用，被告人秦某于1999年被华为公司聘用，三被告人均任职硬件工程师并参与了华为公司光网络设备的研发工作，在职时分别与华为公司签订了《员工聘用协议书》和《员工保密合同书》，承诺除履行华为公司职务需要外，未经该公司书面同意，不得以任何方式向第三方泄露该公司技术秘密或其他商业秘密，也不得在履行职务之外使用这些秘密信息。2001年8月至9月间，被告人刘某、秦某、王某分别以个人求学或家庭原因为由，先后申请辞职，离开了华为公司。三被告人辞职时均与华为公司签订了《离职员工承诺书》，承诺不带走从华为公司获取的任何保密资料，未经华为公司书面同意不得向任何单位和个人透露该公司的商业秘密，不擅自使用华为公司商业秘密或利用华为公司商业秘密从事经营活动，自离职之日起1年内不得在与华为公司存在竞争关系的企业工作。但被告人秦某在离开华为公司时，将其用光盘拷贝的涉及华为公司不为公众所知悉的部分技术机密文件带走。

2001年7月，尚在华为公司工作的被告人王某、刘某与贝尔公司就在深圳市、上海市等地合作开发生产盒式的2.5G光网络设备事宜进行商谈。同年11月7日，被告人王某、刘某各出资人民币25万元，在上海市成立了沪科公司，并聘用了被告人秦某及王某、操某等二十多名原在华为公司从事光网络技术研发的技术人员进入沪科公司工作。同年11月8日沪科公司与贝尔公司达成协议：由沪科公司提供盒式2.5G的光网络设备技术，贝尔公司则每月向沪科公司提供研发费用人民币588010元，并负责组织生产及销售；产品利润由沪科公司与贝尔公司三七分成。2002年5月，被告人王某、刘某、秦某以及原在华为公司工作的王某、操某等人，违背其与华为公司签订的相关保密协议，利用其在华为公司工作期间掌握的以及被告人秦某从华为公司窃取的光网络设备相关技术资料，完成了OTS8501B产品技术文档的制作，并由被告人刘某将该技术文档以电子邮件的形式发送给贝尔公司，贝尔公司据此生产出OTS8501B产品，并将该产品分别销往黑龙江省电信公司佳木斯市电信分公司、吉林省电信公司四平分公司、重庆巨基电子有限公司等单位，销售额约人民币600万元。至同年10月双方终止合作止，沪科公司从贝尔公司获取研发费共计人民币588.01万元。2002年10月，沪科公司被UT公司整体收购，UT公司向沪科公司支付了人民币200万元现金，并授予沪科公司部分员工共计1500万美元的股票期权。同年11月，沪科公司整体从上海市搬迁到杭州市。

2002年8月，华为公司员工在黑龙江省佳木斯市发现贝尔公司销售的产品与华为公司同类产品相似，经调查认为被告人王某、刘某等人有侵犯其公司商业秘密的嫌疑，遂于同年11月1日向公安机关报案。三被告人于同年11月22日先后被抓获。公安机关分别对被告人王某暂住处及沪科公司位于UT公司研发楼内的办公场所进行了搜查。其中，在对被告人王某暂住处进行的搜查中，公安机关依法扣押了包括被告人秦某所有的、标记为A、AJ、AL、TJ的4张光盘在内的物品，并于事后由被告人王某、秦某确认；在对沪科公司位于UT公司研发楼内的办公场所进行的搜查中，公安机关依法扣押了沪科公司人员的计算机硬盘共21块。随后，公安机关向贝尔公司提取了其与沪科公司合作生产的OTS8501B产品实物及相应的产品设计方案资料，向华为公司提取了其研发生产的Metro1100产品实物及相关的技术文档。并将上述被扣押及提取的物品送交具有鉴定资格的科学技术部知识产权事务中心进行鉴定，经该事务中心对上述物品的鉴定，证实贝尔公司生产的OTS8501B光网络设备，以及公安机关提取的沪科公司人员使用的硬盘、被告人秦某所拥有的上述光盘中，均含有与华为公司研制开发的Metro1100光网络设备相同、基本相同或相似的，且不为公众所知悉的技术信息。

另查，沪科公司在中国工商银行上海市漕河泾开发区支行开立的账户内的全部款项已被司法机关依法冻结。

【裁判意见】

深圳市南山区人民法院一审认为，该案的重点为：1. 取证过程是否存在程序违法；2. 鉴定报告如何采信；3. 华为公司的产品是否存在不为公众所知悉技术信息；4. 是否构成共同犯罪；5. 犯罪造成的损失金额。

（一）对被告人及其辩护人提出公安机关在本案中搜查的程序违法，存在无证搜查、违法扩大搜查及扣押物品的范围、搜查见证人、侦查人员虚假签名、受害方公司人员直接接触搜查、扣押物品，违法讯问犯罪嫌疑人，公诉机关未当庭出示物证等意见，一审法院认为：

1. 首先，从公诉机关提交本院的两份搜查证可以反映，公安机关在搜查被告人王某暂住处及沪科公司位于UT公司研发楼内的办公场所时，均分别向被告人王某、刘某出示了搜查证，并有王某、刘某各自在搜查证上签名确认被搜查的事实。其中王某签名的搜查证上明确写明："对居住在上海市的王某的人身、物品、住处和其他有关地方进行搜查"，刘某签名的搜查证上写明"对居住在UT斯达康公司的王某等人工作现场的人身、物品、住处和其他有关地方进行搜查"，即应理解为是对王某的暂住处及王某等人工作现场进行搜查。其次，依照《中华人民共和国刑事诉讼法》[①] 第一百一十四条第一款的规定："在勘验、搜查中发现的可用以证明犯罪嫌疑人有罪或者无罪的各种物品和文件，应当扣押；与案件无关的物品、文件，不得扣押"，公安机关对王某、刘某成立沪科公司涉嫌侵犯华为公司商业秘密一案调查取证，在对上述现场进行搜查时，扣押了存放在王某家中与案件有关的秦某私人物品、涉案原沪科公司员工的工作电脑硬盘等物品，其中，被告人秦某所有的标记为A、AJ、AL、TJ的光盘，以及原沪科公司员工的部分被扣押的电脑硬盘，在此后科学技术部知识产权事务中心所作鉴定中，均涉及侵犯了华为公司的商业秘密，是公诉机关指控本案被告人有罪的直接物证。因此，公安机关在本案中并不存在无证搜查及违法扩大搜查和扣押物品范围的情形，搜查程序是符合法律规定的。

2. 从公诉机关提交的搜查笔录、扣押清单、被告人王某、秦某分别对被扣押的各自物品的辨认笔录，以及现场参与搜查的侦查人员冯某、刘某鹏、马某的证言等证据反映，公安机关在搜查过程中虽存在一名侦查人员在搜查笔录上代替其他侦查人员签名的情形，但见证人储某金以及被告人王某、刘某、秦某等在搜查笔录和扣押清单上的签名是真实的；被告人王某、刘某、秦某在庭审过程中对扣押清单上所列明的、包括光盘在内的物品被公安机关扣押的事实并未否认，仅是对被扣光盘内所包含内容是否系其自己刻录、并含有华为公司Metro1100产品技术秘密的内容提出异议。公诉机关亦就搜查过程及履行法律手续的问题向参与搜查的侦查人员冯某、刘某鹏、马某予以核实，以补充说明其搜查及扣押物品过程的合法性。一审法院认为，搜查笔录并非是反映公安机

---

① 编者注：参照2018年《中华人民共和国刑事诉讼法》。

关搜查过程的唯一证据，搜查笔录中侦查人员签名的不完善并不能否定搜查过程的客观真实性，更不能以此否定整个搜查行为的合法性，而应结合本案其他相关证据予以综合评判。

3. 关于本案中公安机关在搜查过程中是否有华为公司员工参与，并篡改被扣押光盘，导致被扣押光盘的内容丧失客观真实性的问题，辩护人向本院提交了证人储某金和钱某刚的证言。其中，证人储某金的证言反映，华为公司人员在杭州市公安局西湖分局翠岭派出所内参与清点了从王某暂住处扣押的物品，“此后，深圳华为公司人员应该有时间和条件接触到包括光盘在内的物品及三个被告人”。在储某金的证言中，其对华为公司人员参与清点被扣押光盘一事予以肯定，对华为公司人员是否接触被扣押光盘仅作了个人推断。但储某金关于华为公司人员参与清点被扣押光盘的陈述，与同时参加过此次搜查的冯某、刘某鹏、马某三人向公诉机关就搜查、清点全过程所作陈述相互矛盾，辩护人没有提供其他相应证据佐证储某金的这一陈述，以否定冯某、刘某鹏、马某三人证言的真实性；储某金关于华为公司人员接触被扣押光盘的个人推断，也不能作为认定案件相关事实的依据。而证人钱某刚的证言，与公安机关对原沪科公司人员在UT公司的办公场所进行的搜查，以及对所扣押物品的清点结果，在客观上不存在直接关联性，其证实的内容亦与公诉机关的指控并无矛盾之处。因此，仅上述两份证人证言的内容不能证明在公安机关搜查过程中，有华为公司人员参与，并实施了篡改被扣押物品，特别是对秦某所有的4张光盘内的资料进行篡改的行为，而且一审法院认定被告人秦某构成犯罪并不仅仅根据上述的光盘内容，而是结合本案其他证据予以综合认定。故一审法院对辩护人提交的上述两份证人证言不予采信。

4. 关于被告人及其辩护人提出公安机关在本案侦查过程中存在违法讯问犯罪嫌疑人的问题，因被告人及其辩护人均未就此向本院提交相应证据证实，一审法院对此不予采纳。

5. 本案庭审中公诉机关确未当庭出示物证原件。依照《最高人民法院关于执行〈中华人民共和国刑事诉讼法〉若干问题的解释》[1] 第五十三条第二

① 编者注：已失效。

款：“收集、调取的物证应当是原物。只有在原物不便搬运、不易保存或者依法应当返还被害人时，才可以拍摄足以反映原物外形或者内容的照片、录像。”第四款规定：“……拍摄物证的照片、录像以及对有关证据录音时，制作人不得少于二人。提供证据的副本、复制件及照片、音像制品应当附有关于制作过程的文字说明及原件、原物存放何处的说明，并由制作人签名或者盖章。”本案中公诉机关指控三被告人所涉全部物证，均由公安机关依照上述法律规定予以拍照固定，所有照片在庭审中均已向三被告人及其辩护人出示，被告人王某、秦某所被扣押的物证，在公安机关扣押过程中已经被告人辨认。三被告人及其辩护人并未提供相应证据否定公安机关固定物证的程序违法，庭审中公诉机关出示物证照片并不违反法定程序。因此，对被告人及其辩护人就物证原件的出示问题所提异议，一审法院不予采纳。

综合以上几点所述，一审法院认为，公安机关收集本案上述物证的程序及讯问被告人的程序合法，物证所反映的内容客观真实，出示物证的程序并无不妥，足以采信。对被告人及其辩护人关于该方面的辩护意见及其提交的相关证据均不予采纳。

（二）关于控辩双方分别向一审法院提交的鉴定报告如何采信的问题。针对华为公司的技术信息是否为公众所知悉，由被告人王某等人提供技术生产的OTS8501B产品与华为公司的Metro1100产品之间是否存在相同或相似的技术信息问题，控辩双方提出了相互对立的观点，并分别向一审法院提交了鉴定报告来支持各自的意见，同时就对方鉴定报告的委托程序及法律效力、鉴定的实体内容等提出质疑，具体如下：

1. 关于公诉机关所提交的科学技术部知识产权事务中心出具的3份技术鉴定报告书的法律形式要件问题。辩护人提出公诉机关的鉴定报告上没有鉴定人的签名，不能作为证据使用。但公诉机关在提交国科知鉴字［2003］10号和12号技术鉴定报告书的同时，还向一审法院提交了其他的相关鉴定文件，包括附件一：公安部和深圳市公安局经济犯罪侦查局的鉴定委托函、鉴定聘请书；附件二：科学技术部知识产权事务中心关于参加鉴定的各位专家的姓名、工作单位、职务、从事的专业工作及成果等个人情况的说明；附件三：各专家签名的接受邀请的函；附件四：有专家签名的专家签到单、专家鉴定会议纪要；附件五：关于补充《技术鉴定报告书》专家签名。上述材料说明，各专家依法参加鉴定，召开鉴定专家会议，形成了结论性意见后即有签名，该意见与此后形成的技术鉴定报告书结论相一致，并且公诉机关提交的《关于补充〈技术鉴定报告书〉专家签名函》，亦证实当中六名参加鉴定的专家再次签名对国科知鉴字［2003］10号和12号技术鉴定报告书予以确认，到庭参加庭审的其中两名鉴定专家同样对此予以确认。因此，辩护人认为在国科知鉴字［2003］10号和12号技术鉴定报告书上无鉴定人签名而否认其效力的意见与实际情况不符合，一审法院不予采纳。但由于公诉机关提交的国科知鉴字［2003］36号技术鉴定报告书上既无鉴定专家的签名，亦无其他有专家签名的相关文件予以确认，不符合鉴定结论的法律形式要件，故一审法院采纳辩护人的意见，对公诉机关提交的国科知鉴字［2003］36号技术鉴定报告书不予采信。该鉴定报告书的内容仅是对国科知鉴字［2003］10号技术鉴定报告书的内容进行补充，因此，该技术鉴定报告书的法律形式要件不完善，并不能否定国科知鉴字［2003］10号和12号两份技术鉴定报告书所形成的鉴定意见。

2. 控辩双方提交的鉴定报告的各自依据问题。鉴定物品的全面性才能保证鉴定结果的客观真实性。公诉机关提交的鉴定报告是在提取产品及产品生产所依据的技术文档的基础上进行的鉴定，故此鉴定结论上涉及了产品硬件部分及软件部分的技术信息。辩护人提交的鉴定意见中未见有华为公司Metro1100产品的技术文档，其鉴定依据的不全面将影响鉴定人对Metro1100的全面了解，特别表现在软件部分的复用段保护数据结构上，该部分不可能从设备外观上看出，需要通过技术文档之间的比较才能得出真实、客观的结论。

3. 控辩双方鉴定报告所涉及的鉴定程序问题。公诉机关提交的鉴定报告中，所鉴定的对象物中一部分是佳木斯市公安机关在杭州市公安机关配合下扣押的沪科公司位于UT公司研发楼内的办公场所现场查封的计算机硬盘等物证，并由杭州市公安机关封存交由公安部，然后由公安部直接委托和送交科技部鉴定；另一部分是深圳市公安机关在贝尔公司直接调取封存的OTS8501B设备及技术文档，在华为公司直接调取封存的Metro1100设备及技术文档、华为公司光网络产品技术秘密说明文件以及部分由佳木斯市公安机关在杭州市公安机关配合下现场查封的光盘、硬盘等，并由深圳市公安局经济犯罪侦查局送交科技部鉴定，以上证据均由公安机关按照法律程序提取、封存、送交鉴定，目前无证据显示在此过程中有利害关系人伪造、篡改证据，影响鉴定结果的情形出现。故公诉机关提交的国科知鉴字［2003］10号和12号技术鉴定报告书程序合法。

辩护人提交的鉴定意见书是由辩护人一方的广东万商律师事务所单方自行委托鉴定所得，鉴定的物品，没有经过合法的提取、封存、物品所有人验证等程序，致使鉴定的物品来源不明，无法验证其真实性。从辩护人提交的证据反映，用于鉴定的“OTS8501B产品”及其说明是由曾在华为公司工作的原沪科公司员工郑某土提供，用于鉴定的“华为公司的Metro1100产品”是向杭州浙大威灵软件有限公司借用，而杭州浙大威灵软件有限公司的产品来源则是其向华为公司购买所得。由此可见，辩护人通过间接渠道所提取的两方产品均未得到其生产厂家的确认。另外，辩护人一方收集到上述两种产品后，没有证据证明其采取过封存措施。因此，用于鉴定的上述两种产品与本案所涉及的涉嫌侵权与被侵权产品是否相一致，缺乏必要的证据证实。

综合以上几点所述，一审法院认为辩护人提交的鉴定意见存在鉴定依据的不全面性及程序的不完善性，不能保证鉴定结果真实、全面和客观、公正，故本院不作为证据予以采信；公诉机关提交的国科知鉴定字［2003］36号鉴定报告书，在鉴定人签名的法律形式要件上缺乏，不能作为本案证据使用，本院对此鉴定报告书不予采信；公诉机关提交的国科知鉴字［2003］10号和12号技术鉴定报告书法律形式完整，鉴定依据全面客观，鉴定程序合法，应当作为认定本案事实的依据。

（三）关于华为公司的产品是否存在不为公众所知悉技术信息问题。被告人及其辩护人均提出华为公司的Metro1100产品中主控模板等5个模板器件选型与组合设计以及带保护框的电源开关均具公知性，理由是芯片是由供应商公开销售，而且供应商还会推荐使用配套的芯片；带保护框的电源开关是由第三方厂家生产并销售的，是公开可视的，不具有秘密性。而两种产品数据库结构均是基于国际电联的公开标准而编制的程序，故而相似。由于该标准是公开的，因此该部分技术信息显然是公知的，所以上述技术信息不是商业秘密。对此，本院认为：

1. 公诉机关提交的鉴定报告已明确指出：A. 核心器件选型与组合设计是产品研发的基础与关键步骤，属于产品的技术核心之一；一般情况下，器件选型与组合设计需要研究人员耗费大量的时间与精力，经过大量试验才能最终确定；虽然每一核心器件（除举报人确有证据证明为其定制独立开发的器件以外）都是在市场上公开销售的产品，不特定的人可以通过购买手段获得。但根据目前公开文献及专家所了解的该领域技术常识，产品各模块核心器件选型与组合设计作为整体是非公开的，故华为公司产品核心器件选型与组合设计作为整体不为公众所知悉。B. 华为公司的产品采用带保护框的电源开关，这种保护式开关在开关厂家网页上没有公开，同时这种保护框形式不是业内通常做法，因此该技术信息不为公众所知悉。C. 根据现有公开文献和行业惯例，复用段保护的数据结构是非公开的，不为公众所知悉。上述内容已充分反驳了被告人及辩护人的意见，应当据此认定华为公司的上述三方面技术信息不为公众所知悉。

2. 辩护人为支持其上述意见，向一审法院提交了其自行委托鉴定的鉴定意见书，而该鉴定意见书的实体内容亦不足以否定公诉机关提交的鉴定报告书，达到支持辩护人观点的目的，理由是：第一，辩护方鉴定意见书认为OTS8501B 产品与 Metro1100 产品在核心器件选型和组合设计方面有明显不同，并认为 OTS8501B 产品在上述两个方面属公知技术，辩护方鉴定意见书以此推断 Metro1100 产品在核心器件选型和组合设计方面亦属公知技术，这种没有经过分析比对，而是在肯定己方产品某个方面的公知性后，即得出对方产品同一方面亦具备公知性的推论模式缺乏理论依据，不符合科学逻辑；第二，辩护人鉴定意见确定的是带保护框电源开关本身的公知性，而公诉机关鉴定报告确定的是该开关使用在产品上的非公知性；第三，辩护方鉴定意见在复用段数据结构方面并未作出是否具有公知性的结论，仅强调 OTS8501B 的复用段数据结构是为满足 G. 841 规范要求而设计，其与 Metro1100 的实现语言不同、数据结构有明显差别。该结论意见一方面强调了形式的不同，但忽略了实际的相同；另一方面强调设计数据结构的目的，但忽略设计数据结构的手段和过程。对此，公诉机关鉴定报告已详细列举了双方产品复用段保护数据结构的比较，清楚显示双方的绝大部分变量定义相同或相近，而且很多出现顺序也是一样的。

综合以上两点所述，华为公司的Metro1100产品硬件部分各模块器件选型与组合设计、带保护框的电源开关、软件部分复用段保护代码的数据结构均不为公众所知悉，上述技术信息能为华为公司带来经济利益，具有实用性，并经华为公司采取保密措施，其符合商业秘密的特征，属于华为公司的商业秘密。故对辩护人该方面的辩护意见，一审法院不予采纳。

（四）关于被告人王某、刘某、秦某是否实施了侵犯华为公司商业秘密的行为，三被告人是否构成共同犯罪的问题。1. 华为公司的Metro1100项目的《总体设计报告》已于2001年6月底通过华为公司内部评审，同年9月，华为公司开始进行PCB投板生产，说明华为公司的各模块选型早已确定，该事实不仅有华为公司一方的说明及其提供的书证证实，还有深圳深南电路公司和东莞生益电子公司提供的、华为公司向其采购Metro1100产品PCB投板的订单予以佐证，被告人及辩护人以产品的销售先后来推断产品的研发进度是不符合客观事实的，一个企业对其产品在市场上更新换代的时间并不等同于其新产品研发成功的时间，故被告人及辩护人提出Metro1100产品与OTS8501B产品同步研发，且先于Metro1100产品成形的意见无充足的依据，一审法院不予采纳。

2. 从公诉机关提交的鉴定报告书上说明，OTS8501B产品在五个模块的核心器件选型与组合设计上、采用带保护框的电源开关上、复用段保护代码的数据结构上与华为公司的Metro1100产品相同或基本相同或相似，而该三方面的技术信息已被确定为华为公司的技术秘密；同时在秦某的光盘及曾在华为公司工作的原沪科公司员工的硬盘中记载有与华为公司技术秘密相同或基本相同或相似的文件。从对上述两个产品的比照可以看出，在硬件部分，两个产品在五个模块的器件选型及组合设计上均存在相同或基本相同；在软件部分，两个产品之间存在相似。结合沪科公司聘用了大量原华为公司从事光网络技术研发人员，特别是曾参与了华为公司Metro1100产品研发工作的王某等人又在沪科公司参与OTS8501B项目的研发工作等证据，可以进一步证实沪科公司在研发OTS8501B产品的过程中，使用和参照了华为公司的Metro1100产品技术方案，从而导致两个产品在大量技术信息上的相同或相似。

3. 本案中，根据公安机关搜查出的被告人秦某标记为A、AJ、AL、TJ的光盘内容，存放于UT公司的原沪科公司员工的工作电脑硬盘内容，上述对鉴定结论的认定与分析理解，以及各被告人的供述、贝尔公司方面的证言等证据可以证实，被告人王某、刘某、秦某均曾在华为公司工作，对华为公司的技术秘密均有不同程度的了解，并与华为公司签署了保密承诺，清楚理解华为公司的保密要求；被告人秦某在离开华为公司时，窃取了华为公司的技术秘密，并将该技术秘密带入沪科公司；被告人王某、刘某在离开华为公司后，合资成立沪科公司，研发OTS8501B产品，并以此产品与贝尔公司合作；沪科公司对OTS8501B产品的研发工作由被告人王某负责；在此过程中，参考并使用了秦某从华为公司窃取的技术秘密，同时其公司研发人员在部分电脑硬盘中亦保存了华为公司的技术秘密；被告人刘某将OTS8501B产品主要的技术文档资料以电子邮件形式发给贝尔公司。

综上，三被告人对华为公司的Metro1100产品所涉商业秘密均有不同程度的了解。三被告人及其辩护人以其离开华为公司的时间与华为公司研发成功Metro1100产品的时间间隔，来证明其对Metro1100产品技术内容不知情是不能成立的。被告人秦某以盗窃的不正当手段获取华为公司的商业秘密，其将相关资料带入沪科公司后，作为该公司负责人的被告人王某、刘某明知该资料系被告人秦某从华为公司窃取，但仍在其公司研发的OTS8501B产品上予以参考、使用，同时还允许沪科公司员工在该公司部分电脑中保存、使用华为公司的其他商业秘密，直接导致沪科公司OTS8501B产品在五个模块的核心器件选型与组合设计上、采用带保护框的电源开关上、复用段保护代码的数据结构上与华为公司的Metro1100产品相同或基本相同或相似。三被告人的上述行为表明，其在主观上已构成侵犯华为公司商业秘密的共同故意；在客观上，三被告人分别以盗窃、使用、允许他人使用及披露等方式共同实施了侵犯华为公司商业秘密的犯罪行为。因此，被告人王某、刘某、秦某均实施了侵犯华为公司商业秘密的行为，构成共同犯罪。三被告人及其辩护人关于其无共同故意和共同实施犯罪行为的意见不成立，一审法院对此不予采纳。

（五）关于本案是否造成华为公司重大经济损失的问题。被告人及其辩护人提出，三被告人所实施的行为并没有证据证实给华为公司造成重大经济损失。本案中，被告人王某等人通过使用华为公司的商业秘密而完成了OTS8501B产品的技术方案，并将该技术方案提供给贝尔公司，由此从贝尔公司获得了研发费用人民币588.01万元；而贝尔公司根据被告人王某等人提供的该技术方案生产出OTS8501B产品并进行销售，其OTS8501B产品的销售范围、对象与华为公司Metro1100产品一致，抢占了华为公司Metro1100产品在国内的部分市场，直接影响到华为公司的销售额，故在客观上，三被告人所实施的犯罪行为已经给华为公司造成了重大经济损失。根据《中华人民共和国反不正当竞争法》① 第二十条之规定，在侵权行为所造成的损失难以计算的情况下，赔偿额为侵权人在侵权期间所获得的利润。因此，以被告人王某等人从贝尔公司获取的研发费用人民币588.01万元作为华为公司在本案中所遭受的损失，是符合法律精神的，同时也符合刑法所规定的重大损失的确定标准，可作为追究被告人刑事责任的依据。故对辩护人就此问题所提辩护意见，一审法院不予采纳。

综上所述，一审法院认为，三被告人均违反了其与华为公司签订的保密协议；被告人王某、刘某明知是他人违法获取的华为公司商业秘密并加以使用、允许他人使用及披露；被告人秦某以盗窃的手段获取华为公司的部分商业秘密，共同给华为公司造成重大经济损失，三被告人的行为均已构成侵犯商业秘密罪。在共同犯罪过程中，被告人王某、刘某组织、领导实施侵犯商业秘密的行为，在犯罪中起主要作用，是主犯；被告人秦某盗窃了华为公司部分商业秘密，并协助他人共同实施侵犯商业秘密的行为，在犯罪中起次要作用，是从犯，依法可从轻处罚。

南山区法院作出一审判决后，三名被告人不服，依法提起上诉。深圳市中

① 编者注：参照2017年《中华人民共和国反不正当竞争法》。

级法院认为原审判决认定的事实清楚，证据充分、确实，定罪准确，量刑适当，程序合法，决定维持原判。

094

张某、王某等侵犯商业秘密罪

【裁判要旨】

被告人明知涉案新一代 IPHONE 手机产品设计图纸为商业秘密，也应当知道该商业秘密是通过不正当手段获取的，但仍获取、使用并披露，属于侵犯商业秘密的行为。经评估，涉案商业秘密的市场价值为 240 万元，该数额可以视为被告人从正常市场渠道获取该技术的价格，也就是被告人侵犯商业秘密行为给权利人造成损失的估算。据此，被告人的行为构成侵犯商业秘密罪。

【典型意义】

本案系深圳市福田区人民法院“三审合一”审判制度改革以来审理的首宗侵犯商业秘密案件。本案被评为深圳市 2013 年度知识产权十大案件之一。

【关键词】

侵犯商业秘密罪　不正当手段　间接方式

【基本案情】

被告人张某于 2004 年 5 月 28 日入职富泰华工业（深圳）有限公司，在表面制造处表面加工厂担任手机机壳抛光技工。2008 年 5 月 17 日，被告人张某从该公司离职。

2012 年 5、6 月份，被告人张某向王某介绍说有新一代 IPHONE 手机产品的设计图纸出售。王某的朋友李某得知后，让王某获取其中一两张图纸确认。王某遂让被告人张某通过电子邮件发送一两张图纸看看，并告知被告人张某其邮箱地址为 waxyz2002@ yahoo. com. tw。2012 年 7 月 16 日，被告人张某通过其邮箱 91 × × ×939@ qq. com 向其另一个邮箱 12 × × ×393@ qq. com 发送了附件名称为818－2676－05_ menubuttom. pdf（新一代IPHONE手机的圆形菜单按钮设计图纸）的邮件。之后，被告人张某再通过其邮箱12×××393@ qq. com向王某的邮箱转发了上述邮件。因王某称其未收到该邮件，被告人张某让王某直接登录其QQ邮箱12×××393@ qq. com下载该图纸。王某下载后通过其邮箱向李某的邮箱发送了该图纸。

2012年7月21日，李某、王某约被告人张某在深圳市福田区福华路地铁口的一家咖啡厅见面，张某在其手提电脑上向李某、王某展示了新一代IPHONE手机产品设计图纸的2D和3D文档。

2012年8月9日，被告人张某来到深圳市福田区福华路上岛咖啡厅与李某、王某见面，准备出售新一代IPHONE手机产品的设计图纸资料时，被深圳市公安局民警当场抓获。民警从被告人张某身上缴获U盘两个，并在现场缴获联想手提电脑一部以及IPADMINI后壳两个和触控面板一个。

现场缴获的两个U盘内储存有新一代IPHONE手机产品设计图纸2D和3D文件各9张，其中有一张名称为818－2676－05_ menubuttom. pdf的图纸与前述张某和王某通过邮箱发送的同名称的文件一致。经中南财经政法大学知识产权司法鉴定所鉴定，U盘中的设计图纸资料与富泰华工业（深圳）有限公司提供的APPLE公司新一代IPHONE手机产品设计图纸资料内容具有同一性，该设计图纸具有非公知性。经深圳市中衡信资产评估有限公司评估，上述九张设计图纸在评估基准日2012年8月31日的市场价值（开发成本＋开发利润）为人民币240万元。

另查，被害单位富泰华工业（深圳）有限公司主张保护的商业秘密为APPLE公司新一代IPHONE手机产品设计图纸，其对该设计图纸采取了包括制定商业秘密保护的规章制度、与相关员工签署保密协议、建立门禁管控系统以及资讯管控系统等在内的各项保密措施。

再查，被告人张某使用号码为412×××704043979的身份证于2007年4月6日办理中国工商银行借记卡一张、于2007年3月14日办理中国建设银行信用卡一张。2009年8月，被告人张某因称其年龄登记错误向河南省西平县公安局人和派出所申请变更出生日期，其出生日期由1977年4月4日变更为1981年4月4日，身份证号码由412×××704043979变更为××。

【裁判意见】

深圳市福田区人民法院认为，所谓商业秘密，是指不为公众所知悉，能为权利人带来经济利益，具有实用性并经权利人采取保密措施的技术信息和经营信息。涉案的新一代 IPHONE 手机产品设计图纸属于技术信息，具有非公知性，并具有重要的商业价值，能给相关权利人带来经济利益，权利人对其亦采取了相应的保密措施，因此，涉案手机设计图纸具有秘密性、价值性、实用性、保密性，符合我国刑法规定的商业秘密的构成要件。

被告人张某明知涉案新一代 IPHONE 手机产品设计图纸为商业秘密，也应当知道该商业秘密是通过不正当手段获取的，但仍获取、使用并披露，属于侵犯商业秘密的行为。经评估，涉案商业秘密的市场价值为 240 万元，该数额可以视为被告人从正常市场渠道获取该技术的价格，也就是被告人侵犯商业秘密行为给权利人造成损失的估算。据此，被告人的行为构成侵犯商业秘密罪，公诉机关指控的该罪名成立。鉴于无证据证实被告人张某持有的涉案商业秘密已被其实际售出，法院在量刑时予以酌情从轻处罚。公诉机关指控被告人张某构成妨害信用卡管理罪，因被告人张某开办信用卡使用的系真实的身份证明，公诉机关指控的该罪名不成立。

095

王某某等侵犯商业秘密罪

【典型意义】

本案福田区检察院通过多方论证认为商业秘密本身价值不等于给权利人造成的损失，即使有评估报告确定商业秘密本身的价值，但是侵权人对商业秘密的使用并不排斥权利人的使用，权利人并不必然失去商业秘密的自身价值，因此以侵权产品的数量乘以平均单位销售利润来计算损失更合理。本案对侵犯商业秘密罪给被害单位造成的损失分析及认定具有示范意义。

【关键词】

侵犯商业秘密罪　损失计算

【基本案情】

“众鸿车载综合智能信息系统软件”是由深圳市众鸿科技股份有限公司研发的一款车载电子终端嵌入式软件产品，该系统软件一部分运行于系统控制处理器（MCU处理器），另一部分运行于多媒体处理器（DVD解码处理器），其中MCU处理器采用日本东芝公司生产的单片微处理器，型号为TMP91FU62FG。众鸿公司对该系统软件采取了包括制定保密制度、与员工签订保密合同、购买使用保密软件等在内的各项保密措施。

被告人王某某于2008年5月入职众鸿公司，先后担任该公司软件工程师、项目管理部副经理等职务。被告人王某某在职期间，与众鸿公司签订了《保密合同》《员工保密协议》，领取了公司发放的岗位津贴和保密工资。2010年，被告人王某某通过拷贝等非法手段秘密窃取了众鸿公司所开发的“众鸿车载综合智能信息系统软件”源代码等机密文件。2011年7月，被告人王某某从该公司离职，其离职后仍然继续持有上述软件源代码，相关源代码文件储存于其个人电脑硬盘中。

2012年12月，被告人王某某成立了深圳明科科技有限公司（未进行工商登记），对外销售MCU芯片、GPS导航板等产品。其中，被告人王某某销售给深圳市途乐电子有限公司的MCU芯片使用了其从众鸿公司非法获取的MCU源代码。2012年12月至2014年3月期间，被告人王某某每个月向途乐公司销售上述MCU芯片2200个至2300个，造成众鸿公司经济损失人民币856336元。

2014年3月13日，公安机关在深圳市宝安区同安物流园C栋322号将被告人王某某抓获归案。

另查，众鸿公司生产、销售的系统控制处理器产品MCU芯片2012年的单位成本（硬件载体MCU）为6.65元，单位售价（在MCU中烧录程序所形成的产品）为31.57元；2013年的单位成本为6.07元，单位售价为29.23元。

【办案经过】

本案由深圳市公安局侦查终结，以被告人王某某涉嫌侵犯商业秘密罪，于2014年6月17日向深圳市人民检察院移送审查起诉。深圳市人民检察院经审查，于2014年6月26日交由深圳市福田区人民检察院审查起诉。深圳市福田区人民检察院经审查，2014年12月26日向深圳市福田区人民法院提起公诉。

本案争议焦点主要有三点：1. 涉案“众鸿车载综合智能信息系统软件”MCU源代码是否属于商业秘密；2. 被告人王某某是否以不正当手段获取及使用上述商业秘密；3. 被害单位众鸿公司经济损失的认定。

福田检察院及福田法院均认为，第一，涉案MCU源代码具有秘密性、价值性、实用性、保密性，符合我国刑法规定的商业秘密的构成要件；第二，王某某明知涉案MCU源代码是众鸿公司的商业秘密，仍违反该公司有关保守商业秘密的要求，通过不正当手段获取了该商业秘密，并在离职后以明科公司名义使用众鸿公司的MCU源代码烧录MCU芯片并销售给途乐公司；第三，虽然深圳市中衡信资产评估有限公司对“众鸿车载综合智能信息系统软件”的价值进行了评估，但涉案商业秘密MCU源代码仅是该系统软件的一部分，该系统软件整体的评估值并不能等同于MCU源代码的价值，且上述评估是对该软件系统的研发成本进行的评估，商业秘密本身价值不等于给权利人造成的损失，侵权人对商业秘密的使用并不排斥权利人的使用，权利人并不必然失去商业秘密的自身价值，故“众鸿车载综合智能信息系统软件”的整体价值不能直接认定为本案众鸿公司的经济损失。被告人王某某非法获取涉案商业秘密后，生产与被害单位众鸿公司相同的MCU产品并低价向市场销售，这种行为将导致被害单位相应市场份额的削减，因此侵权产品的数量不仅能反映侵权的客观事实，而且能反映被害单位被侵权后遭受的直接损失，故被害单位的经济损失应按照被告人王某某生产、销售侵权MCU芯片的数量乘以众鸿公司2012年、2013年的平均单位销售利润来计算。故众鸿公司因被告人王某某的侵权行为而遭受的经济损失为人民币856336元。

深圳市福田区人民法院经三次不公开开庭审理，判决被告人王某某犯侵犯商业秘密罪。

096

余某某、田某某等侵犯商业秘密罪

【典型意义】

本案是少见的刑事与民事交叉的案件，本案在判决前被害公司对被告人提起了侵犯商业秘密纠纷民事案件，在本案审理过程中民事案件中止审理，在本案判决后双方达成民事案件的和解为被害公司挽回了巨大的损失。

【关键词】

侵犯商业秘密罪　主观故意

【基本案情】

余某某任深圳市某生物医疗电子股份有限公司监护仪产品硬件研发工程师，田XX任该公司监护仪产品研发项目经理和软件负责人，两人参与从事了该公司心电算法的研发与更新。2005年，余某某、田XX先后从公司离职，田XX离职时将该公司的心电算法程序擅自带离公司。2006年8月余某某、田XX注册成立深圳市爱德康科技有限公司，在生产销售监护仪模块以及监护仪产品中，将原任职生物医疗公司的心电算法程序使用到以上产品。爱德康公司从2009年至2015年3月销售监护仪产品的收入约为人民币75272985元，净利润为人民币26014984元。

【办案经过】

经南山区检察院依法提起公诉后，2017年4月26日，南山区人民法院以侵犯商业秘密罪判决余某某、田XX。本案判决后，双方当事人就双方侵犯商业秘密纠纷民事案件达成民事和解。同年8月按照双方达成的和解协议执行，深圳中级人民法院从被告人账户中扣划人民币900多万元至深圳市某生物医疗电子股份有限公司指定的账户。

五、其他类案件

（一）特许经营合同民事审判案件

097

好百年公司诉丰创公司特许经营合同纠纷

【裁判要旨】

加盟费的设置是为了“获得”品牌使用权，而品牌使用费的设置是为了“持续享有”品牌使用权；另加盟费的支付为“入门费”“一次性费用”，品牌使用费通常在特许经营合同有效期内按年度计算并收取的。

【典型意义】

随着品牌加盟商业模式的成熟，市场上的连锁品牌越来越多，因此特许经营的方式成为企业扩大影响力以及实现品牌商业价值的主要方式，但根据《商业特许经营管理条例》的规定，并未明确“加盟费”与“品牌使用费”的区别以及界限，而在实际操作中相当一部分企业也将二者的概念进行混淆。

本案将“加盟费”与“品牌使用费”明确化，确认了保护特许经营合同许可方对其商标等知识产权的多年培育，实现特许经营合同许可方知识产权的商业价值。明确了《商业特许经营管理条例》中对二者的解释以及界限。本案被评为深圳法院2015年度知识产权典型案例。

【关键词】

特许经营合同　加盟费　品牌使用费

【基本案情】

深圳市好百年投资发展有限公司持有第1982889号“好百年”商标，深圳市好百年家居连锁股份有限公司于2008年9月7日受让取得上述商标。经续展，上述商标的注册有效期自2013年1月7日至2023年1月6日。深圳市好百年家居连锁股份有限公司持有第4546645号“好百年；HOME FURNISHINGS HOBA”商标，第3441733号“HOBA”商标。

2009年5月13日，深圳市好百年家居连锁股份有限公司出具《授权委托书》，授权深圳市好百年企业管理顾问有限公司使用“好百年”“好百年；HOME FURNISHING SHOBA”“HOBA”等注册商标，并有权许可第三方有偿使用上述商标。

2009年1月20日，好百年公司进行了商业特许经营信息备案，备案的特许品牌为第1982889号“好百年”注册商标，权利性质为使用权，权利有效期至2013年1月6日，第一家加盟店时间为2004年12月31日。

2010年12月9日，好百年公司与丰创公司签订《品牌使用与委托管理合同》，主要内容为：好百年公司同意丰创公司在南宁市人民西路25号融昌一邕江银座一至四层设立的好百年国际灯饰交易中心使用“好百年”品牌，并接受丰创公司的委托在合同约定的职责权限内全面负责管理丰创公司开设的该商场；其中合同第二条［有关定义］约定：“品牌”指好百年公司有形的商号、商标、外观装潢设计、广告宣传用语、VI设计形象、网络域名、服务标志（含标记与记号）、招牌、标签和无形的商誉、经营模式、管理技术、经营管理手段等能带来商业利益的一切经营资源；“管理技术”指由好百年公司开发并完善成型，用于好百年家居连锁店经营管理的具有统一性的、独特的经营技术，包括但不限于：商场营运有关的服务标志、设计方案（技术图纸）、商业经营管理模式、商场装修标准、商品陈列技术、厂商和经销商信息体系，及其他与商场营运有关的技术。

本合同签署生效且商场开业后，好百年公司受丰创公司的委托以派驻五名管理人员到丰创公司商场工作的方式对丰创公司商场进行管理；“加盟费”指丰创公司在双方合同有效期内为获得好百年公司的品牌使用权而向好百年公司支付的一次性费用；“品牌使用费”指丰创公司为保持在合同有效期限内持续享有好百年公司的品牌使用权而依据合同约定的标准定期向好百年公司支付的费用；“管理费用”指商场开业后由丰创公司每月支付给好百年公司，用于好百年公司派驻的商场管理人员的工资、基本福利待遇以及差旅费（因丰创公司商场经营需要而发生的差旅费除外）；“开办费”指由丰创公司支付给好百年公司的商场开办劳务报酬及用于商场规划、开业筹备等费用。

上述合同签订后，丰创公司于2010年12月14日向好百年公司支付了加盟费350万元以及开办费50万元。

2012年1月1日，上述合同中约定的好百年国际灯饰交易中心正式开业。好百年公司向该商场派驻了店长、商管经理、人力行政经理、防损主管、收银主管共计五名管理人员对商场进行管理。

2012年年底，好百年公司撤回了上述管理人员中的人力行政经理和收银主管。丰创公司已向好百年公司支付完毕2012经营年度的品牌使用费90万元以及管理费用。

2013年1月8日，丰创公司向好百年公司发出《工作联系函》，函件主要内容为：《品牌使用与委托管理合同》中涉及的商场面积应为24747.98平方米，品牌使用费按每个经营年度计算后应为890927.28元，丰创公司已支付2012年经营年度品牌使用费90万元，好百年公司应还丰创公司9072.72元。

好百年公司收函后对未取得房地产证书前商场面积暂时按24747.98平方米计算每个经营年度品牌使用费予以确认，并同意丰创公司要求返还的2012年度品牌使用费的差额9072.72元从2013年度应付品牌使用费中扣除。

2013年2月28日，丰创公司再次向好百年公司发出《工作联系函》，主要内容为：在2012年从开业至今因大环境致使商业氛围不浓从而丰创公司经营状况不理想甚至低迷，2012年丰创公司租金收入仅为500余万元，致使丰创公司于2012年严重亏损，亏损金额总计约2000余万元。丰创公司需支付的品牌使用费在现行公司的经营情况下已是有心无力，望好百年公司对2013年经营年度需支付的品牌使用费进行减免。

2013年4月15日，好百年公司向《品牌使用与委托管理合同》约定的丰创公司注册地址发出EMS，邮寄文件为《律师函》，该函称：扣除丰创公司要求返还的2012年度品牌使用费差额9072.72元，丰创公司应于2013年1月31日前向好百年公司支付2013年度品牌使用费共计881854.56元，但丰创公司至今仍未支付，拖欠时间累计已超过15天。丰创公司逾期未付款之行为已严重违背合同约定，望丰创公司接到本律师函之日起5个工作日内向好百年公司足额支付上述品牌使用费并支付违约金350万元，逾期不支付的，好百年公司将采取法律手段追究丰创公司责任。

2013年5月24日，好百年公司再次向丰创公司发出《工作联系函》，主要内容为：鉴于丰创公司目前尚未有缴纳相关管理费及品牌使用费的实际行动，且丰创公司经营场地内秩序混乱。为保障好百年公司管理人员人身安全及好百年公司合法权益，好百年公司将自2013年5月28日起撤回所派驻的管理人员3名，待丰创公司向好百年公司缴纳相关费用及经营秩序稳定后，好百年公司将再与丰创公司协商派驻管理人员事宜。

2013年5月30日，南宁市西乡塘区华强街道党工委与南宁市西乡塘区华强街道办事处在向城区党委提交的《关于人民路"好百年"灯饰城承租户与丰创公司租赁合同纠纷调处工作情况汇报》中称：好百年灯饰城承租户不交租金的理由之一为商场内部设施不完善，管理不规范，商场的公共设施（中庭及大门上的玻璃）已损坏多时，随时有掉下来伤人的情况也无人修理；丰创公司称其对承租户提出的管理意见并非置之不理，承租户提出的意见能够协调处理的公司私下都已经处理过，只是受到商场条件的限制有些意见无法达成协议。

2013年8月30日，丰创公司向好百年公司《品牌使用与委托管理合同》约定的好百年公司注册地址发出EMS，邮寄文件为《解除合同通知书》，该函称：好百年国际灯饰交易中心自2012年1月1日起正式对外营业至今，好百年公司从未依约向丰创公司提供关于商场的管理目标和计划及其实施方案，也未向丰创公司提交过任何经营管理工作报告，从未制订并报丰创公司确认关于商场员工的薪资标准及奖惩分配方案，更未对丰创公司员工提供过相应的专业化、系统化岗前培训。应派驻的五名管理人员中，因人力行政经理和收银主管无法胜任而被撤回，已到岗三名管理人员的经营管理水平也难以胜任，甚至出现部分商户的租金不能收取而好百年公司管理团队却束手无策的难堪情形，导致商场持续处于亏损状态，部分商户还指责好百年公司派驻的经营管理团队经营管理不善，并因此冲击商场、上访静坐，使得丰创公司斥巨资开办的灯饰中心仅开业一年多便难以再继续经营下去。好百年公司却对此视而不见，只是一味要求丰创公司支付费用，并且在自身经营管理一片混乱中以“经营场地内秩序混乱等”为由撤回管理团队三名成员，以其行为表明不再继续履行特许经营合同的主要义务，迫使丰创公司不得不考虑关闭该灯饰中心。仅截至2012年年底，灯饰中心亏损额已达3700余万元，使得丰创公司的合同目的已完全落空。

因此，丰创公司通知好百年公司即日起解除双方签订的特许经营之《品牌使用与委托管理合同》，请好百年公司收到本通知书之日起三日内退还合同剩余年限的加盟费及开办费，并立即与丰创公司协商赔偿丰创公司损失。

【裁判意见】

深圳市福田区人民法院一审认为，首先，关于丰创公司要求好百年公司退还合同剩余未履行期间的品牌加盟费人民币2716159元问题。根据合同约定，加盟费指丰创公司在双方合同有效期内为获得好百年公司品牌使用权而向好百年公司支付的一次性费用，而合同期限指自双方签字和盖章之日起，至商场正式开业之日起满十个经营年度之日止，即2010年12月9日至2021年12月31日。可见，加盟费是基于整个合同期间内使用好百年公司的品牌而产生的费用，其金额高低与使用期限的长短密切相关。虽然合同约定合同解除后丰创公司支付给好百年公司的各种款项不予退还，该条款适用到本案涉及的加盟费时，其实质相当于违约金条款，而违约金70万元已足以弥补好百年公司的损失，好百年公司无权再没收合同未履行期间的加盟费，故好百年公司有权收取的加盟费应按合同实际履行期间占整个合同期间的比例计算。因此，好百年公司应向丰创公司退还合同未履行期间的加盟费2716159元。其次，关于好百年公司主张的品牌使用费问题。根据合同约定，丰创公司应于每个经营年度起算之日起5日内一次性支付该年度的品牌使用费，丰创公司至今未支付2013年度的品牌使用费，已构成违约，应承担相应的违约责任。好百年公司主张丰创公司应支付品牌使用费至丰创公司拆除并停止使用好百年公司相关商标标识、服务标志及特定名称之日止，因双方签订的《品牌使用与委托管理合同》已于2013年6月1日解除，故2013年度的品牌使用费应计至2013年5月31日，金额应为362146.98元。好百年公司主张合同解除之后的品牌使用费，因合同解除后丰创公司对好百年公司品牌的使用状态并非处于合同正常履行时的使用状态，好百年公司依据合同主张品牌使用费，不予支持。

深圳市中级人民法院二审认为，关于好百年公司应否退还合同未履行期间的品牌加盟费。根据丰创公司（甲方）与好百年公司（乙方）签订的《品牌使用与委托管理合同》第2.4条规定："加盟费，指甲方在双方合同有效期内为获得乙方的品牌使用权而向乙方支付的一次性费用。"第2.5条规定："品牌使用费，指甲方为保持在合同有效期限内持续享有乙方的品牌使用权而依据合同约定的标准定期向乙方支付的费用。"这两条约定区分了加盟费和品牌使用费设置的不同目的和功能，即加盟费的设置是为了"获得"品牌使用权，而品牌使用费的设置是为了"持续享有"品牌使用权，另加盟费的支付为"一次性费用"。本案丰创公司如果为了获得好百年的品牌使用权，必须要向好百年公司一次性支付加盟费才能获得好百年品牌使用的入门资格。而丰创公司在获得好百年的品牌使用入门资格之后，如果要在合同存续期间持续享有该品牌使用权，必须再定期向好百年公司支付品牌使用费，使其能够持续享有该品牌使用权。一审法院认为，加盟费是基于整个合同期间内使用好百年公司的品牌而产生的费用，其金额高低与使用期限的长短密切相关，好百年公司无权没收合同未履行期间的加盟费，故好百年公司有权收取的加盟费应按合同实际履行期间占整个合同期间的比例计算，因此，好百年公司应向丰创公司退还合同未履行期间的加盟费2716159元。二审法院认为，一审法院该项认定将"加盟费"与"品牌使用费"的概念混淆，将"加盟费"吸收到"品牌使用费"中，未区分"加盟费"的一次性给付、入门费的特点，而将其均摊到合同整个期间，事实认定错误，二审法院予以纠正。好百年公司上诉请求无须向丰创公司退还合同未履行期间的加盟费，有事实和法律依据，二审法院予以支持。关于丰创公司应否支付品牌使用费。根据丰创公司与好百年公司签订的《品牌使用与委托管理合同》第2.5条规定："品牌使用费，指甲方为保持在合同有效期限内持续享有乙方的品牌使用权而依据合同约定的标准定期向乙方支付的费用。"二审法院认为，丰创公司与好百年公司的合同截止到2013年6月1日，在双方合同存续期间，丰创公司无证据证明好百年公司怠于履行经营管理义务，其经营效益不佳与好百年公司撤回管理人员亦无因果关系，丰创公司无正当理由至今未支付2013年度1月至5月期间的品牌使用费，原审法院认定丰创公司应向好百年公司支付2013年度1月至5月的品牌使用费，符合合同相应条款规定，二审法院予以确认。二审判决：依法改判好百年公司无须向丰创公司返还加盟费。

（二）反垄断民事审判案件

098

徐某青诉腾讯计算机公司、腾讯科技公司垄断纠纷

【裁判要旨】

对不具有竞争关系的因垄断受损所引起的垄断纠纷，因一方无市场占有份额而推定另一方具有市场支配地位，这对被推定方是不公平的。故无须考虑市场占有份额，而应从“需求是否具有可替代性”来界定相关市场支配地位，即：若需求具有可替代性，便不具有相关市场支配地位；若需求不具有可替代性，便具有相关市场支配地位。

【典型意义】

本案系深圳经济特区首宗不具有竞争关系的经营者因垄断受损而提起的一起不正当竞争纠纷案例。本案确立了在不具有竞争关系时如何判断是否具有市场支配地位。为消费者面对经营者的垄断提供了知识产权法上的参考。本案被评为深圳 2017 年知识产权十大典型案例之一。

【关键词】

垄断　竞争关系　市场支配　可替代性

【基本案情】

表情商城（精选表情）和表情开放平台（投稿表情）系由腾讯计算机公司、腾讯科技公司经营的平行并列微信表情栏目。徐某青在本案中主张被诉行为，包括腾讯计算机公司、腾讯科技公司拒绝交易、限定交易。

徐某青因腾讯计算机公司、腾讯科技公司被诉行为受到损失而提起本案诉

讼；徐某青与腾讯计算机公司、腾讯科技公司不存在竞争关系；根据深圳律师网页记载，徐某青系专职律师。腾讯计算机公司的经营范围为互联网信息服务，腾讯科技公司的经营范围为计算机技术服务及信息服务。

2015 年 10 月 10 日，徐某青自愿向国家版权局申请名称为“问问”的美术作品著作权并获得登记。国家版权局出具的《作品登记证书》（登记号国作登字－2015－F－00229640）记载：作品名称为“问问”；著作权人为徐某青；作品创作完成时间是 2015 年 7 月 28 日；作品登记日为 2015 年 10 月 10 日。2014 年 10 月 30 日，腾讯科技公司向国家版权局申请名称为“腾讯微信软件［简称：微信］V5.3”的计算机软件著作权并获得登记。国家版权局出具的《计算机软件著作权登记证书》（证书号：软著登字第 0832962 号）记载：软件名称为“腾讯微信软件［简称：微信］V5.3”；著作权人为腾讯科技公司；开发完成日期为 2011 年 1 月 21 日，首次发表日期为 2011 年 1 月 21 日；权利取得方式为原始取得；登记号为 2014SRI63722。2015 年 6 月 15 日，腾讯科技公司向国家版权局申请名称为“腾讯微信软件（forWindows）［简称：微信］V1.1”的计算机软件著作权并获得登记。国家版权局出具的《计算机软件著作权登记证书》（证书号：软著登字第 0994076 号）记载：软件名称为“腾讯微信软件（forWindows）［简称：微信］V1.1”；著作权人为腾讯科技公司；开发完成日期为 2015 年 4 月 17 日，首次发表日期为未发表；权利取得方式为原始取得；登记号为 2015SRI06990。2013 年 11 月 28 日，腾讯计算机公司、腾讯科技公司向国家版权局申请名称为“腾讯微信软件（forWindows）［简称：微信］V5.0”的计算机软件著作权并获得登记。

国家版权局出具的《计算机软件著作权登记证书》（证书号：软著登字第 0640524 号）记载：软件名称为“腾讯微信软件（forWindows）［简称：微信］V5.0”；著作权人为腾讯计算机公司、腾讯科技公司；开发完成日期为 2013 年 7 月 25 日，首次发表日期为 2013 年 8 月 5 日；权利取得方式为原始取得；登记号为 2013SRI34762。

腾讯计算机公司、腾讯科技公司企业经营管理模式如下：腾讯计算机公司、腾讯科技公司在互联网上公布《服务协议》《制作指引》《审核标准》。微信用户均可自由从表情商城（精选表情）和表情开放平台（投稿表情）的表情资源里下载自己喜欢的微信表情。表情商城（精选表情）和表情开放平台（投稿表情）包含少量付费表情，用户喜欢付费表情也可自由购买。普通微信用户获取微信表情，无须区分表情商城（精选表情）和表情开放平台（投稿表情）。普通微信用户在承诺腾讯计算机公司、腾讯科技公司在互联网上公布的《服务协议》《制作指引》《审核标准》后，成为注册微信用户。

徐某青通过互联网阅知上述《制作指引》和《审核标准》的内容，经同意《服务协议》后，注册成为微信表情开放平台投稿人。两被告根据原告同意的《服务协议》《制作指引》《审核标准》的约定，认为原告投稿稿件“含有推广‘问律师’互联网线上及线下法律咨询服务”的内容，对原告投稿稿件未予审核通过。原告认为两被告未审核通过其投稿稿件，是拒绝、限制交易，构成滥用市场支配地位，是垄断行为，诉请法院判令两被告审核通过其投稿稿件。

【裁判意见】

深圳市中级人民法院一审认为，《最高人民法院关于印发修改后的〈民事案件案由规定〉的通知》中明确了民事案件案由的定义与功能，即“民事案件案由是民事案件名称的重要组成部分，反映案件所涉及的民事法律关系的性质，是将诉讼争议所包含的法律关系进行的概括”“民事案件案由应当依据当事人主张的民事法律关系的性质来确定”“同一诉讼中涉及两个以上的法律关系的，应当依当事人诉争的法律关系的性质确定案由”“在请求权竞合的情形下，人民法院应当按照当事人自主选择行使的请求权，根据当事人诉争的法律关系的性质，确定相应的案由”，据此，徐某青的诉讼请求是徐某青的请求权基础，是当事人之间民事法律关系的外部表现，能够反映案件是基于何种法律关系的争执而产生的，能够体现徐某青请求人民法院保护的是何种民事权利。人民法院确定案由，应当根据徐某青选择的请求权基础，准确确定案由、正确确定案件争点以及正确适用法律。徐某青认为其合法权益受到侵害，依法有权选择最能维护其利益的请求权基础来请求人民法院保护。

本案中，徐某青诉称腾讯计算机公司、腾讯科技公司实施了滥用市场支配地位的被诉行为，包括腾讯计算机公司、腾讯科技公司被诉拒绝交易、限定交易。根据徐某青请求权的基础，徐某青诉称腾讯计算机公司、腾讯科技公司被诉行为系滥用市场支配地位纠纷，故本案案由应为滥用市场支配地位纠纷。

国务院反垄断委员会《关于相关市场界定的指南》第四条规定，“在市场竞争中对经营者行为构成直接和有效竞争约束的，是市场里存在需求者认为具有较强替代关系的商品或能够提供这些商品的地域”，《中华人民共和国反垄断法》第十九条第三款规定“被推定具有市场支配地位的经营者，有证据证明不具有市场支配地位的，不应当认定其具有市场支配地位”，据此，本案已基于徐某青与腾讯计算机公司、腾讯科技公司不具有竞争关系，从需求替代性来界定本案的相关市场，同时本案亦应从需求替代性来界定本案相关市场支配地位，而无须再根据市场占有份额来界定本案相关市场支配地位。原告能够实现其在互联网线上线下的商品推广渠道，已实现且目前商品推广渠道能够满足原告需求替代性的选择范围，因此，本案原告需求具有可替代性，两被告的行为不构成滥用市场支配地位的垄断行为。

徐某青不服一审判决向广东高院提起上诉，广东高院判决认为，在市场里存在需求者认为具有较强替代关系的商品或能够提供这些商品的地域，因此，界定相关市场主要从需求者角度进行需求替代分析。当供给替代对经营者行为产生的竞争约束类似于需求替代时，也应考虑供给替代。

本案中，徐某青的需求是在互联网上推广“问问”表情包，相关地域市场是可与腾讯计算机公司、腾讯科技公司提供的表情包服务进行有效竞争的地域范围。虽然互联网具有无国界性，但是本案不能简单认定相关地域市场为全世界。

一方面，从需求替代角度考虑，对徐某青获取具有较为紧密替代关系的表情包服务的经济和效率成本进行分析，徐某青获取境外经营者提供的表情包服务势必没有境内经营者所提供的表情包服务更为便捷与及时，而且，徐某青的“问问”表情包有“记得向律师付费”的简体中文表述，表明其需求更容易通过境内经营者提供的表情包服务予以实现；另一方面，从供给替代角度考虑，境外经营者可向中国大陆地区用户提供表情包服务并不等于其就能及时进入并为中国大陆地区互联网用户所选择使用而对境内经营者形成有力的竞争约束。

因此，本院认为徐某青能够获取的具有较为紧密替代关系的表情包服务的地域市场应为中国大陆市场，本案相关地域市场应界定为中国大陆市场。

广东高院虽认定腾讯计算机公司、腾讯科技公司具有市场支配地位，但同时因腾讯计算机公司、腾讯科技公司并未排除或限制竞争为由二审维持原判。

（三）集成电路布图设计类案件

099

微盟公司诉泉芯公司等集成电路布图设计侵权纠纷

【裁判要旨】

二审法院通过深入了解行业经验和常识，纠正了一审法院“版权相似度不是100%即不属于同一电路布图设计”的错误认识，并综合鉴定结论、行业经验和相关交易票据，认定被诉产品符合《集成电路布图设计保护条例》第三十三条第一款情形，同时对“改标销售”是否属于正常商业投入进行了阐述。

【典型意义】

本案系我国形成判例的为数不多的侵害集成电路布图设计专有权纠纷，由于集成电路布图设计及相应芯片制造行业存在特有的行业规则和发展背景，给知识产权的审判造成了极大的难度。该案类型新颖，充分发挥了维护集成电路布图专有权权益和促进市场正常商业交易秩序的利益平衡功能，为其后审理同类型案件起到了良好示范效应。

本案被评为2015年度广东省知识产权审判十大案例之一。

【关键词】

集成电路布图设计　行业经验　正常商业投入

【基本案情】

2006年6月5日，微盟公司完成了me6206芯片的布图设计创作，于2006年6月5日首次投入商业利用，2007年3月26日获得国家知识产权局颁发的

《集成电路布图设计登记证书》，登记号为bs. 07500011. 3。根据《me6206布图设计登记申请之结构、技术、功能简要说明》记载，me6206是具有过流和短路保护的cmos降压型电压稳压器。在工艺上采用的是cmos工艺，在布图中有3个封装pad，2个测试pad。芯片尺寸为500×400（不含划片槽）。在测试中通过fuse调节输出电压。布图中主要有pmos/nmos/resistor/capacitor等器件。resistor采用的是ploy电阻。capacitor采用的是poly－oxide－poly电容。在电路设计上，内部采用bandgap基准结构。该布图设计专有权目前处于合法有效状态。

微盟公司指控泉芯公司销售的qx6206芯片侵犯了其me6206集成电路布图设计专有权。微盟公司的委托代理人于2012年7月24日来到江苏省南京市钟山公证处，申请以上海爱格莎信息科技有限公司的名义向泉芯电子技术（深圳）有限公司购买产品办理保全证据公证。同日下午14时，两名公证员来到上海爱格莎信息科技有限公司，该公司员工高某在其电脑上使用腾讯QQ聊天程序与泉芯公司的一位QQ名为“泉芯电子lala”联系，双方在QQ聊天中达成意向并制定《采购合同》，随后高某按照“泉芯电子lala”的要求，将采购款人民币3108元汇往泉芯电子技术（深圳）有限公司的账户。2012年7月26日，前述两名公证员来到上海市金沙江路1340号弄33号上海顺丰速运有限公司，高某收取了包裹。随同包裹有一张“顺丰速运”的快递单以及两张出货单（出货单上标有：泉芯电子技术深圳有限公司）。高某将包裹打开，从里面取出三件物品，物品上分别有qx3406（adj）、qx6206l33t、qx4054三个标贴，两名公证人员使用办证专用相机对上述过程及收到的物品进行拍照后封存，钟山公证处依法出具了（2012）宁钟证经内字第2734号公证书。

微盟公司的委托代理人王某波于2012年7月27日来到江苏省南京市钟山公证处，在公证员的监督下，使用公证处的电脑，对泉芯电子技术（深圳）有限公司的网站信息进行保全证据公证。根据网页内容记载，泉芯电子技术（深圳）有限公司在其“产品中心”宣传了型号为qx6206的电压稳压器，钟山公证处（2012）宁钟证经内字第2735号公证书。微盟公司为上述两份公证支付了公证费8000元、侵权产品费用660元。

微盟公司从南京钟山公证处申请将公证保全的qx6206l33t抽样10个芯片，委托北京芯愿景软件技术有限公司对qx6206l33t进行芯片评估，微盟公司根据芯片评估单与其设计的me6206版图布局设计进行对比，认为me6206与qx6206版图布局设计是相同的。泉芯公司对微盟公司的芯片评估单以及对比意见不予认可。

泉芯公司抗辩qx6206芯片来源于京众公司，提交了京众公司2012年1月、2月、4月、5月、6月、8月份的对账单、送货单、增值税专用发票，主张其与京众公司有交易产品，型号为jz6206，泉芯公司将jz6206购买后，更改标贴为“qx6206”进行销售。泉芯公司还提交了（2012）深南证字第16543号公证书，根据该公证书的记载，2012年11月9日上午，泉芯公司的委托代理人与公证人员来到深圳市南山区麒麟路5号水务集团南山大楼第七层，进入“京众电子”招牌的办公场所，泉芯公司的委托代理人向该公司购买了“jz6206”芯片，并取得盖有“深圳市京众电子有限责任公司 财务专用章”的收据一张、盖有“深圳市京众电子有限责任公司 出货专用章”送货单一张，主张泉芯公司是从京众公司购买了jz6206的产品，该产品与其公司所销售qx6206产品是同一产品。微盟公司认为泉芯公司的上述证据不能证明其销售的“qx6206”与“jz6206”是同一产品。

双方当事人在庭审后向法院提出鉴定申请，原审法院向国家知识产权局调取了me6206集成电路样品芯片1只，并就：“1. 泉芯公司生产的经南京钟山公证处公证后封存的qx6206芯片布图设计与微盟公司在国家知识产权局备案芯片的集成电路布图设计是否相同；2. 泉芯公司生产的经南京钟山公证处公证后封存的qx6206芯片布图设计与泉芯公司从京众公司公证购买的随机抽取的jz6206a33xg芯片集成电路布图设计是否相同”等鉴定事项，依法委托北京芯愿景软件技术有限公司进行技术鉴定。根据北京芯愿景软件技术有限公司出具的“qx6206l33t与me6206”集成电路布图设计相似度验证报告记载：1. 芯片qx6206l33t和芯片me6206工艺相似度结果为80%；2. 芯片qx6206l33t和芯片me6206顶层模块布局相似度为94.71%；3. 芯片qx6206l33t和芯片me6206各模块内布局相似度为90.51%；综上，芯片qx6206l33t和芯片me6206版图相似度为89.04%。根据北京芯愿景软件技术有限公司出具的“qx6206l33t与jz6206a33xg”集成电路布图设计相似度验证报告记载：1. 芯片qx6206l33t和芯片jz6206a33xg工艺相似度结果为100%；2. 芯片qx6206l33t和芯片jz6206a33xg顶层模块布局相似度为94.32%；3. 芯片qx6206l33t和芯片jz6206a33xg各模块内布局相似度为96.55%；综上，芯片qx6206l33t和芯片jz6206a33xg版图相似度为96.91%。微盟公司为此支付了人民币25526元技术鉴定费，泉芯公司为此支付了人民币24263元技术鉴定费。

另查明，微盟公司在二审庭审中确认，其曾销售过me6206芯片产品给京众公司，但否认销售过jz6206芯片产品给京众公司。

还查明，微盟公司与泉芯公司在二审庭审中均认可，对于芯片编号，前缀“me6206”“qx6206”“jz6206”分别表示的是母体，而尾随该前缀之后的不同数字或字母仅是表示电压值的不同。同一个电路布图可以生产出不同的电压产品，后缀数字或字母的不同并不影响布图的相同。双方当事人同时确认，即使是同一厂家生产的同一批次的同样产品，通过鉴定检测出来的版图相似度也不可能达至100%。

再查明，北京芯愿景软件技术有限公司出具的“qx6206l33t与jz6206a33xg”集成电路布图设计相似度验证报告记载：“qx6206l33t与jz6206a33xg两颗芯片的封装信息相同。”另，从本案微盟公司和泉芯公司分别公证获取的产品qx6206l33t与jz6206a33xg来看，芯片本身并无“qx”或“jz”标识，而是在发票等单据以及产品包装上张贴的标识上有“qx6206”或者“jz6206”的产品名称及编号。

【裁判意见】

深圳市中级人民院一审认为，本案属于侵害集成电路布图设计专有权纠纷。本案争议的焦点问题是：泉芯公司销售的qx6206是否构成侵权，若构成侵权，泉芯公司应当如何承担民事责任。

根据《集成电路布图设计保护条例》（以下简称条例）的规定，集成电路，是指半导体集成电路，即以半导体材料为基础，将至少有一个是有源元件的两个以上的元件和部分或者全部互连线路集成在基片之中或者基片之上，以执行某种电子功能的中间产品或者最终产品。布图设计是指集成电路中至少有一个是有源元件的两个以上元件和部分或者全部互连线路的三维配置，或者为制造集成电路而准备的上述三维配置。换言之，布图设计是指实现某一电子功能，集成在某一半导体材料的基片上的集成电路全部元件与部分或全部连线的三维配置。受保护的布图设计应当具有独创性，即该布图设计是创作者自己的智力劳动成果，并且在其创作时该布图设计在布图设计创作者和集成电路制造者中不是公认的常规设计。微盟公司主张涉案 me6206 芯片是微盟公司使用常规设计并通过不同的组合方式，从而构成集成电路布图的整体设计，因此具有独创性。原审法院认为，集成电路布图设计实质上是一种图形设计，是确定用以制造集成电路的电子元件在一个传导材料中的几个图形排列和连接的布局设计，微盟公司主张涉案 me6206 芯片的布图设计是采用常规设计并通过不同的组合方式，达到一定的优化功能即“me6206 是具有过流和短路保护的 cmos 降压型电压稳压器”，而泉芯公司亦未对涉案 me6206 芯片的布图设计独创性提出抗辩，据此，原审法院认定涉案 me6206 芯片的布图设计具有独创性。微盟公司依法获得了布图设计专有权，即对涉案 me6206 布图设计享有复制权和投入商业利用的权利，该权利应当受到法律保护。

布图设计专有权的保护范围应当是确定的。根据条例规定，布图设计专有权的保护范围应当以布图设计授权文件所确定的三维配置为准。权利人所提交的布图设计的复制件或者图样，或者提交的集成电路样品均用于确定这种三维配置。微盟公司在将涉案 me6206 布图设计申请保护时提交了布图设计图样和集成电路样品，并以此获得授权，故该图样或样品均可用来确定涉案布图设计专有权的保护范围。

微盟公司指控泉芯公司销售含有该布图设计集成电路布图的行为侵犯了其布图设计专有权。原审法院依法向国家知识产权局调取了 me6206 集成电路样品芯片样品，经双方当事人确认，以该芯片样品作为侵权比对对象。原审法院依法委托北京芯愿景软件技术有限公司进行技术鉴定，经鉴定，被控侵权芯片 qx6206l33t 和微盟公司芯片 me6206 版图相似度为 89.04%，两者仅在芯片特征尺寸大小、顶层模块位置、芯片模块内部位置存在细微偏差，双方当事人对此鉴定结果均无异议，据此，原审法院认为，被控侵权芯片qx6206l33t和微盟公司芯片me6206两者的制造工艺、顶层模块布局以及各模块内布局基本相同，两芯片的集成电路布图设计相同，可以认定两芯片属相同的产品，即泉芯公司销售的芯片qx6206l33t含有的集成电路布图设计与微盟公司享有专有权的涉案布图设计相同。

泉芯公司抗辩其销售的被控侵权芯片qx6206l33t来源于京众公司，根据泉芯公司的申请，原审法院依法委托北京芯愿景软件技术有限公司，对泉芯公司公证购买的jz6206a33xg芯片与被控侵权芯片qx6206l33t进行集成电路布图设计相似度鉴定。经鉴定，芯片qx6206l33t和芯片jz6206a33xg版图相似度为96.91%。原审法院认为，虽然泉芯公司主张其销售的qx6206l33t就是京众公司的jz6206a33xg，但其提交的对账单、送货单、增值税专用发票等证据，无法证明qx6206l33t与jz6206a33xg同一性，且根据鉴定报告，两芯片的版图也有所区别，不是完全相同，因此，泉芯公司的合法来源抗辩不能成立。

综上，泉芯公司未经微盟公司许可，为商业目的销售含有微盟公司享有布图设计专有权的集成电路芯片，构成侵权，微盟公司要求泉芯公司停止侵权、赔偿损失有事实和法律依据，原审法院予以支持。

泉芯公司不服，提起上诉。

广东省高级人民法院二审认为，本案系侵害集成电路布图设计专有权纠纷。根据上诉人的上诉请求与理由，本案的争议焦点为：1. 微盟公司是否有权主张权利；2. 泉芯公司的销售行为是否构成侵权；3. 如构成侵权，原审法院判决的赔偿数额是否合理。

一、关于微盟公司是否有权主张权利的问题

泉芯公司上诉主张，微盟公司的涉案布图设计不具有独创性，不应受到法律保护，故微盟公司无权主张保护其权利。法院认为：根据《集成电路布图设计保护条例》第四条、第八条规定，受保护的布图设计应当具有独创性，即该布图设计是创作者自己的智力劳动成果，并且在其创作时该布图设计在布图设计创作者和集成电路制造者中不是公认的常规设计。布图设计专有权经国务院知识产权行政部门登记产生。本案中，微盟公司已经提交国家知识产权局颁发的第 bs. 07500011. 3 号《集成电路布图设计登记证书》《南京微盟电子有限公司 me6206 布图设计登记申请之结构、技术、功能简要说明》及图样，证明自己享有涉案名称为“me6206”的布图设计专有权。微盟公司在一审期间阐述了涉案集成电路布图设计的独创性主要在于其布图设计整体，泉芯公司对此未表异议。故微盟公司已经就其有权提起诉讼、涉案集成电路布图设计应受保护等问题完成初步举证责任。泉芯公司如主张涉案集成电路布图设计不具有独创性，理应提供相应证据。但是，泉芯公司既不否认该集成电路布图设计属于微盟公司智力劳动成果，也不能提供任何证据证明在微盟公司创作时该布图设计在布图设计创作者和集成电路制造者中属于公认的常规设计，且泉芯公司也承认其并未向相关部门申请启动撤销微盟公司的涉案集成电路布图设计专用权的相关程序，故泉芯公司仅以涉案集成电路布图设计未经鉴定无法证明其独创性为由，上诉主张涉案布图设计不应受到法律保护、微盟公司无权提起诉讼，缺乏事实依据与法律依据，法院不予支持。

二、关于泉芯公司的销售行为是否构成侵权

《集成电路布图设计保护条例》第三十三条第一款规定：“在获得含有受保护的布图设计的集成电路或者含有该集成电路的物品时，不知道也没有合理理由应当知道其中含有非法复制的布图设计，而将其投入商业利用的，不视为侵权。”泉芯公司上诉主张，其销售的被诉产品 qx6206l33t 合法来源于京众公司，其在不知道也没有合理理由应当知道被诉产品含有非法复制的布图设计的情况下，将其投入商业利用，不视为侵权。法院认为泉芯公司的主张成立，理由如下：首先，本案并无证据证明泉芯公司存在复制行为。虽然微盟公司在提起本案诉讼时主张泉芯公司生产了被诉产品，但未提交任何证据，其在原审庭审中亦明确其指控泉芯公司的侵权行为性质为销售行为，原审法院因此只认定泉芯公司存在销售行为，微盟公司并未提起上诉，可见其对该认定不持异议。二审期间，微盟公司亦明确承认其并无证据证明泉芯公司存在生产复制行为，故本案仅可认定泉芯公司存在销售行为，宜把重点集中于审查泉芯公司销售的被诉产品来源如何，泉芯公司在获得该产品时，是否不知道也没有合理理由应当知道其中含有非法复制的布图设计。其次，本案的证据足以证明被诉产品合法来源于京众公司。泉芯公司为证明被诉产品来源于京众公司，提供了（2012）深南证字第16543号公证书、2012年1—8月的多张泉芯公司与京众公司之间的对账单、送货单、增值税专用发票等。原审法院并将被诉侵权产品与泉芯公司向京众公司公证购买的芯片产品进行了鉴定。从前述证据来看，原审法院委托的北京芯愿景软件技术有限公司出具的验证报告记载："芯片qx6206l33和芯片zj6206a33xg版图相似度：芯片工艺相似度100%，顶层模块布局相似度94.32%，各模块内布局相似度96.55%，综上，芯片版图相似度96.91%"，且北京芯愿景软件技术有限公司在二审中就芯片相似度问题再次说明，实际鉴定中，由于多环节存在的误差，即使是同一个厂家使用同一集成电路布图设计文件所生产出来的芯片，版图相似度亦不可能达到100%，相关合理误差参考均值为4.2%。该意见均为双方当事人所认可。故根据芯片版图相似度高达96.91%的鉴定结论，且该相似度仍在合理误差参考均值范围之内，可以推定qx6206与jz6206使用的是同一布图设计。而泉芯公司至少在本案诉讼发生之前8个月，多次、持续、大批量向京众公司购买了jz6206系列产品，相关交易在双方的对账单、送货单以及增值税专用发票中均有明确指向。故在微盟公司未能提供相反证据的情况下，综合前述情况，法院认为相关证据足以认定被诉产品即来源于京众公司的"jz6206"系列产品。微盟公司虽主张"jz6206"与"qx6206"名称不同，但"jz"与"qx"显然分别只是京众公司与泉芯公司名称的拼音缩写，泉芯公司关于其将产品标识的"jz"变更成"qx"主要目的在于避免消费者对同品牌、同型号产品进行比价的理由亦符合日常生活经验，故不能仅凭标识上缩写名称的不同推翻前述认定。微盟公司虽然声称现实生活中高仿产品的版图相似度亦可能接近100%，但其并未就该主张提供相应证据或理由，且即使该推论属实，如果泉芯公司自身就生产被诉侵权产品，则不需要在本案诉讼发生之前的连续8个月时间内（包括向微盟公司销售被诉侵权产品期间），还多次、持续、大批量地向京众公司购入"jz6206"产品。因此，原审法院仅以产品名称略有差别，相关鉴定报告的版图相似度未达到完全相同为由，就否认被诉产品来源于京众公司，有违日常生活常理与行业经验，不符合民事证据规则，法院不予支持。最后，本案并无证据证明泉芯公司知道或者有合理理由应当知道被诉产品中含有非法复制的布图设计。根据《集成电路布图设计保护条例》第三十三条第一款的规定，将被诉产品投入商业利用的行为满足不视为侵权的条件为“在获得含有受保护的布图设计的集成电路或者含有该集成电路的物品时，不知道也没有合理理由应当知道其中含有非法复制的布图设计”。本案中，泉芯公司已在一审期间提交了大量对货单、送货单、增值税发票等证据，证明被诉产品经正常、合法的商业交易渠道，从京众公司处购买获得。在泉芯公司主张其获得被诉产品时不知道也无合理理由应当知道其中含有非法复制的布图设计的情况下，微盟公司应提供证据证明泉芯公司存在知道或者应当知道的主观状态。但是，微盟公司未能就此提供任何证据，其在二审期间也确认京众公司的真实存在，并承认微盟公司也曾经销售过含有涉案“me6206”布图设计的集成电路产品给京众公司。因此，在微盟公司并无证据证明京众公司销售的jz6206产品中的布图设计属于非法复制，更没有证据证明泉芯公司知道或者应当知道其从京众公司购买获取的被诉产品中含有非法复制的布图设计的情况下，泉芯公司将该被诉产品重新贴标并销售，属于正常的商业利用，依法不视为侵权。至于微盟公司主张泉芯公司对被诉产品重新改标属于非法贴标，侵害其权利一节，法院认为，泉芯公司仅仅改变产品名称而并未改变芯片产品，其对合法获得的芯片产品进行重新贴标后销售仍然属于《集成电路布图设计保护条例》第二条第五项规定的“为商业目的销售含有该布图设计的集成电路”的商业利用行为，并未侵害微盟公司涉案集成电路布图设计专有权。至于该行为是否侵害微盟公司其他权利，并非本案审理范围，法院不予评论。综上，泉芯公司经正常商业渠道获得被诉产品，其在不知道也没有合理理由应当知道被诉产品中是否含有非法复制的布图设计的情况下，将其投入商业利用，并未侵害微盟公司的集成电路布图设计专有权。原审法院相关事实认定有误，并因此判令泉芯公司赔偿微盟公司经济损失人民币30万元与合理维权费用人民币10万元不当，法院予以纠正。

综上，上诉人泉芯公司的上诉请求与理由成立，法院予以支持。原审法院认定事实错误，法院予以纠正。

微盟公司不服二审判决，向最高人民法院申请再审。

最高人民法院认为，本案争议的焦点在于泉芯公司提出的合法来源抗辩能否成立，具体涉及以下两个问题：（一）二审法院认定qx6206合法来源于jz6206是否存在错误；（二）泉芯公司是否不知道且没有合理理由应当知道qx6206中含有非法复制的布图设计。

（一）二审法院认定qx6206合法来源于jz6206是否存在错误

《集成电路布图设计保护条例》第三十三条规定，在获得含有受保护的布图设计的集成电路或者含有该集成电路的物品时，不知道也没有合理理由应当知道其中含有非法复制的布图设计，而将其投入商业利用的，不视为侵权。

法院认为，jz6206和qx6206的相似度达到96.91%，虽然相似度未到达100%，但仍然在1.7%—9.1%的误差范围内。泉芯公司和微盟公司对芯愿景公司给出的相似度报告和误差范围均表示认可。因此，二审法院认定jz6206与qx6026使用相同的集成电路布图设计并无不当。同时，泉芯公司提交了一审起诉之前从京众公司购买jz6206的对账单、送货单和增值税发票，二审法院据此认定泉芯公司经正常、合法的商业交易渠道，从京众公司处购买被诉侵权产品正确。

微盟公司主张泉芯公司小量买入jz6206，然后非法复制大量卖出qx6206，但对此并未提供证据证明。因此，法院对微盟公司的该项主张不予支持。

（二）泉芯公司是否不知道且没有合理理由应当知道qx6206中含有非法复制的布图设计

微盟公司认为，泉芯公司为长期从事集成电路布图设计和开发的企业，在微盟公司通过登记取得me6206的集成电路布图设计专有权之后，泉芯公司应当知道qx6206中含有非法复制的布图设计。

法院认为，在泉芯公司主张其不知道且没有合理理由应当知道时，二审法院判定应由微盟公司承担提供证据证明泉芯公司存在知道或者应当知道的主观状态的举证责任，并无不当。在本案中，微盟公司没有提供证据证明泉芯公司知道或者应当知道qx6206中含有非法复制的布图设计。《集成电路布图设计保护条例》第十八条规定，布图设计登记申请经初步审查，未发现驳回理由的，由国务院知识产权行政部门予以登记，发给登记证明文件，并予以公告。但公告内容通常仅包括专有权的相关著录项目信息，而不包括布图设计的具体内容，公众若希望了解具体内容，仍需办理查阅手续。微盟公司没有提交证据证明泉芯公司查阅了布图设计的具体内容。因此，微盟公司的主张缺乏事实依据，法院不予支持。

图书在版编目（CIP）数据

深圳经济特区40年知识产权经典案例汇览/深圳市知识产权经典案例汇览项目组编著.—北京：中国法制出版社，2019.4

ISBN 978-7-5216-0114-5

Ⅰ.①深… Ⅱ.①深… Ⅲ.①知识产权保护-案例-深圳 Ⅳ.①D927.653.340.5

中国版本图书馆CIP数据核字（2019）第061624号

策划编辑：陈　兴（cx_legal@163.com）
责任编辑：马金凤　　封面设计：杨泽江

深圳经济特区40年知识产权经典案例汇览

SHENZHEN JINGJI TEQU 40NIAN ZHISHI CHANQUAN JINGDIAN ANLI HUILAN

编著/深圳市知识产权经典案例汇览项目组
经销/新华书店
印刷/三河市紫恒印装有限公司
开本/730毫米×1030毫米　16开　　印张/22　字数/275千
版次/2019年4月第1版　　2019年4月第1次印刷

中国法制出版社出版
书号 ISBN 978-7-5216-0114-5　　定价：75.00元

北京西单横二条2号
邮政编码100031　　传真：010-66031119
网址：http://www.zgfzs.com　　**编辑部电话：010-66010405**
市场营销部电话：010-66033393　　**邮购部电话：010-66033288**

（如有印装质量问题，请与本社印务部联系调换。电话：010-66032926）